美學與文學新論

金劍 著

臺灣商務印書館 發行

作者與洛夫（中）、詹悟（右）合影◀

作者與洛夫（左）、瘂弦（右）合影▼

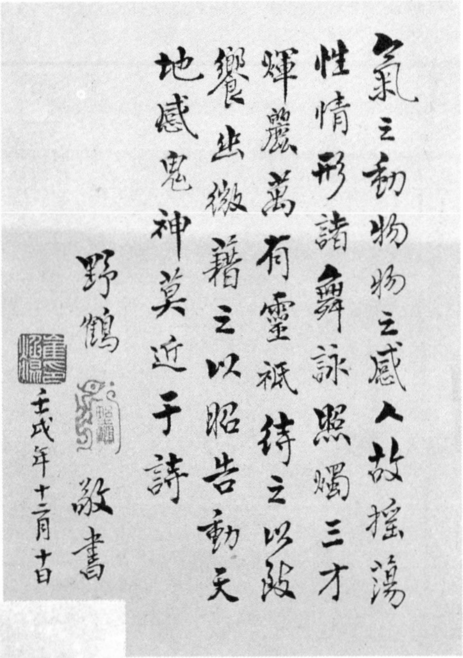
氣之動物物之感人故搖蕩
性情形諸舞詠照燭三才
暉麗萬有靈祇待之以致
饗幽微藉之以昭告動天
地感鬼神莫近于詩
野鶴 敬書
壬戌年十二月十日

詩品序文
——作者書

閒夢遠南國　白雲繞翠谷
——作者繪

自序

從事文學藝術創作，以及賞析與批評，不得不先對宇宙萬物的形態鑑賞與構思，再從心靈深處的感受而創作，故而文學藝術作品影響所及，不但能鼓動文化思潮的推展，並可啓發生活的意識和創造完美的人生觀。

《美學與文學新論》一書，分成三個單元探討和評論，以美學論評原理爲前導，以文學精義本質內涵爲創作主流，然後再提出作品的評介與研討。因之，本書的撰述內容，在使讀者瞭解什麼是美學，什麼是文學，什麼是批評？其構成的因素和關聯性，是密不可分的。同時三者有互補互動作用，而所謂營造創作動機，創作內容，創作分析和批評比較等，乃促成本書寫作結構成型的基礎。

司馬遷治史有云：「究天人之際，通古今之變，成一家之言。」故而司馬遷的筆下犀利堅實，治史精神可風。但究竟文學藝術創作不同於寫史，非得有淵博的知識，豐富的經驗，高超的智慧，才能創作出流傳不朽的作品。所以作者抱以求眞求實的態度，鑽研美學，深究文學，再以不斷的文學創作體驗，去賞析和評論作品，絕非有些學院派的知名學者，動輒批評文學作品，而藉以樹立其文學批評的權威性，其既無創作經驗，更不知創作者的智慧與艱辛，當然不能使識者心悅誠服。

《美學與文學新論》文中所論各篇，既屬新論，當然不是人云亦云，或道聽塗說。內容除有學理依據外，一定要有新的認識和見解，即以中西有關美學論著而言，研讀者不下數百部，有的內容千篇一律的抄錄或陳述，或介紹其思想淵源與影響，再不然就是不著邊際的妄作結論，至其功用和實效，鮮有獨特的認定與創見。因之，在〈「美學」的適用範疇〉、〈美學的探索和倡導〉、〈泛論美學的功能〉、〈論美學的潛移默化功能〉，以及〈我對中國文學的體驗〉、〈論文學作品的批評〉、〈論中國作家的創作觀〉等各篇，都有設身處地的感受，實際創作的經驗，展望未來趨勢的文藝思潮影響等各方面，而作極為客觀中肯的論評，以保有文學藝術無限創作的內涵和新貌，讓偉大的文學藝術家有徹底發揮的空間。

《美學與文學新論》各篇評論，均先後發表於國內各大報刊，其構思成文均甚嚴密謹慎，對中外各家美學文學思想言論，採取其精華，辨識其特點，作極簡要的陳述，使讀者能知其梗概端倪，便於思考消化，同時有助於文學藝術創作的動力與泉源。另如書中的〈泛論唯美主義〉、〈美學與文學〉、〈文藝心理學新論〉、〈中國文學的自然觀〉、〈論作家的人生觀〉、〈詩的藝術說〉、〈談悲劇的內涵〉等篇，其中引述西方各種學者派別的論見，作為中國文學藝術家的思考與借鑑，惟重要的論述之點，在提醒創作者以歷史文化背景，作省思和參考的依據，而啓發中國文學藝術家的創作性靈和精神。記得方東美先生在《中國人的人生觀》文中較為客觀中肯，其論及「中國藝術的基本原理」有云：「天地之大美即在普遍生命之流行變化、創造不息。我們若要原天地之美，則直透之道，也就在協和宇宙，參贊化育，深體天人合一之道，相與浹而俱化，以顯露同樣的創造，宣洩同樣的生香活意。換句話說，天地之美寄於生命，在於盎然與燦然活力，而生命之美形於造創，在於浩然與酣然創意，這是中國所有藝術形式的基本原理。」平心而論，西方的美學流派，不論其唯心派與唯物派，有的均不適合中國藝術家創作的意趣，比較適合的藝術創作原理，恰如方東美先生所謂「天人合一之道」，也就是儒家學說的「天人合一」思想精神。因此，本書所論列各篇，無不循儒家、道家、佛家精華思想，並參據西方有關文藝心理學學說立言定論，這在〈誰來寫《中國美學史》與〈論「中國美學史」的建立〉以及〈文藝心理學新論〉等幾篇論文中，說得最爲清楚。

在「評論篇」中，特別提出二十篇有關文學作品評論賞析，其中多屬名家力作，有傑出的小說家、散文家、詩人、學者；如謝康博士的〈文藝論集〉、〈高行健與諾貝爾文學獎〉、宗白華的《美學的散步》讀後、〈國學入門基礎書目〉評介、〈評彭歌《書與讀書》〉等等，有的是作者的代表作，有的是從事創作的必讀書刊，有的是奠定寫作的知識典籍。不論評介或推薦文章，相信對研究學術思想者，一定有相當程度的助益。總之，從事文藝創作，必得有廣博的學知，傑出的才華，縝密精深的思維，以及卓越的思想和精神境界，才可寫出經得起考驗的作品，作者自認學知疏淺，對評論專章有所殘缺遺漏之處，尚請識者方家不吝教正是幸。

金劍謹識於台北縣土城市清水居

目錄

美學篇

文學篇

評論篇

美學篇

美學引言

美學的定義—美學是對宇宙自然事物和人類心靈研究美的表現，以及美的內涵分析和鑑賞的藝術哲學。

美學的研究範疇—對古往今來一切事物，由人類心靈官能的感應，而產生的美感經驗、美感判斷、美感價值、美感意識和美感思想的探討和驗證。

研究美學的目的—在能『淨化心靈、拓展視野、組織思維、增強判斷』。並達到『消除貪婪慾念，提高品性昇華』，使人生對萬事萬物以賞心悅目、追蹤探索、去蕪留菁，取精用宏的思考與實踐，完成一個大美而有歷史價值意義的崇高境界。

美學的兩種解讀—西方有的學者，認爲「美學」是「哲學的皇冠」。那麼，東方學者也可以認爲「美學」是「哲學的星星、月亮、太陽。」

美學的內涵及功能—美學最接近文學藝術的本質和創造，因爲它主宰了人類的原始意識，啓發了現代人的思想行徑。美學或許有時高不可攀，遠不可及。但祇要憑本能的直覺，憑意志的抉擇，憑理念的審識和發揮，美學自然就在你的心中誕生，有時也不假外求。故而其內涵充溢了整個生命，與宇宙及歷史的延續與創造，對人生有啓導與教化的功能，並藉以研究所得，建立一個完美而有價值的人生觀。

談中國的美學

研究美學，有人總認爲是一種生命的炫耀和生活的奢求，或認爲自我孤絕而曲高和寡，到底有什麼實用價值？那種虛無縹緲的形而上理論，究竟不是每一個生活在現實環境中的人所能接受的，正如同一提到「哲學」二字，便使人有飄飄然的感覺，認爲那全是不著邊際的玄疑奇異想法，屬於少數學者專家探討學術的範疇，與一個平平實實的飲食男女何干？

其實，持有這種論調的人倒也無可厚非，因爲美學確是屬於高度智慧的探求學問，尤其對人生境界理想的提升，更是刻意鑽研的尋源索本工作。因而，始有所謂「美感經驗」和「審美意識」的術語出現，其絕對重視人類生活的藝術價值觀，更重視自然和歷史的定律法則意念，並講求人類活動在時代環境中的適切和自得感。於是，才以「均衡」、「秩序」、「和諧」、「統一」、「規律」、「對稱」、「比例」、「層次」、「節奏」、「愉悅」、「虛靜」、「美好」、「快感」、「充實」等等字眼來衡量生命之眞，生活之美和意念之善，使人人感受到生命有光彩，生活有意義和興趣；正如同繁星羅佈，各有其角度位置和光亮，千山萬水呈現之自然形象，各有其氣勢和聲韻，而又如數不盡的飛禽走獸和叢林繁花，都有其成長的過程與生態，如此曠博複雜的自然諸象，如不經過深人的觀察和審美的構思判斷，使其各安其所，各顯風貌，而樂於爲萬物之靈的人類所欣賞與利用，那這個世界還有什麼值得生活下去的意義和價值？是故，美學的陳義並非過高，學理亦不深奧玄妙，實乃人類一種認識自然而充實心靈的平易學問，尤其對人生而言，懂得美學原理的人，生活得自然而充實，所知所見，都有異乎常人的感發和論見。經將作者鑽研所得，作成四句結語，以詮釋美學的實效和學理致用之道，即：「淨心心靈，拓展視野，組織思維，增強判斷。」試想，如果一個人能心中靜，看得遠，想得透，少錯誤，這個人不是生活得很快樂而有意義嗎？所以說，研究美學實在不是什麼鑽玄探奧，自我炫耀，或高人一籌，實乃要眞正的認識自己和認識這個世界而已！

美學自哲學範疇中脫離而自成一門學術，是西方一些哲學家的自己意見，認其爲不受哲學束縛，且更富於人文的色彩，按說此乃一種創見，事實上，美學與人生以俱來，原無須在縝密思考中完成，也就是說，美是人性的自然表現，是自我藝術的品格流露。好美是每一個人生下來都有的慾求，因爲旖旎的風光，窈窕的淑女，任誰見了都會心動，都會讚賞，除非其心理有病態，對花花世界已生厭惡之心。因此，在中國人的心目中，世界無處而不充滿著美，祇要是有心人，就可獲得一切，如王船山所云：「以追光躡影之筆，寫通天盡人之懷。」此乃說明中國人心存天地的唯美情懷，是故，嵇康亦有很値得思味的名句：「目送歸鴻，手揮五絃，俯仰自得，遊心太玄。」似這種見景觸情，無往而不自得的心靈境界，也足以證實中國人對鑑賞天地之美，對宇宙萬物均有極爲透徹的觀察和認識，才能流露出其眞實的讚美心聲。

如果探索美學的源流，東西方對美學的學理依據自有不同，惟意念的形成則一。西方美學重實驗和價值，東方美學重感悟和效用，西方美學源自理性的批判，東方美學則出於靈性的感發。而美學目前已被人認定爲藝術的哲學，或是哲學的美學，實則美學亦爲一種屬於心靈的學科，因其由文藝心理學發展而得之，而成爲包羅萬象的「藝術學」之總稱，不但研究文學和藝術者所應通曉，即使研究建築和物理者亦應具備美學的素養。其他如哲學、史學、神學、心理學、醫學等等，或多或少亦須包容美學的概念和學理依據；如中國的《易經》，就兼備有以上各種學術的精華，而蘊含美學的質素和學理，太極乃美的極致，自兩儀四象八卦以次，無不以美作爲演繹和推論，其後如老子的《道德經》，亦無不自美中取精用宏，陳述天道、地道、人道、聖道之美與實。反觀希臘哲學，部份來自神話，部份由哲人所思而得，柏拉圖的《理想國》，就是要分清「天理」和「人慾」和界線，使其理想國的子民，各取所需，各盡其才，自由自在的生存在近似天國的樂園中，而逐詩人於理想國之外，意思是詩人的幻想過多而不務實際！其實，柏拉圖忽視了一點，眞正的詩人並非都是吟唱者和幻想者，因詩是美的珠玉，無珠玉的發光體，何天國之樂與美？以後如亞里斯多德的《詩學》，就盛讚詩在人生和歷史上的重要地位。再說老子就從不言詩，但並不排斥詩，因爲詩之所以言志，任誰都有一份詩意存在，否則，人生有何情趣可言，有何生活價值？所以孔子和莊子就能領會到詩與美的眞實意義，正如同血肉的關連而密不可分。因之，在我國的美學思想中，層次和境界之高，因人而異，所知所見所悟，自有不同，說穿了，不外以「有我之境」之美與「無我之境」之美而已，亦即所謂「虛中有實」與「實中有虛」，這種祇能意會而不可言傳之美學觀念，在西方美學的理論範疇中所提到的很少，甚至有的西方美學家連想都沒有想到。

時人談論美學，多以涉及對文學和藝術的批評而言，殊不知美學卻潛存於每個人的思想觀念中，無時無地無不存在，祇不過是屬於知識和素養上的問題罷了。有的人一生都生活在美的環境中而不自知，有的人一直在追求美而不易得到，還有的人卻是美的發現和創造者，如藉文學創作，藉藝術表現，藉奉獻宗教，藉犧牲小我而完成大我等等，故有很多美的事物，也是在極度自然的言行中呈現出來，如曾經在台訪問和發動募捐濟助貧困的修女德雷莎，就是藉奉獻宗教，將善行良知道德之美，為濟助哀苦貧病無告者而奔走世界各地，這種極其艱苦的奉獻無私德行，實乃美的大我表現，誠非一般人所能實踐者。而歷史上的仁人志士甚夥，也都是在默默中奉獻智慧和奉獻軀體，其所以能成全別人之愛，早已不絕於書，垂映千秋萬世，使後人認清德性之美，且早已溶匯歷史文化的滔滔江河，誠值吾人鑽研中國美學者的有力借鑑。

研究美學的範圍，不外從歷史之美、自然之美，而歸復到人生之美，而人生之美，以人性為核心，即所謂從「淨化心靈」開始，而淨化心靈又必須由思想、觀念、情感、意志上著手，試觀有美學素養者，對大千世界的一草一木都充滿無限的感情，因其都寄以無限的生態和生機，人類賴以生存者，亦不外空氣、陽光、水，以及滋養生命的有生萬物等，因之，人類能與大自然和諧相處，能順應歷史法則，進而開造時代環境，必須付出有限的生命力和無限的智慧，且能有容忍和包含的奮鬥進取意志。近讀鄭板橋描寫「院落」的一段文章，感慨頗多，鄭氏不愧是畫壇怪傑，其名句「難得糊塗」，實有無上的哲學意趣和美學意念。如其寫出：「十笏茅齋，一方天井，修竹數竿，石筍數尺，其地無多，其費亦無多也。而風中雨中有聲，日中月中有影，詩中酒中有情，閒中悶中有伴，非唯我愛竹石，即竹石亦愛我也。彼千金萬金造圓亭，或遊宦四方，終其身不能歸享。而吾輩欲遊名山大川，又一時不得即往，何如一室小景，有情有味，歷久彌新乎！對此畫，構此境，何難歛之則退藏於密，亦復放之可彌六合也。」從鄭氏這段文字中，當可窺知其胸襟之何等高雅？且不亢不卑，有為有守，坦蕩磊落，將一方院落景物描述得如何精巧而生動！思味再三，其得諸我國哲學之微妙精義，而又發諸美學意理之審思，形成其人格性情之自然率眞，讀者當可體會及此？而與朱晦庵的「半畝方塘一鑑開，天光雲影共徘徊，問君那得清如許，爲有源頭活水來。」實有異曲同工之妙。故而，研究中國美學，不能不優游和涵泳歷代名家哲儒精闢言論幽境，不能不愼思明辨中國典籍之精華，至其歷朝文物、典章、制度之深入察考與設立原委，以及中國人思想理念之發皇過程等等，皆爲鑽研者鍥而不捨的有力佐證，又能不重視及此，而動輒以從談西方美學乃創新論見而獨具一格耶！

「美學」的適用範疇

「美學」（Aesthetic）在西方的流派甚多，以義大利美學家克羅齊（Croce）的理論實驗和寫「美感」的桑塔耶那（Gedrce Santayana）最具影響力，因爲「美學」能夠獨立存在，對人類思想的發皇，思維邏輯的分析與研判，實較哲學更爲眞切而適用。

「美學」並非嚴肅玄奧的哲學範疇可以涵蓋，它必須深入人類的生活感觀，使人性能徹底發揮，因之，美學在中國早已融合諸子學說之中，遺憾的是，迄今尚未發現有人加以整理和運用，而讓西方學者捷足先登，說來實在是件遺憾的事。

作者曾研閱數百本西方的美學書籍，其動輒搬出黑格爾、康德、斯賓羅莎、謝林、尼采、叔本華、杜威等人的學術思想，作爲「美學」立論的前導，或敘述近代西方新興美學家的實驗成果，無非想證實西方物質文明與科技起飛的輝煌事功。其實，「美學」之所以能卓然獨立而成爲一門無所不包的大學問，說穿了，不外對於人類知識的追求，生活藝術化的探索，以及人性的剖析等，有了新的發現與認定而已，不值得學者們大驚小怪，認爲「美學」乃七寶樓台，高不可攀。

「美學」的立論頗多，最使學者注目的，如「心理美學」、「經驗美學」、「實用美學」、「藝術哲學」、「自然美學」、「歷史美學」等等，以上因美學家的思想觀念分歧，均受哲學意識型態的感染，於是，各人自立門戶，自闢新說，使得「美學」研究者無所遵從，以致使「美學」的面目濛混不清，祗有繼續的去分類設科，將「美學」的理論基石切成片段，各自雕塑不同形象不同意識的藝術品了。

欲瞭解眞正的「美學」定義，經過不少著述的引申，倒是有了新的認定；即英國美學家鮑中葵（Bosanguet）的「美學三講」，將「美」與「醜」劃出了一條明確的界線，同時能採納較爲客觀的學理依據而訂定基點；「情感表現於形相，於是有美。一件事物與美相衝突，或產生一種影響與美的影響恰巧相反者——這就是我們所謂的醜。所謂醜，它自身不是有表現的形相，就是沒有表現的形相。如果它是有表現性的形相，那麼，它就富有一種情感，就落到美的範圍以內了。」所以說，美是由情感的表現形相，以及內心的直覺所引發出來的美學原理。

早期的美學理論範疇，偏重於藝術的自由與獨立，不宜涉及到有關道德倫理和科學思想的問題，其最極力主張的如克羅奇王爾德等人，唯最值得深思的，美學始終脫離不了人類愛美求眞向善的意願。因之，近代美學家開始注重美學與科學的關聯，因科學在探討宇宙自然的奧秘，而經設計的程式，在能精確和眞實，如太空梭的升空，環繞各星球之間的太空軌道，以及大氣層的氣流密度組合與排解等問題，就需要透過物理與數學的實驗和推算。而美學的原理講求「均衡」同「對稱」的原則，所以美也是一種物理的原素分解與數學的特質表現，難怪哲學家特哥臘司（Pythagoras）曾說：「美的線形和一切其他美的形相，都必具有『對稱』（Symmetry）」。再說「美學」與現代的資訊，在理論與實用上，有了明確的發現和印證；如電腦程式的設計，終端機的數字圖解顯象，中央處理器的主導系統，記憶體的資料蒐集學分析等，在在證實「美學」的內容在不斷延伸。是以「美學」不僅是屬於「心理學」和藝術的討論範圍，同時「美學」也是一種情緒和形相的反應，是發諸由內而外的觀點和概念存在，然後再由外而內的現象反映和心靈感覺。由以上的諸種觀察所得；「美學」已不再隸屬於哲學藝術的適用原則，它是接合科學資訊的領域而推陳出新，縱觀現代資訊器材的普遍設立，磁碟機的運轉功能，磁碟片的精心製作，非具備「美學」原理和「科學」實驗所能有成。所以不談論「美學」便罷，要談論「美學」，必須論及「美學」的多種有機體和無機體功能，其除了有助於文學藝術的心靈創造功能外，並可使科學步入一個有軌可循的正常發展途徑，尤其是目前資訊業的發達，正日新月異之際，一個人可憑各種不同軟體程式的設計與運作，可以計算出各種不可知的答案，而更能開發心靈的領域，使心靈與太空同時運轉，使各種藝術品發揮更大的功能，問題是，對「美學」的內容瞭解了多少，對「美學」的實驗功能可否予以肯定而已。

研究「美學」應從「心理學」和「人文學」開端，不宜以「哲學」的論點去論衡「美學」，因「美學」自十八世紀中葉已脫離「哲學」而獨立。在中國而言，老莊哲學中已有「美學」的內涵，老子所說的：「天地不仁，以萬物爲芻狗」，如以其思想觀念印證，宇宙自然早已有了一個主宰，以「仁」立心立命，萬物循其自然法則而運轉，否則，便不堪設想。「美學」重秩序、重節度、重和諧、重條理、重自然，其有助於人類生命力的創造，使宇宙萬物相因相成，研究「美學」，並非僅爲了文學藝術作品的創作，乃爲整個人類在生活上的合理安排，進而使精神意念獲得充分的寄託和依持。

世人總以爲研究「美學」是藝術家的事，或者是學者專家的事，其實「美學」關心每個人的生活和思想，舉凡對生活的調適，對精神境界的提升等。一個富於「美學」素養者，他必定生活得很愉快，身心的成長發展一定也很均衡而健康，不爲俗務羈絆，不受名利所驅使。西哲叔本華曾說：「人生大患在有我，我的主宰爲意志。人人都是他的意志的奴隸，有意志於是有追求，有掙扎，有追求有掙扎，於是有悲苦。在欣賞文藝時我們暫時忘去自我，擺脫意志的束縛，由意志世界轉移到意象世界，所以文藝對於人生是一種解脫。」叔本華的論點偏重於人生的悲劇觀，但無可否認的，叔本華對「美學」的詮釋仍是積極的，因爲人間有悲劇的發生，乃爲人類注重名位，注重自我意志力的追求，而「美學」在能淨化心靈和忘我意識的存在，因之，他必然不重慾念而求人性的昇華。莎士比亞曾謂人生是一個舞台，也是一個悲劇的角色，因悲劇的產生，在乎人類意志力的追求和掙扎，與叔本華的論點不謀而合。然而，「美學」實乃解決和分散人類意志力的紛爭，使其均衡而淡化，所謂「美的快感」，便是忘我的一種表現，如果一個人連「美」與「醜」的界域也分辨不出，何有性靈可言?所以人爲萬物之靈，即言人有追求美的先天本能，能瞭解這些，便對「美學」已有了基本的認識。

值此知識爆發的年代，「美學」乃一門最平實最易爲人類接受的學問，它的理論並不玄奧，它的實踐並不困難，它基於人類生理與心理的成長過程，所反映出對自然對歷史各種現象的感受。同時，「美學」所追求的最終目的，在於對「眞理」的認定，對「價值」的詮釋和批判，對「人生」的啓迪和開拓。因爲歷史的演進如同長江大河，各種事物瞬即湮滅，所能存在人類記憶中的，乃爲一種形相的不斷蛻變，一種知識的不斷累積，美的同樣形相愈多，便愈能趨於永恒的存在，歷史上的偉人偉蹟，其付出與獻替愈多，便愈能豎立一個美的焦點，使其光芒歷久輻射。

屬於美的資訊傳播世紀，「美學」已發揮其最大功能，因爲有些人尚未察覺，他隨時隨刻都沐浴在美的澤流中而不自知；至於爲何要研究「美學」的實用價値，更是爲一般人所不瞭解，總是將「美學」推到「形而上學」的知識層面上去，那實在是可笑的事，對有心人而言，「美學」乃研究人類性情之學。因此，衹有將人性能徹底的發揮，人類才能永遠和諧共榮的生活在一起，歷史的遠景也才更燦爛而輝煌。

泛論美學

美學始終是門高深玄奧的學問，正如同哲學鮮能受到大眾的重視，而美學在大學的美術系、文學系、哲學系列有專門的課程，但能接受其理論者還是少數。其原因安在？說穿了，因爲美學的實用的價值很難顯現，更非外行人認其爲不屬於「實用科學」，所以美學祇有理念原則，祇有程式剖析，沒有「專業價值」，所以「美學」（Aesthetic）之不被人接納，更無美學博士的產生。其實，美學並非一種深奧莫解的學知，因其原潛存於人類的直覺理念之中，是哲學和文學和數學的整個內涵發揮，非深入鑽研而不能窺其堂奧。

西哲尼采曾說：「美學祇是一種應用心理學」，而美學家克羅齊（Croce）則說：「藝術則屬直覺」，克民的全部美學理論依據，即依「藝術即直覺」而闡釋。是以西方的美學理論基礎，多係唯心主義的推理與發展過程，即使連黑格爾的學說，也建立在唯心派的基點之上。美學這個嶄新的名詞，淵源於十九世紀中葉，因西方對歷史哲學和文學藝術頗爲重視，自十八世紀科學興起，工業革命風起雲湧，但西方卻從未輕視過美學的倡行和發皇。因此，各種派別的美學立論，多偏重於內容（直覺）和形式（表現）兩個環節推演；所謂「美感經驗」、「聯想主義」、「移情作用」等等說法，不外證實美學對人類生活的重要性而已。再如近世紀的科技昌明，建築業的日新月異，以及繪畫、戲劇、舞蹈、音樂、文學等等，對人類精神與物質上的需求，其設計創作，無不透過美學的理論基礎審視與開發，因爲人類的理念很難滿足，而美學就是追求理念的原動力。黑格爾是一位「汎理主義」者，但他的全部哲學內容，卻充溢著人類對理念和理性的追求，不似叔本華對人類懷有一份濃厚的悲情和憂傷之感，認爲生命祇是一種永無止境的競爭，遍嚐災禍痛苦，終必不免一死，所以叔本華和尼采兩人對西方美學帶來悲劇的色彩，而莎士比亞的悲劇性戲劇的創作，其所以感人至深，是有其原因的。

美學屬於「感性」知識的專門學問，適用的範圍甚廣，大至宇宙自然的現象定律探討，小至生活領域的言行思想表現。當然，美學對一切事物及人類心態的觀察入微，尤其對物體的屬性，人類心靈的感應，美學有其獨到的驗證和審視，因爲自從有人類以來，便對自然界的現象充滿好奇和求得適應的生活本能，而自然界的四季遞嬗，日月運行，百物繁榮凋沒，潮汐的漲退，風雨雪霜的吹降飄落等等，在人類的心目中，無時無刻不影響生活與情緒上的諸多變化，是以美學不能僅從審美的觀點去論斷一切，而應從各類不同的現象，去認定其象徵的意義和內涵。所以說美學是一種「求眞」「求善」「求美」的學問，而最終目的在乎人類與自然共存共榮的最高境界。美國哲學家曾說：「人住的不只是物質世界，乃是一個充滿符號與象徵的世界。」（見John Dewey言論）事實上，人類的本體乃爲細胞、神經、官能、骨骼等物質（血肉骨）的組合，而其面貌、聲音、氣力等靜態和動態的表現，是爲各種不同的象徵，但五官的端莊與否，聲音的粗柔與優劣，氣力使用的是否有節度，以及由外感內發的各種情緒表現，從美學而言，都是值得研究和解剖的範圍。由於美學涉獵甚爲廣泛，故而有些人認爲「自然就是美」，或者說是「求眞就是美」，也有的人認爲「美就是心中有愛」，凡此種種說法，對美學的認定已各有所據與偏愛，不能算是探討美學的眞正目的，否則，美學的立論與實驗方法就顯得異常的簡易與膚淺，實有更進一步探求的必要。

我以爲英國詩人與藝術大師希萊克（Williom Blake）有兩句名言說得很得體，同時也可證實美學的研究心得，所謂「一粒砂石乃宇宙的縮影，一朵花乃人生的寫照。」沙石與花是物的本體，但其形狀與表現，卻有著靜態和動態美的象徵，沙石與花在一般人的看法，衹認爲其屬於自然界的點綴品，但在美學家的觀察中，它是宇宙自然界一種展現最有秩序，最有吸引力的物體象徵。如果巨嶽無懸崖絕壁，地球上沒有廣大的沙漠，四季無百花開謝，相信僅有山水樹林，在人類的視覺心覺和靈覺上，便顯得有一種美的缺失之感；難怪藝術家和文學家都在爲沙石花朵，作爲取材的實物而賦予靈性詩意，其道理便很容易瞭解。所謂「空山新雨後，天氣晚來秋，明月松間照，清泉石上流。」試問沒有石塊，清泉如何流法，又有何美感動感？再說沙漠中的綠洲和駱駝的出現，林葉間的花朵盛開，都是充實自然美的有力證物，因而，美學所給予人類的是思維上的完整性，感覺上的和諧喜悅感，以及心靈上的充實與滿足。

美學自從由哲學脫離而成專一學科之後，即成爲應用學科的重要一環，特別注重其實驗價値，其運用於繪畫和建築學方面最廣，享譽國際的建築大師貝聿銘先生，經常談到建築美學的重要性，貝大師採力學與美學的學理依據，設計出現代最新穎的建築物，講求心靈與精神的調適效果，房屋除遮蔽風雨塵土之外，並要求自然界的光線與色澤投向。誠然傳統的人文美學，與現代的科技美學，已融匯爲貝氏對審美創作的獨特風格。雕塑家朱銘雖無美學理論，但其所追求的目標，是藉傳統文化的內蘊，創造現代動感力感與美感凝成一體的作品，其對形象的選擇，線條的運用，容姿的表現，一看便知是東方的產品，而尤其可貴的是其精巧的刀法，凝重而發揚的神韻，在在顯示其厚實而靈活的創作潛力。

美學的學派甚廣，惟源流有所不同，其中以克羅齊的「藝術直覺」，與桑塔耶那的「實驗美學」最具影響力，因爲美學關係人類的思想感觀形成與發皇，並非盡爲文學藝術在創作的立論和根據。現代的西方美學之所以普遍流行，得使人類的生活品質提昇，而宗教也不得不藉美學去宣導與完成，許多有關宗教的雕塑與壁畫，聖詩與聖樂的倡行，教堂的架構與佈設，在在都說明宗教有其美學的含義和依憑，因爲上帝的萬能，已與宇宙自然融爲一體，上帝的旨意，也就是全部眞理的再現。唯美與唯眞，便是眞神的形象塑立，羅丹畢生獻身藝術工作，其作品便由完美而趨於神聖的境界。再如米開朗基羅、拉斐爾、達文西、畢卡索等人，其對美學原理的深入鑽研，對人性光輝的發揚，早已深入人類愛美的心靈之中，是以宗教美學影響了無數個世紀的人類偉大情操。希臘和義大利的美學家輩出，才促成西方的文藝復興，進而成爲西方人精神追求的生活指標。時至今日，科學愈昌明，社會經濟愈繁榮，人類崇尙愛美的理念，在邏輯上應當愈需求迫切才對，也才能形成一個共存共榮的和諧社會。然而，近世西方的宗教情操每有低落的現象，享樂主義普遍流行，以致犯罪的心理到處猖獗，溯其原因，有不少西方美學家，未能潛心研究正統的人文和宗教美學，而形成自立門派，抱殘守缺，甚至有的步入異端而不自知。

反觀我國的美學思想，如深入研究，實在淵源有自，自老莊孔孟學說以次，迄明末清初，有眞正學知的博學鴻儒，無不在修心盡性、明理和教化上下工夫，咸認做人處世以行德致理，抒情怡性為不二法門。王陽明、黃宗羲、蔡元培、胡適之等人的學說，對中國哲學美學俱有獨特的見解，尤以蔡元培極力提倡美學教育，最為世人所尊崇。孟子對美的闡釋最為精緻，如把個體人格分為善、信、美、大、聖、神等六個不同的境界與層次：所謂「可欲之謂善，有諸己之謂信，充實之謂美，充實而光輝之謂大，大而化之之謂聖，聖而不可知之之謂神。」由之足證，美乃「善」與「信」的自覺與引發，如果再能發揚光大，即可成為神聖。古代的英雄豪傑、仁人志士於其死後，由於其德業流傳不朽，便被世人奉為神明，敬若聖哲。晉代文學大家陶淵明，其文章詩詞感人至深，人格尤其高尚，其心目之中，祇有自然之美與品性之美，因而有「採菊東籬下，悠然見南山」的高風亮節。劉朝笙曾讚嘆的說：「靖節非儒非俗，非狂非狷，非風流，非抗執，平淡自得，無事修飾，皆有天然自得之趣；而飢寒困窮，不以累心……千載之下，誦其文，想其人，便愛慕向往不能已已。」陶淵明不為五斗米折腰，而以清貧自得，與大自然為伍，實在超乎竹林七賢、北宋五子之上，這種處世的心安理得，憂道不憂貧的情操，古今又有幾人可與之相提並論？

中國美學立論精深曠博，而能窺其堂奧又有幾人？時人不察，認為是形而上學，再不就是認為祇有談風花雪月才能涉及美學，實在令人難以理解。有不少所謂美學家，在課堂之上談美學，動輒以西方美學為主流，絕口不談中國美學的發展史，那是崇洋心理作祟！倒是朱光潛、宗白華、李澤厚等人，認定中國美學值得研究發揚。曾幾何時，台灣也曾有幾位專攻美學的美學家，如方東美、虞君質、姚一葦、趙雅博、孫旗、張肇祺、劉文潭等，各有專著篇章發表，惟鮮少引人注意。其實，這是很值憂慮而悲哀的事，溯其主因，研究學術者，多以理、工、法、經四種學術著手，並認定其有相當實用價值。當今社會風氣敗壞、私慾橫流，縱然經濟富裕、工商起飛，也無濟於事。然治本之法，應從美學教育做起，以強化世人知理達義的信心，如此始能使社會和諧、國民身心健康，我們才有一個美好的遠景，心靈上也才有一個美好的希望和寄託。

美學的探索和倡導

也許有人會懷疑，研究自然與人生的問題有哲學，美化人生的境界和生活情趣的有文學和藝術，爲何要探討和重視美學呢？而美學是自哲學脫離另分支脈學派的，原不值得吾人注重的一門學問，大可不必去費時間和工夫鑽研它，持有這種觀點的人很多，甚至還有很多人根本不知道有美學存在的這回事！

美學在有些人的觀念中，認爲是藝術家審美的一種學問，不是一般人所需要與瞭解的；或者認爲那是藝術的哲學，是哲學家的研究範圍。還有很多人以爲美學根本不能成立，因爲世界上所以稱得上美的事物，是心靈的自然感應，是官能的直覺感受，何必需要一些玄奧艱深的美學原理和驗證規範呢？對於以上諸種論見，的確形成了美學的論點和界說，同時也阻礙了美學的研究前路。但是，美學的自然成立和研究發展，已成爲目前一門必須研究的思想科學。在人類整個的文化史上，不論是自然知識的認定。倫理道德的判斷、生活經驗的影響，以及宗教信奉的皈依等，都是美學探討的主流和範疇，故而有人曾說：「美學是哲學的哲學」，就能看出美學在人類意識思想中所佔的重要性了。

如果要將美學下一個定義，或者將美學研究的範疇作個界定，那就是：「美學是對宇宙自然事物和人類心靈研究美的表現，和美的內涵剖析和鑑賞的藝術哲學。」而美學研究範疇的界定，乃為「對古往今來一切事物，由人類官能心靈的感應，而產生的美感經驗、美感判斷、美感價值、美感意識和美感思想的探討和驗證。」衡諸以上兩個基本的原則和見解，便自然而然的有著美學的產生和地位，決不可等閒視之而被人疏忽。

美學既是藝術的哲學，或者是哲學的哲學，其對人生有極密切的關係，如果沒有美學的素養和常識，根本在感覺上，這個世界是極度平俗而無生氣的。因之，美學是辨識這個世界的美醜、善良與邪惡的經驗判斷之學知，同時也可以說明人類在自然界與歷史上所處的地位和價值，所以便產生「自然美學」和「歷史美學」，進而由美學中創造出來「經驗美學」（aesthetice in experience）和「理論美學」（aesthetice in theory）。這種發自美學探討的理論和知識，無非在人類的理念和道德行為上，以對自然界審美的認知，以永恆的眞理追求，作為一個有條理、有層次的闡述和綜結而已。所以說，人類生活在自然界中，要求得其適度的處境，要活得自然而眞實，他的思維觀念、他的生活行為，不但要在出發點有節有度，有遠景、有境界，而且在日常生活中，還得有美的感受和濃厚的意味，正如同太空中的日月星辰，發光發熱，大地上的山川河流，林木花草，展示其活潑的生意和絢爛的光澤一樣。一個有審美意識者，其一言一行，都是那麼有風度、有情趣，而意態高雅，德性完美。

現代實用美學，使用範疇至廣，並非僅屬研習美術的專門學科，其他如戲劇、音樂、雕塑、建築、舞蹈、服飾等等，均須美學知識的專精而作鑑評。是故，美學的實用功效，遠超過任何學科，一個現代的國民，不能沒有美學的知識，尤其對於一個鑽研學術思想者，更不可忽視現代美學的價值和地位，一些有成就的哲學家，如黑格爾、康德、謝梨、斯賓羅莎、羅素、尼采、叔本華等諸大家，如果沒有深厚的哲學理論和美學素養，便不能成立其思想的主流和脈系，即使是歷史學家如湯恩比和講求實驗主義的杜威等人，也不得不提出其歷史審美的觀點和哲學的審美主論，否則，其學術基礎是極淺薄而浮游不定的。因爲任何一種學理，其原素均係因人而發，而人的本身就是一種有形物質美的綜合體，其他如情愫、意緒、思想等，俱是另一種無形精神美的自然組合。當然，美學這個名詞的由來，乃因人類追求眞善美三要素的極致而創造，美的本體，也就是至眞、盡善和完美的最終目標。如大畫家達文西和畢卡索，其講求美學的最高原理和表現，在畫面上並不是眞實感的唯妙唯肖，而是一種神韻和律動美，「蒙娜麗莎的微笑」巨構，其自然的律動與含蓄，不但使人發生秀美的意念和快感的共鳴，而且給欣賞者一種心靈上的震撼力量，認爲那才是人間最崇高、最典雅、最微妙的性靈表現。畢卡索對景物和人體的線條和架構，早已超過繪畫精湛的素描，不衹是栩栩如生和神采奕奕，其最使人激動和顫抖的感覺，是極其濃烈的色彩和大膽的筆觸，在在逼人神智而莫可自主！對這種透視人體和自然景物的審美經驗和判斷，決非一個不諳現代美學者所可領悟到的。

美學乃一種自我直覺意識和表現的學理，適用於心理學而侵越邏輯學（即理則學），有不少成名的學者，著述等身，且有眞知灼見，獲致廣大知識分子的認定，但其本人有時還不知道自己已建立了一套美學理論！諸如亞里斯多德的《詩學》、托爾斯泰的《藝術論》，以及王國維的《人間詞話》、鍾嶸的《詩品》和劉勰的《文心雕龍》等作品，如果作審愼研究，都是研究文學藝術的美學原論，其嚴謹而精闢的審美意念，藉他人的作品賞析而發自內心的創見，都是美學的精品。因之，美學的意識是與人生以俱來的，衹要自己能細心體會，也都有自己的理論根據和見解。

美學既是「心靈」和「精神」的自覺產物，而又從哲學分出的一門專學，必然會引起大眾的重視，然而，事實上正好相反，研究美學者卻如鳳毛麟角，且尚有的美學家，多出身哲學系和文學系，甚至有的是半路出家的社會學系和心理學系，而眞正研究藝術者，或從事藝術創作者，卻鮮少是一位出色的美學家，實在使人不解？更可笑的，是專攻美學的人，有的對藝術創作和藝術鑑評卻毫無心得與認識，這不能不說是美學的沒落主因之一吧？

處此科學昌明、工業飛躍的大時代，人類已獲得優裕的物質生活享受，惟精神生活空乏，以致道德觀念低落，倫理意識和宗教信仰日益淪亡，這是異常値得憂慮的事！所以說，對美學的倡導，美育的普及工作，應爲當務之急！切忌認爲美學是一種空談的學問，與現實生活脫節，而實際上，美學是建立社會倫理基礎，和諧美化人生思想境界的實用之學，絕非形而上的玄學，因爲愛美原爲人類先天的德性，誰又能輕易抹煞和置之不顧呢！

泛論美學的功能

目前國內外專攻「美學」的人愈來愈少，因爲美學不似其他自然學科與社會學科，有其實用功能，而且美學係從哲學分支出來，故有人曾稱美學爲「藝術哲學」或「文藝心理學」，亦有人稱其爲「美感學」。因而，美學究竟對人類有無研究價值？並在學術上所佔的地位，誠值探討和引證者，以確立其歷史學術價值，而不致使人誤解日趨式微和沒落。

何謂美學？各學派詮釋定義甚多，作者以爲較爲中肯者，即爲「就普通心理上所認爲美好之事物，而說明其原理及作用之學也。以美術爲主，而自然美歷史美等，皆包括其中。」是故，美學的原理涵蓋面極廣，舉凡自然萬物的外延與內涵，均以審美的觀點衡量分析其存在的意義與價值，所以說美學雖由哲學而分支，但爲一種蘊富人文和歷史色彩的獨立科學，尤其是攻研文學藝術者，甚至探討治理歷史學和哲學者，均應對美學的屬性和本源有深刻的體認，始可獲得更多眞實而生動的內容和評價。

美學萌芽於古代之希臘，在十八世紀中，由德國哲學家薄姆哥登（Alexander Gottied Baumgarten）的專心鑽研，撰文評述，便將這門學術，徹底由哲學中分出來，而界定其評鑑範疇和研究本質。

美學的西文爲Aesthetic以其名詞釋意似應接近「直覺學」的本義，因爲人類最原始對外界事物的心靈感覺，是直接而原始的意識；凡屬秀美的，崇高的，雄偉的形像，以及均衡的，有規律性的，且富和諧性而層次分明的事物，都有美的屬性存在，也就是說，那些事物的本質和外貌，足以展示其優美、善良、神韻、律動、靈巧的形式和內容者，都是由美感的經驗判斷去體認，因此，美學不同於哲學，哲學是屬於理性的知識論，而美學乃爲感性的經驗論，二者有很大的區別。

美學既屬獨立的科學，自十八世紀之後，從事美學鑽研者，一爲主治哲學的唯知派，一爲專攻藝術的唯美派，彼此學說紛紜，各有所據。又如以黑格爾爲主的「唯心美學論」，顯而易見的，是以哲學爲主體而帶動美學的發展源流。而以意大利美學家克羅齊（Croce）的「直覺美學」爲主的美學家，便將美學的原理發揮得淋漓盡致，其徹底分開有關「知識」的兩個不同的論見，以「直覺」（Intutive）和「名理」（Logical）作爲探討美感經驗的前導。所謂「直覺的知識」，是指「對於個別事物的知識」，而「名理的知識」，是指「對於諸個別事物中的關係的知識」而言。誠然，在攻研美學者的意念中，非得深切瞭解此兩種有關知識的界說和意義，始足以鞭辟入裏而盡窺堂奧。

一談到「美學」，在人們的觀念中，似乎對審美的條件和要求，不宜以美學理論所侷限，應憑各個人欣賞和鑑定的角度就可以了，事實上，何者是眞正的美？何者是虛浮的假美？恐怕不是一般人所可肯定的了。所以要瞭解美學的定義和範疇，要深入美學的殿堂和幽境，非得有相當美學的素養和知識不可，尤其是爲人類設計心靈境界和理念遠景的文學藝術家們，當然要涉獵美學的專門學理，就如同柏拉圖的《理想國》，亞里斯多德的《詩學》，托爾斯泰的《藝術論》，以及達文西的《畫論》，哥德和愛克爾曼的《談話錄》，佛洛伯爾的《書信集》等等，無一不是哲學理念的結晶品和文學藝術的精華集錦。縱觀以上的諸種論著，或多或少都有「美學」的意識概念融於其中，否則，如米開朗基羅的壁畫，羅丹的雕塑，和近世層出不窮的藝術精品和文學的傑構，如果原作者沒有高度的美學觀點和審美經驗，那能流傳迄今而爲世人所津津樂道？

作者以爲美學之脫穎哲學而出，是件極度自然的事，哲學之探求宇宙秘奧與人類心性的剖析依歸，這是自人類有文化歷史以來的自然產物，而美學是確立人類理念美化生活淨化心靈的藝術原動力。美學不是什麼深奧的學問，它是一種自我的經驗和判斷，和對宇宙萬物審視和感覺。所以說美學的意識是與生以俱來的，與文化水平和知識程度有極其密切的關聯。一個稱得上是偉大的文學藝術家，便自然而然具有深厚的審美經驗和批判潛力，不然，其藝術表現力便不能撼人心魂而震鑠古今了！

目前在我國大專院校中，其有關科系也排有哲學的課程，但專教美學理論課程者，除非哲學文學藝術學系外，涉及到美學範疇者幾乎沒有，至多納入訓導課程中有「美的教育」而已。所謂「德、智、體、群、美」五者，而美育所佔份量不多，實際上，德智體群四育中都應有美的質素在內，故美有其淵博的可塑性。「充實之謂美」這句先聖名言，當可證實美的包容面，不論是事物的陽剛面和陰柔面，甚至是完整面或殘缺面，都含有美的經緯網狀和正反型態，對此點，稍有美學常識者便可體會得出。

從美學的發展史上看，除黑格爾的唯心美學派外，尚有主張唯物美學派的馬克斯主義信奉者，其曲解美學的唯物觀，並給予唯物辯證法披上美麗的外衣，企圖將醜惡與良善倒置，以促成對歷史唯物論的錯覺，對資本主義的誤解，如淪於大陸的以美學權威自居的朱光潛，便被迫改變其美學路線與初衷，爲根本無美學可言的共黨理論而欺世盜名！誠屬對美學立論的重大危害，對美學範疇無異豎立了一塊最使人厭懼的墓碑！

當此知識爆發年代，科學日新月異，人們忙於物質的追求與享受，忙於探求太空的星球奧秘，以致可怕的核子武器競賽，功利主義的氾濫，道德觀念的淪喪，宗教信奉的低落，還有誰再能靜下心來深究茫然無稽的哲學，再來審視美學的原則原理？而什麼是美感？一般人祇看得見眼前的花花世界，珠光寶氣，美鬢如雲的裸體展示，堆積如山的金鈔股票，祇要能刺激官能，達到一時慾望的，那便是他們所追求的美夢和美感吧？然而，自古以來，世人多半總擺脫不掉名利的枷鎖，隨時代的日益進步，人們亦盲目在追求最熱門的學術和技藝，以便能出人頭地，名利雙收。反觀一些有智慧者，他們並不趕時髦，標新立異，他們心靈中所渴望的，是在發覺什麼是宇宙自然的定律，什麼是人間的歡欣和存世的眞理，在有倫理有和諧氣氛下的社會，有無限喜悅和無限同情的人類情感相互關注下，才是眞正的生命之美。達爾文雖然說過「物競天擇，優勝劣敗」的物種進化論，但他也有以下一段極爲感人的話：「任何光艷華麗的明珠，任何美人鬢邊的寶石，任何襯托夜空的明星，或是晨曦中的燦爛旭日，都及不上爲人的災難所滴下頰邊珠淚那樣閃耀著聖潔的光輝。」從其深刻的觀察中，自然而然的證實達爾文懷有一份可貴的人間悲情，這如尼采與叔本華的悲憫心胸一樣，最懂得美學中的「悲壯美」。俄國文豪索忍尼辛來台訪問時，他的一舉一動，一言一態，是那麼令人崇慕而折服，如果仔細分析，索氏的思維中潛存著一種極爲高貴的人道主義品性，和追求眞理的無我精神。再如歌星鄧麗君在台中空軍基地與義士吳榮根見面時，吳義士言及大陸同胞最喜歡聽她的歌聲，鄧麗君即時聯想到大陸億萬同胞，淪入水深火熱的災難之中，她感動得熱淚盈面，這種由喜悅而產生悲情的表現，在一個有審美經驗的人來說，那是人類眞摯情感的自然流露，所以小說家莫泊桑說得好：「慈悲爲外在的行爲，同情乃內蘊的感情。」也就是這個道理。

美學不祇在學理上有其依據，如「心理美學」和「思維邏輯學」，如「藝術哲學」和「藝術教育原理學」，另外如「倫理學」和「語意學」等，都蘊含有美學的理論因素，即使是最能表達文字和思想意識的「修辭學」，都摻和著美學的原理和論點。很多談美的學者，動輒論及顏色美、形體美、聲音美，但卻忽略了人類的情感美和心靈美，美學家桑塔耶那和克羅齊就是講求人類心靈美的知名學者，而王爾德和丕德的所謂「唯美主義」，祇著重於自然的形體美，縱然論及心靈意識的感應，也未能有極爲精闢而周密的論見，所以在王爾德的作品中，給予人們的感受，是一種朦朧的虛幻的美感，而不是實體的逼眞的發自心靈美感的活現。

談到美學的實用價值觀，不能不擺脫哲學意念的拘羈，而近百年的新興「實驗美學」論見，是一種最具科學方法的美學驗證，它與人類生活關係密切，諸如外界的一切具象體物，或心靈界的抽象形態，乃至人類的意識行爲，文學藝術作品的傳導意念等，無不充滿著美的意味色彩和音律。當然，美的形成因素，在使人產生喜悅和愉快的情緒。進而發揮生命的潛能和堅強的意志力等等。祇要人類一天不喪失七情六慾的衝動，祇要耳目心靈能感染到外界的一切現象存在，祇要宗教和社會制度依然維繫著求生的意念，人類便有求眞向善愛美的生活本能，而能引導眞善美三者步入正軌，永遠開創人類希望遠景的，乃爲哲學家科學家和美學家責無旁貸的使命。所以有的哲學家將其眞善美三事，區分爲「眞」屬於哲學科學的範圍，「善」屬於倫理宗教的範圍，「美」屬於文學藝術的範圍，三者缺一不可，而美學最易爲有思想有情感的人類所接受。因之，凡屬美的事物，不論音樂、圖畫、舞蹈、建築、戲劇、服飾、攝影、雕刻等，無不經過審美的觀點而作精心設計者。所以說美學的原理，用之於日常生活，不但能調節生活情趣，保持心理平衡，同時能提昇心靈境界，增進工作效率。反之，不懂得美學的原理者，便不能產生眞正的美感，必當失去欣賞的情調，使視覺閉塞，目光矇混，心靈錮禁，生活呆板，而對世事失去信心和勇氣，且流於庸俗陳腐，何能奮發進取，開拓理想遠景，創造生命價值？

美的反面是醜，是混濁，是零亂，當然更無生氣可言。在美學也談到所謂「醜的美學」，不過，「醜的美學」是本質不變，而是形式的表現和轉移，但其內涵和精神，仍屬美的結構本體：如埃及的獅身人面像，非洲少女的乳房和眼神，希臘的神殿斷垣殘柱等。再如我國寺廟中四大天王神像，似乎過於威嚴而兇惡，惟由於雕塑的逼眞生動，雖係善神而相貌醜陋，並不影響其壯豪陽剛的美點。由於美與醜的對立，又有完整美與殘缺美的分野，維娜斯愛神的斷臂與千手觀音像，就是顯明的例證。如果神話的龍和鳳，在人的意識中沒有角爪和羽翼，沒有金鱗和彩翎，又何能構成龍鳳完美的形象，而與蛇鳥何異？是故，在實驗美學的原理中，有精確的數字組合構圖，有極爲精巧而合理生態原理設計，如閣殿的飛簷，風鈴的繫掛，釉磚彩瓦的琢砌，以及內部的諸種器具陳列，都是藝術的傑作，古老文化的展示，才使光彩交輝，古趣盎然，似這種實驗美學的功能，不但適用於建築工程，更是現代人研習美學的智慧表現。

時下許多人從事文藝創作，認爲創作僅憑技巧和知識經驗就夠了，對文學和美學理論，並不需要刻意去探討求證。持此種觀念者，原也無可厚非，須知能洞悉美學的原理原則，當有助於創作心法，起碼可以充實作品的內涵，表達作者的特殊見解，同時也可藉以增進新知，開拓新的境界。我國最早的文藝理論專著，如劉勰的《文化雕龍》，鍾嶸的《詩品》等，如經仔細探討查證，固然是爲文作詩的技法和規範，但對遣詞用字的結構和表達形式，也有美學的意識和原理存在，誠値有意研究現代美學者的參證。

研究美學，是屬於專門的學問，必先對中外哲學典籍有所體認和基礎，而有些原理過於枯燥無味，如以數字的演算方式行之，或以符號和圖形作爲表解，或援例索源，或假設求證，每使人見而生畏；即如黑格爾的譯本《美學》而言，厚沉沉的三大本，如缺少情趣和毅力，實在難以卒讀，倒不如閱覽姚一葦先生的《美學的範疇》，田曼詩先生的《美學》，虞君質先生的《藝術概論》來得有效，雖然各家均有創見，讀者也不乏其人，惟研究美學者，並不能蔚爲風尚，實有待倡導。作者五十餘年中涉獵美學書籍不下三百種，對其發生濃厚興趣，亦曾數度爲文介紹，如果妄言稍具心得或有所感受的話；即就是研習美學可有助於一個完美人生觀的建立，對日常生活也能妥爲安排而情趣叢生，並對任何事物的是非美醜分辨得清清楚楚，而最重要的是能認清自我，心境澄澈，意志奮發，樂觀而不消極，既不爲物喜又不爲己憂。

論美學的潛移默化功能

中國近代的美學家，朱光潛和宗白華兩位都有相當的文藝論見和學術成就，而兩位的著述等身，朱光潛以「博學」和「守約」的治學論觀，影響文學藝術家的創作觀至深且遠，晚年又從事西方美學理論的譯述工作，雖已逝世，但在國人的心目中，他畢竟是一位治學專精，有守有成的美學家。談到宗白華的美學素養，不論對中國歷史文化的體認，對西方美學史的發展，雖年近九十高齡，猶多所鑽研，曾客居美國多年，始終不放棄哲學和美學的驗證工作，其眞知灼見，諒爲識者所贊同。是故，朱、宗兩位美學大師，實爲現代文學藝術家所懷思和欽敬。

也許有人會說，從事文藝工作，可以不必研究什麼美學原理和藝術概論，照樣可以寫出夠水準的作品。因而，美學家可以列入其他學術名流，以高深的美學知見，作爲學術講座，或出版專門學術論述就可以了，至多引導文學藝術創作的思想，審驗文藝作品的精神內涵，但並不一定就能直接影響創作的品質，話雖如此，然而，此乃創作者的有意規避和藉口而已。事實上，一位有偉大成就的文學藝術家，如果沒有高深的藝術知識和思想，沒有突破性的美學情操和高深的藝術涵養，又何能寫出深入人心和導正人類思想行爲的偉大作品？

見諸亞里斯多德的《詩論》、羅丹的《藝術論》、達文西的《畫論》、哥德和愛克爾曼的《談話錄》，以及佛洛伯爾的《書信集》等等，試問那一種論述不與「美學」有關？唯有從大文學和大藝術家的心靈中流露出的感受和語言文字，才是美學最原始的動力和思想的精華。因此，作家不能沒有美學的觀點，作家不能沒有美感意識的質素，同時作家更不能不借重美學的思想，作為醞釀和創造作品的泉源和元素。

也正因為上述的各種美學構成文學藝術的基本要素，所以美學家得以自哲學界域中脫穎而出，因為美學乃出自人類的「直覺」，由「直覺」而又介入「心覺」，故產生出如「移情作用」、「心理距離」、「美感經驗」及「審美判斷」等等美學聯繫名詞，而實際上人類由出生呱呱墜地起，便對外界的諸象感受，而引起心理的變化，更由於年齡漸長，知識的傳授，生理和心理的成熟與體認，另以社會法律道德的規範，倫理親情的維護和關愛，自然景觀的傳映和感受等等，無不構成一幅人生和歷史的生動畫面，讓每一位追求這幅完美奇佳而特異的現世畫面者，去畢其一生精力和智慧模仿或效法，或開拓和創造。如此說來，美學並不是一種高不可攀的學理，實在是如尼采所說的：「美學祇是一種應用生理學」。這與朱光潛所說的：「美學就是文藝心理學」實有異曲同工之妙。由此我們可以得到一個結論；那就是「人類為生活得自然而寫意，才有追求美的心態和美的意念」。

現代人一提到「美學」，不是說其陳義過高，難於實用，便是說那是屬於藝術家的事，再不然就是認為是有閒階級人士所追求的夢幻。因為現代人每天忙於工作，忙於追求名利，忙於解決生活所需，那裏還有時間去研究什麼美不美呢？持這種論調者大有人在，但如果仔細分析，那就大錯而特錯了。須知美學乃學術的一種專有名詞，而美與不美的意念，卻時刻潛存於每一個人的日常生活之中，因為美的整體結合表現是：和諧、喜悅、快慰、秩序、規律、圓融、貼切、眞實、自然、活潑、健康、美觀、成效等等的具體而有形的表達和顯現，絕非空幻、遙遠、癡想、理念、夢境等所可涵蓋。一個認眞研究美學而能實踐者，在言行和觀念中所得到的裨益和定見，應該是：一、能淨化心靈。二、可拓展視野。三、能組織思維。四、可增強判斷。試想：以上四項要訣眞正的徹底實現了，這種人在現代生活中，不是很有人生境界和生命價值嗎？相反地，如果終日祇爲生活而忙碌，甚至渾渾噩噩，淪於名利漩渦之中，既不能淨化心靈，更無拓展視野之能，那還有組織完美的思維和增強是非的判斷呢？所以說，美學的原理，雖然淵源於人類的知識經驗，作思想境界的提升，進而完成一個完美的自我；但美學的實用價值之說，卻無時無刻不靠每個人的生活實踐，以對人生和歷史自然的正確認識，將自己安排在一個既和諧又快樂的生活天地中，縱然有外來的阻逆和困擾，亦能憑堅強的生命意志去一一克服。因之，名家有云：「人類最大的敵人就是自己。」實在是發自一個對美學有認識者心中的深切感受，同時也足以證明凡是不能克服敵人的自己，也就是醜的表示，又何美之有？

人類七情六慾的節制和調適，是美學研究的重要課題，世界有不少傑出的美學家，首先去瞭解人類情慾的根源和流向，且各有立論，如英國著名的美學家鮑申葵（Bosanquet）在其「美學三講」中，便特別提出情感的美醜，有賴於形象表現方面的鑑別。因爲情感的表達，自有美醜之分，而美學大師克羅齊就一直認眞的說：「藝術必定是美的。」但鮑氏卻認爲藝術乃情感的自然昇華表現，故理直氣壯的說：「情感表現於形象，於是有美。一件事物與美相衝突，或產生一種影響與美的影響恰相反者——這就是我們所謂的醜。同時醜的自身，不是有表現性的形象，就是沒有表現性的形象，如果它是沒有表現性的形象，那麼，就美感而言，它就沒有什麼。如果它是有表現性的形象，那麼，它就有一種情感，就落到美的範圍以內了。」從鮑氏的論點觀之，情感和慾念一經表現於形象，就可以決定其美與醜的分野和範圍。是故，人類的七情六慾，如何抑制和調適，使其得以正常排解，那必得靠美學家以審美的經驗和判斷，去規劃和分析，或引導人類步入一個合情合理的坦途。否則，美學又何必由哲學界境中另闢新徑，而自立門戶呢？因之，我們可以說：哲學屬於理性探討的學問，而美學乃屬於情感調適的專論，是以針對人類潛存的七情六慾，美學的應運而生，對迷失人性的起死復活，人道精神的發揚，有密切的關聯性，我們能再漠視其對世道人心的重要影響嗎？

美學家在西方國家的學術地位上，是最能引入矚目的，較之科學家和其他社會學家並無遜色之處；即使是西方鼎鼎大名的哲學家，如康德、黑格爾、謝梨、斯賓諾莎等人，無不以其美學爲其哲學思想核心。因爲研究哲學是窮究宇宙自然之奧，探索人性心理之源，並追溯歷史之演變與趨向，以引導思想意識之發皇與主流，其間無不涉及美學的原理和生命價值觀，王爾德之追求唯美主義，康德之重視理性批判，就是要證實人類對「心」和「物」不同的分野和正確認識。談到美學對「心」的刺激、知覺和反應，（亦即心理學的主要論態）最爲重視，內在之心與外界之心能否連成一氣，外界之物與思想意識能否融匯化解，而呈淨化純一並消除其雜念，往往得以審美意識和經驗去推斷，所以康德的名言：「無所爲而爲的觀賞（Disinterested Contemplation）」，實在是其對美學思想的精到之論。故而，美學不但是哲學的哲學，也是哲學的藝術，或藝術的科學和藝術的心理學，此乃無可否認的事實。

在中國的曠博學術領域中，老莊哲學原本就是老莊美學，孔孟思想也就是天人合一的儒家美學思想，荀子的全部學術思想更是一部人生實用美學，其對「天性」與「人性」的剖析最爲精確，比之西方的康德和黑格爾的美學思想，尤有超越而無不及，問題是在乎有心人去研究和鑑證罷了。作者始終認爲，有些人硬將西方的美學用之於文學藝術的創作範疇中去加以詮釋和註解，或認爲是心理學的另一種附屬學理，這都是以偏概全的錯誤觀念，其實，美學一詞乃追溯十八世紀中葉自西方哲學中的分類而推出，但深究其學理源流，早在中國秦漢時代，已相沿成一套中國人的美學思想理論史了，祇不過當時沒有人運用科學的方法廣泛蒐集和整理而已。

當今處於知識爆發年代，科學進步日新月異，社會的結構也隨之在轉變，雖然人類的本性和心靈反應有時受到波及，生活型態受到影響，諸如資訊系統的普遍建立，經濟價值和效益的觀念不斷變化，但歸根結底，人類的精神領域的提昇，生活品質的改善，情感和意志的培養與誘導，仍舊依賴社會道德觀念、法律制度、宗教意識、親情倫理等去維護和開展，而唯一最能深入人性本質和思想觀念的啓發者，是民族文化的薰陶，是美學教育的再發揚，當年蔡元培先生所提倡的「美學教育」，其苦苦用心也就在此。教育乃一國之百年大計，其結合德、智、體、群、美五育於一體，誘導學子如何做人，如何愛國，如何服務社會人群，如何樹立一個具有完美理想的人生觀，這些都有待先用美學的教育去啓發和誘導，並施以德、智、體、群四育，不斷灌輸和陶冶，始能發揮立竿見影的功效。因之，美學的實際功用，切莫等閒視之，亦非專爲文學藝術的欣賞和創作而設，再如科技、醫學、宗教、以及社會自然學科，都蘊含有美學的意緒和原理原則，其實用於生理和心理的偉大貢獻，則祇有眞正研究美學者去一一驗證和揭示了。

中國人對美的審視和體認

寫這篇探討〈中國人對美的審視和體認〉的文章，首先得聲明；是爲追溯中國文化延續不絕的源流所在，也是審視和體認中國人求眞向善愛美的自然性情流露。數千年來，中國人建立了許多唯德唯智唯情唯美的事物主體而不自我宣揚，那是因爲東方文化足以超越西方文化的溫柔敦厚，和含蓄沉潛的民族情感包容所致，同時也是保守靜觀而不開放達變的國人性格使然。如果眞正談及中國人對「美」的瞭解和體認，審視和判斷，實驗和感受，恐怕早過西方三大哲智之士，如蘇格拉底、柏拉圖和亞里斯多德等人的精闢絕倫之見。時至今日，中國的思想巨擘老莊孔孟之言猶熱耳際，靈智之光波每於國人心湖盪漾！所不幸者，不少知識分子，競效西儒之唯心唯知論，逕取西方科學理念之精華，企圖與西方科學物質文明並駕齊驅，其抱負雖然值得稱賞，然對「中學爲體，西學爲用」之宏旨做得不夠徹底。於是，西風東漸，如狂風暴雨，如疾雷閃電，幾至淹沒固有文化於不顧，實爲智者之大憂！

誠然，西方希臘文化淵源有自，導至羅馬文化的文藝復興，自宗教革命之後，西方文化已自成一個既能內守而又能外侵的時代思潮主流，不論其在哲學、科學、宗教、文學藝術等各種學理教義等的思想理論建立，儼然自成體系，自成章則。即使其在史學、社會學、法學、倫理與心理等學科方面，更有創新的論見和知識範疇，重實驗應用，重價值判斷，重人格成長與社會道德觀念，是則，留學異國的學子，每每以西方學術思潮爲攻研的主流，而後返國講學或授課學子，盛讚其學理依據，博採其公式定律，然未能兼治中國經史子集之精要，甚至丟棄中國文化學術之精華，以致心向西方，雖足立東方聖土而未能生根開花結果，實屬時代學術發展之大悲！遠者不談，即以與哲學科學有關的美學而論，與文學藝術靈肉不分的美感經驗與審美意識而言，動輒以西方美學家的理念爲借鑑與依歸，雖其間也穿插有中國人對美的欣賞和觀照，但多是些假藉轉注的語句，而不能深入就裏，作透視批判性的論列和求證。因此，對中國美學似言未言，僅作旁敲側擊的玩票心理而已。

中國人審美的意識形成，是淵源於中國人畏天敬地，和法天道地的思念所致。因爲天地之大之廣，之厚之深，之遠之博，幾乎沒有任何形象和實體可以比擬。所以說，宇宙萬物之間，無不藏有神秘的妙趣和無限的生機，四季的遞嬗，日月的浮昇，星雲的顯隱，花木的開謝，都直接或間接的影響著人們的心理變化，以及思想情感的波動和起伏，也因而追尋著一個未來不可知的生活完美境界，希冀能與大自然融爲一體，能與天地而不朽。這種理念的形成，是使中國人永遠生活在海闊天空的歷史大環境中，同時也締造了許多燦爛輝煌的文化模式和源流，使後世的學術思想家讚賞不置！

我們知道，一個有悠久文化歷史的民族，其先民和子孫都具有強烈的民族情感和意志，不論是其語言、文字、風俗習慣、宗教信仰等，也蘊藏著極其濃厚的民族文化特質，時間愈久，愈能顯示出其思想情感的特色，如果說得切題些，即其語言、文字、風尙、思想、意識、情感等等，都牢不可破的維繫著一份民族自尊的唯美色彩，而持續著民族偉大德性和人性的成長，不論外來文化的誘力如何強烈，外來思潮沖擊如何猛急，但這種根深蒂固的民族德行和人格，即自始自終存在著，所以不易受到色染和同化，正如同旅居在異國的子民，如受到歧視和凌辱時，那一顆潛存的民族自尊心，即使再能忍耐，也要發出潛存的民族性格抗力，進而接受外來的挑戰，並發揮意想不到的智慧和力量！因之，中國有很多傑出的留學生，其所以能揚名異域，創造不少歷史的奇蹟，就是這種不認輸的民族自尊心發揮所致，也是追求完美人格的自然表現結果。

中國幾千年來的文化指標，是建立在塑造完美人格的基準上，如果一個國家的國民缺少審美的意念，也就是說，對人生、對歷史、對自然，沒有經驗到審美意識的生活觀念，那就等於一個沒有開花的野蠻民族，根本談不到做人的條件和目的，祇能過著茹毛飲血的原始生活，不知什麼是美醜？什麼是善惡？至多是適者生存，強者爲王罷了！因其沒有思考，缺少知識，當然更沒有審美和意念和判斷，也一直保守其求生的本能而已。是故，美的意念產生，在乎生活經驗的累積，知識水準的提升，然後始能以思想，以智慧，以意識，以情感，去判識屬於美的事物，處於美的生活範疇中，而完成自我唯美的存在。

審美是由直覺的觀察而再透過心靈的審識，對外界事物屬於美的性質及標準的衡量。中國人的審美觀念是含蓄的，是內發的，是感應的，是神知的；也就是說，中國人是具有理智和保守的性格，同時數千年來的傳統倫理觀念，也拘限了中國人的狂烈熱情的外溢。但這種內蘊的審美意識，卻因而愈久愈深邃，愈久愈高遠，正如莊子的〈養生主篇〉所謂：「官知止而神欲行」，五官的知覺，往往帶來精神上的靈感。因此，審美觀念首自五官的接觸，以辨識其接觸事物的眞僞虛實，形象和聲音的美醜與清濁。「漁翁夜傍西巖宿，曉汲清湘燃楚竹，煙銷日出不見人，欸乃一聲山水綠。」柳子厚的詩中有高遠的審美觀，在大自然的景色中以靜觀動，或以動破靜，每有神來之筆，這種屬於空靈的審美觀照，的確是藝術的最高層面和境界。

中國所不同於西方國家在文學和藝術上的審美觀，作者以爲是文化的截然不同所致；但有一點是相同的，那就是人性的成長過程是相通的，因爲中西方人都潛存著七情六慾，雖發抒的方式不一，但排解的方法卻相差不遠，這其間有關於宗教的信奉，政治和社會制度的類型不同，自然便形成了審美意識的差距。西方對有形的實體審美要求上極爲嚴格，東方對無形的神韻和氣質上卻要求得別致而獨到。即以繪畫而論，西方的自然景物畫，雖也有所謂抽象和印象畫派，惟不能以直覺而審識其美的存在，一般以實體的繪形和彩色作顯明的投注，而東方的水墨畫，卻以象徵性的幾筆，以及留存的無色空間，便顯示出祇能意會而不可言傳的妙趣和畫境。因之，中國人對空靈、觀照、天機、意趣等極爲講求，而西方人對以上諸點雖全力深入鑽研，但畫風終不相同，致欣賞的角度和審美的經驗卻永遠難以融會和貫通，所以在中國畫家的作品中，可以看到西方藝術的筆觸和技法，而在西方畫家的作品中，一直找不出中國的畫風和妙趣。

談審美觀，並不是高深莫測的理論，其潛存於人類的感官和思維中，惟審美不同於判斷，不同於驗證。審美源自人類的自由意向，不受任何事物的約束，更不受宗教和法律的意識主宰；也可以說審美是人類的天性，是人類生活中不可或缺的精神寄託，而審美觀的層次因人而異，此與所受的教育和知識有關，更與人生的理念境界有關。審美也並非全屬於文學家和藝術家的專長和獨有，同樣的哲學家、科學家、史學家都具有審美的不同論點和知識。審美在美學上是重要的一環，沒有審美的經驗，何來美學的原理和知識？因之，審美也是一門學問；宇宙自然一直是千變萬化的，人生和歷史當亦隨之變化，適如莊子在〈秋水篇〉中所云：「無動而不變，無時而不移。」既然一切事物都是處於動變無常中，審美的觀點和角度，自有不同的調整和改變，正如同秦漢和唐宋的衣飾和器皿，舞蹈和樂曲，就有著不同的形象和內涵。曹子建的《洛神賦》和孔尚任的《桃花扇》，同屬文學的精品，但如以文學審美的意識觀之，其唯情唯性的美，就有時代不同的感受和性靈寫照。是故，中國自古的文學家，在審美的觀點上，無不刻意講求，一顰一笑，一怨一泣，也無不隨春花秋月而融化一己的情愫於其間，希冀能與大自然共樂共悲，渾然同成一氣。所謂「感時花濺淚，恨別鳥驚心。」似這種高妙的觸景生情詩句，幾成千古絕響。再如「長河落日」或「月迷津渡」的自然寫照，胸襟又是何等的曠博和飄逸呢？

中國人審美的標準，早已有了相當的法度和定則，不但視宇宙萬物爲一體，且能超脫自然而進入無極和泰和之境，既講求渾圓透熟之美，又重視端方懸離之妙；如中國古代的宮殿建築，極盡鬼斧神工之雕琢能事，如〈阿房宮賦〉所云：「五步一樓，十步一閣。廊腰縵迴，簷牙高啄。各抱地勢，鉤心鬥角。盤盤焉，囷囷焉。蜂房水渦，矗不知幾千萬落。長橋臥波，未雲何龍。複道行空，不霽何虹。高低冥迷，不知西東。」似這種氣勢雄偉，宏麗堂皇的建築，雖屬描述所及，然於中國古都宮闈城垣庭園廊廡觀之，確有過之而無不及。是以中國的建築術，除熟知地理風水外，且能依山傍水，既求外形之典雅壯觀，更重內涵之充實精緻，如植以竹林梅叢，修以荷池柳岸，而室內陳設之古玩字畫，或置鼎爐於庭院，柏煙繚繞，紫霧東來，或鉤簾珠綴，流蘇處處，花葉片片，書聲琴聲不絕於耳，鶯歌燕語，時時可聞。於是，歷代的詩人詞客畫家，以其審美心靈，留下千古傳誦作品，供人欣賞玩味，往往情移神馳，不能自已。

有很多西方美學家，動輒言及審美乃一種官能的直覺，或是一種藝術情緒的波盪，而產生的生理和心理的快感。殊不知中國人的審美觀點，乃孕育於心靈的鑑照和反射，這與悠久的文化倫理感化有關。所謂：「發思古之幽情」，或與王國維所云：「以我觀物，故物皆著我之色彩。」因思古之幽情，原屬對故物舊景之探索而產生的自然情愫，已沾染有審美的意識存在，不論是悲是喜，是怨是恨，總之已成過去，故有不勝回首之感！中國人能以「歸復自然」與「萬物皆備於我」的大我心情，去審識生命的存在意義和價值，僅此一點，已為西方人在審美觀念上難以瞭解的了！何況有時中國人在審美態度上，以心照不宣，或有時擇善以固執，那就更不是西方人所能想像的了！如中國婦女的纏足，是所謂「三寸金蓮」，或松前月下面對流泉彈琴，或泊舟飲酒望月吟詩等，以這種祇能意會不能言傳的閨中情趣和生活寫照，在審美觀念中，誠非泰西人士所能感悟。

再以中國人的講求美食，無論烹煮燉熬煎炸，其火候其料味其調配，以色香味三者皆備之盛饌珍品，一桌滿漢全席，足夠西方人目瞪口呆！再加以盆碗碟筷等餐具之全，較之西方人僅使用的刀叉幾件簡單餐具，更不可同日而語了。因之，不論是生活中的衣食住行，或對有形有聲有色的自然界，以及各種形體事物的透視和審美理念，中國人自有其一套相因相成的定則，祇不過沒有加以整理分析和歸納成一部審美原論罷了。

有審美的心識和心靈，是爲人生在生活中求得快樂的大事，而人生之所以發生不愉快的事，是其不能審識自己，衡量自己，節制自己和主宰自己。審美之前已具美感，審美不是美學上的空洞名詞，審美是先求得生理和心理上的自然發展和均衡，使心靈平靜，耳目一新。王陽明之所以格竹，陶淵明之所以採菊東籬，何嘗不是在審美自己？審美自然？孔曰成仁，孟曰取義，墨子言稱兼愛，楊朱口口聲聲爲我，乃是其求得審仁之美，審義之美，審兼愛之美，審爲我之美。「爲我」不是「自我之私」，而是求得「健全之我」，先美我而再美人。當今社會，能懂得審生活之美，審生命之美，審人格之美，審歷史之美，審文化之美，審自然之美者雖大有人在，但値得憂慮者，已有不少人喪失審美的信心和決心，以致迷失自我，甚至加醜陋和罪惡於一身，財迷心竅，隨物慾逐流，一旦淪入痛苦深淵，當悔之已晚！

無可諱言的，一部中國的古老文化史，實乃先民一直在創造和審美的意念中寫成。審美乃中國人的固有天性，審美就是追求宇宙和人世間的眞理。審美先從感性出發，經悟性而窺見全貌，再以理性證實其屬於美的內涵和價值。審美不是獲得一種美的概念，而是求得美的本質和美的精神內蘊。審美是對自然和人生的審識和認定，同時也是對物性和人性的批判和剖析。不論時代潮流如何演變，人類的心態如何演變，但人人能以審美心情和態度去認辨時代與歷史的眞實面，才能在繁鬧中得到平靜，在虛幻中得到眞實，在混亂中得到和諧，在失望中得到希望；因爲在審美之前必先忘掉自我之存在，這個世界才是多采多姿的，也才値得我們去欣賞和讚美它。

泛論唯美主義

現代的文學藝術評論者，動輒抬出「唯美主義」這個流派作爲論衡的標準，其意旨乃爲文學藝術作品屬於唯美範疇的追求者，當然離不開美的意念和屬性，對這種不察究裏的論調，實有提出討論和辯正的必要。

何謂「唯美主義」（Aestheticism）？如果作簡要的釋義，即唯美主義又稱爲「耽美主義」，是頹廢傾向的近代文學流派。主張離開平凡的俗世，而追求人工的美的世界。換言之，即以美作爲人生的中心，因而逸出常軌，無視一切道德。如美國的奧斯卡·王爾德（Osear Wide 一八五六——一九〇〇）就是其代表。而他的作品「莎樂美」即爲代表作，所以說唯美主義的作品，純是一種所謂的「爲藝術而藝術」之意。本乎此，唯美便使人廣爲稱呼和沿用。

唯美主義並非美學思想的全部內涵，唯美既爲王爾德所秉承和提倡，但王氏仍私淑英國文學批評家華爾透·佩特（Walter Peter 一八三九——一八九四）的思想一部份，即被當時所誤解的所謂快樂主義，說得更徹底些，快樂主義亦即享樂主義的代稱。如此說來，王爾德的藝術至上主義，起碼有浮泛不實，脫離人生眞實的積極意味。所以王爾德最著名的奇幻小說《格雷的畫像》，不但反映了唯美主義的哲學觀念，同時也表達了作者反對維多利亞時代文學上的所謂「感傷主義」。事實上，王爾德的美學觀念，仍屬追求人生崇高境界的一面，這可以從其《里丁監獄之歌》和《拉芬娜》詩歌中流露出對生活完美理想去證實，同時在其戲劇《莎樂美》、《少奶奶的扇子》中也盡窺端倪。如：「人在茫無目的之時，表現不出他的自我；如果給他一個既定的目標，那他就會呈現出自我。」因之，王爾德不滿足庸俗自我的羈絆，他的理念雖高遠，所以無處不在追尋眞實和完美的自我。

如上所論，唯美主義對文學藝術作品的論衡和批判，並不是現代一般文藝批評者，動輒以「唯美」論斷一切，而不包含爲人生而藝術，爲歷史道德而藝術的全部。須知眞正的唯美主義，乃爲對自然、歷史、人生全部內涵深入瞭解後的認定與歸依，絕非浮泛的茫然追尋一切。正如同哥德完成《浮士德》的巨著，大畫家羅丹的偉大雕刻，因其早已體悟到人生的一切不同遭遇，才能表現出人類極其高尙的情操和卓絕的意志。所以說一個經得起時間考驗的文學藝術家，他必是個眞理的搜尋者，美鄉的醉夢者，更是個精神和肉體的勞動者。唯美主義之所以思想頹廢、擺脫俗世，追求快樂，無視道德等爲人詬病的耽美和享樂，因其是想要邁向人生更高一層的境界，不受庸俗迂腐觀念的拘限，不受人爲和莫須有罪罰的牽制，使能回復自我的天眞爛漫而所行無阻。王爾德早年曾就讀於牛津大學，承受著名藝術批評家羅斯全氏的理論薰陶，同時又追隨希臘學者馬格飛教授到義大利和希臘等地旅行，所見所思，都是名勝古蹟的藝術色彩感染，當然便努力於世間美的事物追求，因而形成其唯美思想的基礎和典型。這如同我國唐代詩人司空圖在其名著《詩品》所論：「絕佇靈素，少迴清眞。如覓水影，如寫陽春。風雲變態，花草精神。海之波瀾，山之嶙峋。俱似大道，妙契同塵。離形得似，庶幾斯人。」對大自然界有生無生景物的形容，意之所至，盡露筆鋒之間，無處不是美的極致，藝術境界至此，亦屬唯美主義追求的徹底表現。

唯美主義者必同時具備有「理論美學」（Aestheric in theory）和「經驗美學」（Aestheric in experience）的素養，否則，便形成偏頗的執見。因理論美學如一座寶山，視之巍然，很難窺覺其豐厚礦藏；而經驗美學如經過礦工實際的開鑿，一鍬一鏟，可憑親身感受，僅具理論美學知見，未必能察覺一件藝術作品的精蘊風貌，除非透過經驗美學的實驗，始能透視藝術作品的靈魂。王爾德的《莎樂美》（戲劇）和《格雷的畫像》（小說），就掌握了理論美學和經驗美學的意緒和表現，才有極高的藝術評價。反觀西方許多著名的美學家，如克羅齊和桑塔耶那等人，其論評文學藝術觀點有其獨到之處，爲不少文藝批評家所樂道稱賞，實得之於理論美學和經驗美學相輔相成的眞知灼見。

唯美主義在近代的確影響了文學和藝術作品的創作，尤其是電影和戲劇，不少文學名著改編的電影，不少劇作家的劇本，爲了藝術而藝術，甚至爲歷史和人生而藝術，都處心積慮的追求唯美主義的實現。如電影名作《慾望街車》、《金屋春宵》、《歸鄉》，以及日本影片《望鄉》、《砂之器》等等，已有走向唯美主義的態勢，尤其是日片《望鄉》，描述日妓賣春的悲慘史實，在靈與肉的刻劃鏡頭上，增添了不少唯美主義的色彩，使人觀賞之後，產生刺骨椎心之痛，而對人性的剖示尤爲精到，其導演與演員的苦苦用心不難想像。是故，唯美主義的流風所至，也無形中提增文學藝術的品質。然而，再反觀我國影片的製作，以寫實的畫面映現，再增加一些愛情的氣氛和對話，便算水到渠成，至多對人性的刻劃加以素描淡寫，又何能有高水準的唯美之作？難怪不能問鼎國際影壇，這祇能說是對唯美主義的體認和見解，沒有作更深一層的研究和發現罷了。

唯美主義向被一知半解者所誤用，美是觀念的感性之表觀，美的事物不可僅憑肉眼去觀察，應該用心靈去體會和感悟，所以美學家重視心靈的直覺，而不是神態的幻覺。昔日的王爾德，雖有人認爲他是唯美派的大師，但也有人認爲他一直在幻覺的界域中生活，因爲他經常穿著一套「美的服裝」到處演講，而王氏的唯美追求，自有其理念和憑藉，非深入研究其作品者不易發覺。

總之，西方唯義主義的精義，常有各個不同的詮釋，也許是王爾德的名氣過大，而有時的行止又有些怪異，因而遭到不少的褒貶。其實，唯美主義的思想，我國歷代的文學藝術作品中早已出現，如漢末魏晉六朝，歷遭八王之亂，五胡亂華，南北朝分裂，雖然社會秩序解體，舊禮教崩潰，但思想和信仰卻很自由，以致形成藝術創作精神的勃發，在作品中講求人格個性之美，如陶淵明、謝靈運、袁彥伯等人，都是追求虛靈自然之美，較之王爾德的唯美境界，有過之無不及。「溟漲無端倪，虛舟有超越。」以上乃是謝靈運的筆意神照表現，又絕非王爾德的實體享樂美感所能壓及。再如陶淵明的「此中有眞意，欲辨已忘言。」這又是何等美的境界和修爲？是故，國人每以倡興西方的唯美思想爲榮，殊不知西方思潮迭經變遷，文化歷史與生活習慣與我國相差甚遠，即以選美而言，每仿西方審美標準行之，裸胸露腿，雖大飽眼福，然總覺極不自在，倒不如以旗袍緊身，表態自然有度，乃是中國唯美主義的發揚光大，當然可不必他求了。

文學作品不能沒有美學意念的存在，因文學係結合文字、語言、情感、思想等多種表現的產物。文學家創作的目的，是在表現一種理念、一種心態、一種意識和境界，故在其創作過程中，美學始終在主導著作家的筆鋒和心境，希冀使一部文學作品完美無缺，正如同音樂家和雕刻家一樣，不斷在構思、在修正、在展示其內蘊的情愫和智慧的光彩，使其作品深入人類的心靈，流傳而不朽。

如果一位作家沒有美感經驗，沒有審美的意識，當然寫不出美好的作品。而審美的意識，乃建立於生活的閱歷和知識道德的標準上，說得再廣泛一些，即審美的意識，應以歷史的定律和自然的法則爲基準。世界上形形色色，各種現象事物和史蹟的誕生，都是人爲思想和行爲的創造，文學和藝術是在滿足人類心靈的寄託，標範行止的產物，公認的美好，觀念的一致，行爲的準則等，都是哲學和美學的功能成效，而文學藝術在能推動其功能和成效。因此，不要小看一首歌曲、一方雕塑品、一篇詩或小說，其呈現的理念意識，有時對世道人心，均有相當的影響效果：如溫庭筠的〈憶江南〉：「梳洗罷，獨倚望江樓，過盡千帆皆不是，斜暉脈脈水悠悠，腸斷白蘋洲。」這種倚樓看江帆的聯想，頓時呈現江南的美景，而進一步看到江水悠悠，便有著腸斷白蘋洲的人生感觸。文學作品中潛存的審美意念，無時無刻不在躍動，所以在美學中所標示的「直覺的藝術」這句話，是有其充分的道理的。

文學與美學的內容說得明白點，就是表現心靈藝術的學問，文學作品可以海闊天空的寫出來，但是美學就得全憑欣賞和體驗，美學可以指導文學，可以批評文學，因爲美學是人類思想和情感的主宰，文學家不得不懂美學的原理和運用方法，何以見得？因文學作品要靠情緒的表現。以及對生活的反映，再運用體裁加以組合，而美學可以深入文學作品的內涵，使情緒的表達更有層次和深度。羅家倫先生曾對文學的本質下個定義：「文學是人生的表現和批評，從最好的思想寫下來的，有想像，有體裁，有情感，有合於藝術的組織，集此眾長，能使人類普遍心理，都覺得他是極明瞭，極有趣的東西。」

美學是一種心理藝術的直覺表現，文學乃情緒的自然流露，人生於自然大地，生命極其短暫，轉瞬之間即成爲過去，因此，有智者提出三不朽的說法，即太上三不朽，首在立德，其次立功，再次立言。立德者在其行誼品德之崇高，是爲萬世之師表。立功者在其功業之宏隆，如文治武功等是。而立言者在其著述流傳不朽，如《論語》、格言、箴銘，以及傳記史書等是。文學多屬於立言方面，而如何立下永銘不忘之言，智慧雋永之言，修德立業之言，情誼永固之言。從觀古今，多少大藝術家和大文學家，以其構圖雕塑，以其譜曲音韻，以其舞姿曼妙，以其建築宏偉典麗，俱呈現以文字，以筆法，以樂曲、以圖示、以容姿的出神入化之境，期能擴展心胸，增加意趣，提升心靈之高潔境界爲依歸。是以人類有愛美向善之心，有求眞成全之感，美學於焉誕生，美學的意緒便如長江大河，滔滔不絕的潛存於人類的思維和觀念之中。故而無美學意緒的產生，何來可讀可思的文學作品？嵇康曾有：「乘風高透，遠登靈丘。記好松喬，攜手俱遊。朝發太華，夕宿神州。彈琴詠詩，聊以忘憂」的絕句，試想詩人無此曠達的胸襟，高遠的意念，便寫不出如此絕妙的四言詩。故而美學意緒的醞釀，見景動情，見物感懷，順手拈來，都是文學的美品，都是一讀再讀的佳章。

亞里斯多德的《詩學》，劉勰的《文心雕龍》，都是美學思考引發的鉅著，祇要翻閱這兩本美學原理章節，便可循求詩與美學，文學美學相互依恃的脈絡。當今作家動輒下筆萬言，有的以流暢的文筆，以豐富的生活體驗，以藝術的情懷和技巧，去刻意創作，冀能寫成可讀的作品，殊不知無深厚的美學修養，無原始激發美學的意緒，又何能完成一部完美的作品？是以研究美學，就是研究美的欣賞和創造，透過審美的經驗，平衡美感的距離，拉長美學的思想源流，然後再組合美學的藝術質體，始能表現作品的精華。

對美學的體驗，全賴有心人去探討，從無數本美學著作中，可以發現它是哲學的心理藝術的啓迪發揮，它是宇宙間各種符號概念和形相的組合運用，它是文學藝術的再次沉澱昇華，它是科學的唯美的實驗印證。美學最接近文學藝術的本質和創造，因爲它主宰了人類的原始意識，啓發了現代人的思想和行徑。美學或許有時高不可攀，遠不可及，但祇要憑本能的直覺，憑意志的抉擇，憑理念的審識和發揮，美學自然就在你的心中誕生，有時也不假外求。莫札特是天才音樂家，以小小的年紀便能譜成流傳不朽的樂章，其實，莫札特的美學意念早已成熟於心靈之中，莫氏的樂曲是天籟的組合，是大地聲響的傳播，是仙樂和心曲的自然鳴奏，這種對唯美意趣的追求，又有幾位音樂家可以理解？梵谷的畫百年後身價萬倍，其主題的選擇，線條的組合，光色的渲染，以及時空的交替和生命的掙扎，足以表露梵谷心中美學的意緒不斷在成長茁壯，使心靈的光輝透射出不可預估的默契。因之，梵谷的畫就是全部生命的展現，也就是高度美學理念的結晶。貝多芬亦如是，其悲壯的命運，已如大自然混成一氣，當命運和田園交響曲演奏時，使你早已忘掉自我，這種樂曲的譜成，恐怕連貝多芬自己也沒有想到過，因爲他在追求一種至高無上的美的表現，當時忘記身體的殘缺，命運的擺佈，衹有藝術追求的直覺，衹有創造忘我無我的追求而已。

談到「唯美」的自我追求，並非是闊談高論，世界上的事物有美與醜之分，有善與惡之辨，有眞與假之定。唯美是道德、倫理、公義、正直、眞理的審度標準，唯美是純潔無疵的，唯美是不自我欺的，唯美是善良無邪的，當然，唯美也是一種自我的陶醉和享受的。但王爾德的「唯美主義」就有了偏差，自認唯美要和唯醜抗衡到底，唯美是自私和自我的尊嚴表露，唯美是盡情的舖張浪費和貪圖享受等，所以王爾德的主張早經西方的美學家批駁，認爲那祇能在象牙塔中談唯美，對廣大的社會並無意義和貢獻。眞正的唯美是不自覺的，是能持之以恆的，是有啓發和創造性的。西方人和東方人對唯美的觀念就是有些不同，西方人對美的事物講求判斷和價值，屬於自覺的；東方人對美的事物講求精神和內涵，屬於不自覺的。所謂自覺與不自覺，一爲感性一爲悟性，是有其審美的尺度和距離的。晉書本傳對阮籍的評價可以說明其對唯美的感受。「或閉戶視書，累月不出。或登臨山水，經日忘歸。」阮籍性好老莊之學，有無我的存在，有隱遁山林的思想，因爲自然就是美的展示，有了自然的存在，其他物體雖有形象光澤，祇是極其有限的部份，大自然的風雨雷電，雲霧霞霜，瞬息變化呈現，有限的生命實在太渺小了，於是，藝術和文學作品，便在渺小的人類思維中構圖設彩，描繪出其美好的一點，即使是在驚濤駭浪中，將其掙扎的意志表現，也毫無保留的敘述出來，讓後世人欣賞和讚美，亦唯有如此，文學藝術作品才能有其功能和價值。

文學的成長過程，有其文化的源流作引導，東方文學和西洋文學作品亦有其不同的風貌和內涵；但從東西方的文化古蹟和思想背景剖析，西方文學一直在出陳推新的思潮流中蛻變。而東方文學，如印度、日本、中國等文學作品，由於受傳統思想文化的束縛，在文學理念上雖有創新，但始終逃脫磨滅不了儒、釋、道思想的範疇和烙痕。因此，從以上三家思想的美學理念中，罪惡和善良兩面，往往是創作的題材，另如家庭倫理、社會道德，以及男女情愛的衝突矛盾等，無時無刻不受到禮教的約束，古典文學如是，現代文學亦同。也許有人會說：文學祇有創作，祇有作生活的反映，祇有洞觀歷史的演變，而寫下當代和未來的希望和心聲即可，何須高深的文學理論與美學思想。誠然，文學也是一種生活的批評，一種心靈鑑賞的映照，如果沒有美學作生活的主宰，作歷史、自然、人生的指引，那種文學作品，與史記、傳述、勵志格言等又有何別？因爲祇有美學屬於性靈的輻射與品鑑，美好的事物，要由欣賞和觀察中所得。《紅樓夢》決不同於一部清末史，其中人物情節是時代的反映，也是性靈的建造，是歷史的批評也是人生的鏡子，可以看到自己更可以看到一部活生生的歷史，是以美學是最有定則、規律、秩序、變化、組合功能的哲學藝術，它與人類文化息息相關，與生活密密結合在一起。

縱觀有傑出成就的文學藝術家，一生之中都在對生活與自然體驗和觀察，文學作家必然有其欣賞人生與自然的深入能力，才能窺覺自然的密奧和人生的眞實面。目前有些作家雖然著作等身，但總是說不出一套足資可循的文學藝術觀，且有的將西方的創作技法一味據爲己有，認其創作能力已達國際水準，實在引人發笑，品鑑一部文學作品，應有高度的審美能力，同時作家本身亦應具有各種創作的素養和條件。藝術家何懷碩先生曾云：「自來沒有一個偉大的藝術家，不同時具有卓越的思想、淵博的知識、深刻的體驗、崇高的道德、豐富的想像力與敏銳的感受力。」（見何著《十年燈》〈創造與批評〉篇）文學家亦然，如果沒有美學的思想、知識體驗、道德、想像力與感受力，想有傑出的作品，那等於癡人說夢。

文學作品儘可憑想像、夢想、幻想等構成其內容，但歸根結柢脫離不了生活領域，而尋找題材總須有其代表性，蘇聯作家索忍尼辛生於沒有民主自由的國度，他的幾部代表作，無非在寫集中營的苦難故事，如《癌症病房》、《古拉格群島》的結構，寫出他的內心悲憤和嚮往，索氏的悲劇美學思想濃厚，從人性中挖掘悲劇性的人物代表，充分顯示他銳敏的觀察力。再如幾位出色的日本作家，如川端康成、三島由紀夫、井上靖等，其小說中的人物架構，也擺脫不了悲慘的命運，雖然川端康成以《雪鄉》獲得諾貝爾文學獎，但止於其對人物性格刻劃的細膩成功，然而在人性的觀察上，與索忍尼辛卻不能相提並論，似乎處境的因素，關係著作家的藝術觀點，我們不難發現，寫悲劇的美學作品，最容易引起讀者的共鳴。因之，美學實在影響文學的創作，莎士比亞的劇本，幾乎都是在悲劇的氣氛中落幕，這象徵著人性的弱點極易突破。懸疑、徘徊、享樂、悲觀、迷失、惆悵等，是二十世紀世界作家創作的主要題材，大概與戰亂有絕對的關係吧？現代科學進步，物質昌明，社會繁榮，按理應是美學蓬勃發達的時機，但事實卻相反，研究美學者祇能在課堂上向學生講解，甚至乾脆作壁上觀，認爲是藝術家的專門學問，尤其是有些自認悲天憫人的哲學家，卻始終排斥美學的自立門戶，如英國哲學家羅素，寧可向核子彈屈服，也未必瞭解哲學與美學的眞正淵源存在？是以唯物論的哲學家，卻每每打著美學的招牌盜名欺世，所以說美學應與文學藝術結合，沒有美學思想，怎會有上乘的文學藝術作品。

藝術是陶冶人類性情的智慧創作，美學是藝術的創作原素和動力，文學是文化的花朵，而美學是文學的莖幹。美學亦具有民族文化性，我國美學最發達的時候是漢唐和魏晉，也是文學作品最出色鼎盛的年代。時至今日，文學作品雖創作有人，然根本不重視美學思想，抓住題材就寫，而其對教化社會和世道人心的影響，很少人去過問，文學批評家關門自求多福，怕開罪於作者，以致文學作品變成劣幣逐良幣的混亂現象，儘管政府有關單位在大力推行書香的社會運動，但效果仍然不彰，深值吾人省思，是以先從美學教育著手，讓美學早日與文學結合，才可帶來眞正偉大的中國文學作品。

美學與佛學

如果留心美學的原理和實用心法，便可發現其所講求的是「靜、覺、悟、感、得」五字，因爲美學實際上就是「應用心理學」，一切全憑「目覺」和「心覺」觀察萬事萬物的現象和反應。因此，研究美學就是研究自然、歷史、人生三者的相互依持和定則：因爲自然、歷史、人生都有其生長的旅程和生命，不論其屬於有機體或無機體，均可憑視覺和心覺去順應和追求。

美學與其他各種學知均有密切的關聯性，不論是哲學、科學、宗教學、心理學等，美學均有調和與主導的作用。時至今日，研究美學者，已發現宗教學的「佛學」，就是徹底發揮了美學的修持功能，諸如佛學的戒持律，就主動勸戒向佛者，應務必除去「貪、瞋、癡、愚、惰」五種生活惡習，此與美學追求的「靜、覺、悟、感、得」五種心覺，正好吻合。不能消除貪婪、雜念、回復自然性靈、感受心與自然接合，又有何得可言？「佛學」之謂「所得」，並非得到什麼名位和利祿，而是超乎萬象之外而得自然大法。因而，「法」爲佛學之本，此「法」並非佛教之所謂之「佛、法、僧」三界之「法」，「法」爲一超脫萬象萬物之心中「大法」（亦即「法相」），亦可謂之爲「道」的自然修持。所以說美學之「法」在於對自然界之「直覺」，對歷史之「心覺」，以及對人生之「靈覺」。

從佛學上瞭解其對美的審識，原是件最有趣的探討工作，六祖慧能最能體悟美的本性。

「菩提本無樹，明鏡亦非台，本來無一物，何處惹塵埃。」美的事物有時並非形體的表相，美的意念涵攝於不言之中，且不落虛玄的圈套，佛對於人生的態度，一向抱以視而不言，覺而不責，故能以點化以修持以靜悟獲致眞果。已逝功德最高的廣欽大法師，一生無著述，從不闊談任何經典，雖不識文字，然終生刻苦修行，成其崇高德業，在我國偉大詩人文學家中，近佛者不知凡幾，如蘇東坡、陶淵明、謝靈運等人，其作品之流傳千古，不是沒有道理的，如陶淵明的「平疇交遠風，良苗亦懷新。」再如元好問的「寒波淡淡起，白鳥悠悠下。」都是在靜悟中所得的名句，最使人永懷不忘。昔日讀辛稼軒詞，每每有離世出塵之感，如：「千古江山英雄，無覓孫仲謀處，舞榭歌台風流，總被雨打風吹去。」佛學係以「慈悲」與「憐憫」的理念爲依歸，唯有求得「眞知」與「解脫」，才是超渡眾生的不二法門。而美學的最高理念是獲得「愉悅」和「眞實」的心靈寄慰，再如佛家嘗言「喜樂」二字，更足以說明其從善如流的灑脫胸襟。

從美學的理論推演而言，由心靈的直覺到神情的欣悅，全憑外物的感應而產生內心的滿足；偉大的藝術文學作品，其所以歷久使人不忘，在乎其本質內涵的完美性，而有著震撼人類情感的深遠動力，如米開朗基羅的宗教壁畫，其構圖、神情、線條、彩光等，無不深入觀者的心靈深處。因爲那是一種完美心靈的展示，不禁使人頓時產生愉悅和喜樂感，當然富有悲劇性的文藝創作，亦能感人至深，昔日釋迦牟尼看到人生逃不過生老病死苦，才靜心修持，希冀發現解脫五苦的方法，因而，也才能有佛家獻身濟助人類的善舉。佛學中的《心經》與《金剛經》，就是在定靜中修爲弘法的重要經典，向佛者每於危難時多唸《大悲咒》，也就是要獲得定靜慈悲的心法，藉以排除外來的壓力與自身的無助。

也許有人會懷疑美學既是一種藝術心理學，與佛學相去甚遠；其實，如果探求其基本原理，卻有著相輔相成的因素存在，美是一種意念，美更是一種解脫，同時也是一種自我的完成。佛家講追「善根」與「慧果」，美學追求「原始意念」與「心靈歸依」，亦如老莊荀孟所刻意尋求「眞樸」與「篤實」，以及「行仁得仁，持義歸眞」的學說一樣。我國佛學大師如玄藏、法顯、蘇曼殊、弘一法師等，如果研究其學說，都對美學有著相當的造詣和認識。尤其是弘一法師，精通藝事與創作，自皈依佛門，精研佛學，尙且以書畫流露心聲。吾師法振法師，皈依廣欽大法師有年，昔日於土城承天寺苦修，談及美學，興味無窮。再如今日海內外佛寺大師居士之中，研究美學和哲學者大有人在，且精於畫事詩作樂理，由之，足以證明美學與佛學雖各有憑依，然其義理相同，修持有異而已。

佛學既是濟世救人的大學問，而美學又何嘗不是？因美學乃實用之學，並非高不可攀，其潛存於人類生活言行之中而不自知，或者有人會問，美學的價值怎能與科學或其他實用學科可比？此乃基於現實的觀點而言，美學在於探討，在於靜修，其影響人生理念至深，正如同佛教徒一心向佛，旨在減除罪孽而奔向涅槃之境，全賴每個人的認知與修持罷了。

美學大師克羅齊的美學理念，如以方程式表達，即直覺——表現——創造——欣賞——藝術——美。而佛學歸結的理念，即自知已有罪過——靜心體悟修持——豁然發現解脫法相——以慈悲爲懷心襟濟世——同登西方極樂世界——善。再試以科學歸結的理念，即懷疑——探研——實驗——創造——求證——眞。因此，美學起始於直覺，佛學起始於罪念，科學起始於懷疑，其出發點雖有不同，但皆爲創造人生的美好理念而有所追求。人類爲追求和諧安樂，能生生不息的生存於世界，便有各種不同的想法：柏拉圖的「理想國」也是一個例子，其追求理智和安樂，不贊成詩人和悲劇家入境，因爲詩人和悲劇家有幻想，喜歡幸災樂禍，在他看起來很不道德，所以要大聲疾呼逐出詩人和悲劇家，此乃柏拉圖的理念，因之他的「理想國」不易實現。而美學與佛學的理念，建立在容忍、退讓、成全的理念之上，當然爲世人容易接受。

談到悲劇與喜劇，自始至終在人類的生之景幕上出現，美學確有著兩劇的內涵存在，唯美乃人生之本性，爲終生所追求，而悲劇的發生，爲人類未可避免的事件，佛教早已在預防之中，佛說：「我不入地獄誰入地獄」，就是最好的證明。美學家當然也看到此點，然始終在理念上爲潛移默化而工作，唯美大師王爾德就是範例，追求唯美和享樂，其《少奶奶的扇子》和《莎樂美》兩劇的表現，早把人生的悲劇發生置之度外。但佛家卻不如此，處處思念悲苦中的人生，而如何引渡他們抵達彼岸。是以現代的美學理論，在深入人生現境，先從人類心理上去平衡和解脫，再認識生活的眞諦。

休謨（Hume）曾說：「美並非事物本身的屬物，它祇存在觀賞者的心裏。」事實上，研究任何學術理論，不一定先由價值判斷上著手，現代人所追求的是功利和價值，是權威和自尊，不惜置正義、倫理、道德於不顧，一味爲達到目的而不擇手段，這是很不對的。要知道國族的興衰、社會的和諧、物質文明的進步，是以公義和眞理作爲評判。美學與佛學在能美化人生超脫苦難。追求淨化善化的生活理念，如果能觀察其精義所在，身體力行，動亂的世界、苦悶的心靈、沉落無助的困境豈不改觀！

論「中國美學史」的建立

研讀美學有關的書籍，前後已有一百六十餘本，其中康德的「美學」四大本，重二十多公斤，如果不耐心閱讀，不深入瞭解，恐怕讀完幾頁之後便索然無味了。我之對美學發生濃厚興趣，主要的是根源於文學創作與評論文字的撰寫，認爲既然有心鑑賞文學藝術作品，一定要有鑑賞評判的基本審美知識，同時更要借重美學的思想觀念，調整自己審識文藝作品的評估和論衡其藝術內涵，以獲得其作品有否眞正的文學藝術價值。

談到美學，便將話題轉到西方哲學家和美學家的身上，甚至提出赫赫有名的藝術家和文學家，來剖析其作品中的美學意識和內蘊：認爲美學是培育其作品滋養和成長的動力，正如同自然界的空氣、陽光和水，由於這三種自然界的無價之寶，在充分的供給人類使用，才能延續生命，才能使萬物欣欣向榮。而文藝作品的有無藝術原素，有無藝術深度和價值，也以美學作爲審識和評估的基礎。對這種看法，以乎近於無稽與空洞，因爲美學到底是一種什麼學問？美學的知識經驗和意識觀念如何獲得？在在都不是每一個文學藝術家所能瞭解的。是故，深究美學的原理，追究美學演變發展的根源，都有待於學者專家去鑽研，並以有系統有見解的著述詳加說明。否則，使人有滿頭霧水之感，而流於玄談空想。

從我國歷代的思想典籍和文學作品中，可能找不出「美學」這個名詞和這種專門學問，但並非意謂著古老的中國文化，不懂得什麼是美學的意識和理論，我們也決不妄尊自大，一切都是以中華文化稱得上博大精深，世界任何學術都能包容其中。但有一點可以證實，中國實有獨到精闢的審美意念和觀點，祇不過沒有作系統的整理和分類而已，不像西方自十八世紀中葉，有德國哲學家薄姆哥登（Alexander Gottlieb Baumgarten）將美學自哲學中分類，而成為獨立的「審美學」。如果稍留意我國的文學著述，當可發現中國作家對審美觀念的重視和要求水準了，同時由於各人的思想境界和觀察事物的角度不同，而且還有許多不是西方美學所未能發現的理論。因此應與歷史文化有關，也與中國人的個性與觀念有關，因為歷代有的思想家始終抱著獨善其身，很少有兼善天下的意念，但除老莊孔孟的學說之外，其他的就是墨子和傑出的文學家：如韓愈、柳宗元、陶淵明、蘇東坡、陸游、范仲淹等人，其文學思想的廣博，守道務本的執著，以及念及蒼生的困沉和融化自然的完美人格，都是潛存有兼善天下的偉大胸襟，不過眞正能容納各家學說而獨創一格的，同時能兼治西洋學說的，近代恐怕祇有梁啓超、王國維、蔡元培、熊十力和胡適之等人了。因為歷史文化不斷在演進，各派學說並陳，學者們有的專攻一種，如現代錢穆的中國史學，牟宗三和唐君毅、徐復觀的中國人生哲學，方東美的中西文化學和哲學，宗白華的西方美學，朱光潛的文藝心理學等，其中雖論及西方美學的源流和梗概，但談到中國的人文學和有關美學的關係，至多也是談其大要，卻很少作有系統而深入的分析與歸納。方東美和朱光潛、宗白華三人，對中國美學已有畫龍點睛的陳述，但對中國美學的源流和內涵，尚未作更進一步的探索與整理。即如有研究王爾德美學的虞君質先生，鑽研藝術哲學的姚一葦先生，雖有較為中肯的篇章引述，但涉及中國美學的立論，也有待專人作專精的研究和撰述。

欣見在聯合報副刊發表〈中國美學〉一文的何懷碩先生，才提出有關「中國美學」須待專攻和整理的問題，何氏因係畫家，畫風獨具一格，且寫了不少有關美學的文章，當然想到了「中國美學」這個問題，這是值得國人重視的。因爲多少年來，西方美學的譯本甚多，而西方美學家多如過江之鯽，久負盛名者，如康德、黑格爾、薄姆哥敦、克羅齊、桑塔耶那等人，其美學原理，幾乎成爲學者立論的依據，尤其以黑格爾和克羅齊二人爲最。其實，如果仔細審閱其著述內容，也不過目藝（美術）、耳藝（音樂）、心藝（文學）、體藝（舞蹈）等方面的引證分析，或加以圖解和公式求證說明而已，當然也多少闡述人生對歷史和對自然的感觀作其立論核心。所以說，西方美學源自希臘文化，蘊含有神話及宗教色彩，馴至近代美學的發展，始有較爲明顯的科學意識和時代新見。

也許有人會說，美學也如同哲學一樣，同屬形而上學。如果持有這種觀點者，恐有不妥之處，因爲美學所不同於哲學，是其有實用價值，對人類的生理和心理，有著不可分的密切關係，如講求生理的平衡發育和成長，美學實與運動的律操，醫衛常識的維護有關，因吸收與排泄，消化與滋養，同是美學要求的課題。其他如技藝的訓練，韻律的講求，都是培養健美的不二法門。因之，每年奧運的傑出選手，除有純熟的技藝外，無一不是美學的展示，這與我國古時六藝中的「射」和「御」不謀而合了。再談到心理的均衡發展，更是美學的重要課題，因其潛存的審美判斷與經驗，原與人生以俱來，人類的七情六慾，如果不善爲引發與疏導，輕者影響心理的正常發展，重者影響觀念行爲的誤入極端。是故，美學乃成爲心理發展的良藥妙方，而尤對人類生活境界的提升，意志情感的培養與昇華，非有賴於美學的潛移默化而不能達到至眞至善之境！

關於中國美學史的整理與建立，實有其必要性，三墳五典，八索九丘，諸子百家各派學說中，均有對美學闡釋的精義，因自古中國人，最講求法天道地思想，尤以儒家道家爲甚。在宇宙自然中，隱隱間有諸神明存在，冥冥間也有因果報應的循環，而唯有以「心安理得」爲立世做人之本，凡事有其本末，有其因果，非循蹈自然法則，遵循天命，不足以成全大我之人格。這種自古形成之自然德性，實爲美學發揚之極致。因此，歷代學說對以上中國人的思想與觀念，無不發揚光大，如秦漢對儒學之尊崇，魏晉之崇尚老莊，宋明之醉心理學，均有其對美的詮釋與陳義，同時在歷代的典章制度中，不論論政言法，以至談詩爲文，亦以「詩教」與「禮教」並重，這在《詩經．大序》中早有論列，所以中國自古對政令的推行，最重人格的自我規範，先從「心法」開始，然後自能率先躬行，而制訂的政令法規，亦爲約束無「詩教」與「禮教」的敗德亂行之徒而已。此與西方曾以宗教教義代替法律，或以宇宙諸神監督人類的行止，實不可同日而語。是故，中國文化中的美學質素，早已形成中國人最完美的人格追求標準，例如董仲舒之所以獨尊儒術，便是要達到其「正其誼，不謀其利；明其道，不計其功」的德性與人格。

從中國浩瀚如海的典籍中，如經深入鑽研，當可挑選出許多有關美學的精華論著，而且上至天文，下至地理，甚至待人處事。爲學從政，戰陣統兵攻防之術，修辭賦文裁決之法，百行百業，無不蘊含美學意念與實用原理，祇不過是未經歸納整理，分門別類撰述罷了！西方美學淵源於哲學的體系之中，自蘇格拉底、柏拉圖、亞里士多德，以至康德、黑格爾、懷海德、叔本華、尼采、柏格孫等人的哲思醞釀，形成其哲學原理思想觀念的高峰壁壘，適如君臨天下，巨星閃爍，普照寰宇，將西方歷史文化渲染得有聲有色，以至促成西方以後各種學術思想流派的勃興，進而進入近代物質文明和科技發達的精境。甚至後來有些不甘寂寞或另有新創的思想家，以其既有之學術寶庫，知識源泉，自立美學門戶，如克羅齊、桑塔耶那等人，爲其理論詮釋，爲其思想鍍金，爲其意念求證，始將美學作有層次而有體系的公諸於世。因之，不少中國藝術家，咸認其見解高越，誠爲難得之美學瓌寶。誠然，西方學者之實驗精神與科學方法或有可取，但對眞正的文化思想和精神境界提昇，或對純藝術作品的鑑賞心法，究竟有多大裨益？衹可因人而異，識者心中有數。殊不知在中國早就有大賢至聖的學理創見，如孔孟、墨朱、老莊的精闢立論，足可概括西方美學之思想內涵而有餘。故而美學的眞正價値，及其實用功能，不在學理的依據，而在心靈的審識與印證中獲得。

中國人向有講求美的天性，如詩經中有云：「窕窈淑女，君子好逑。」就是一個極明顯的例子。又如孔子的「志於道，據於德，依於仁，游於藝。」更是將做人做事，規劃出一個最高的標準；衹要不叛經離道，處處依據與生以俱來的天性與德性去實踐，即使不能成爲聖賢，也能成爲一位謙謙有爲的君子。再如莊周的夢中化蝶及化爲大鵬，其作理想雲遊的唯美意念，使後世人驚讚不置。

因而莊子在〈逍遙遊〉篇中就有：「搏扶搖而上者，九萬里，去以六月息者也。野馬也，塵埃也，生物之以息相吹也，天之蒼蒼，其正色邪！其遠而無所至極邪，其視下也，亦若是則已矣」！是故，對美的含義極爲廣泛，如遠近之美，深淺之美，陰柔之美，陽剛之美皆是。

莊子以其高遠之美念，逍遙縱馳而俯視萬物，實乃人生另一境界之瞬現。孟子有一句極爲精闢的論美話題，所謂「充實之謂美」。充實乃爲內涵的充實，質素的精緻，精神的充沛，境界的高遠，意念和信心的堅實。由此足可證明，中國歷代聖哲和博學鴻儒，都有一套論美的觀點與心法，值得深思和研究，當可觸類旁通，發揚光大。

在中國的典籍中，就有很多涉及美學的論衡和考據，一部詩經自不在話下，即使是一部山海經，對山脈海域，河川群嶽之分佈形成，雖富有神話的色彩，如盤古開天闢地，女蝸氏以石補天等故事，在中國人的心目中，一直留下極爲深刻的印象。

胡適對山海經的考據工作，一向極爲重視，認其並非一部奇書，而實乃有學理根據，因中國的地大物博，版圖與氣候，景色與出產，就是美的展示和美的極致。其他如《藝文志》、《典論論文》、《法言》、《論衡》、《文賦》、《文心雕龍》、《詩品》、《人間詞話》，以及通俗的《朱子家訓》等等，無一不自成一家專論，對美學的理念，以及其原理原則，都在論著中顯露無遺，而且有關爲學爲文及做人的標準規範，也說得清清楚楚，這不是中國美學的精華又是什麼？就拿杜牧的《阿房宮賦》與李華的《弔古戰場文》而言，寫建築物美，寫聲韻美，寫景色美，寫心理感受的淒涼與古戰場的悲壯美，寫人類的同情和憐憫心美，簡直讓人讀後感慨不已！再談到歷代詩人詞人的作品，其美的意念表露，早爲世人所讚賞，是中國無價的文學寶藏與精品。

美學除有思想的理論體系外，並有其實驗與實用價值，如果將我國固有的典籍篇章，能作一次審愼的整理，將屬於美學的部份提出，加以過濾，取其精華，並作分析運用，定能有意料不到的發現。當然，作這種極爲艱鉅的工作，除了整理者與編撰者有豐富的美學知識外，而尤能善於提示其實用價值。例如在建築學與心理學方面，以及社會學科及自然學科的美學理論建立，都有待識者去處理。

此外在教育學方面，中國美學有極其重要的學術地位，所謂德、智、體、群、美五育，美學也有潛移默化的教育作用。如此，中國美學的建立，對文化水準品質的提昇，對生活內涵的充實，對國際關係的促進，當有宏大的收穫。

據云，朱銘的雕刻藝術品，因其風格富有中國傳統的美學色彩，不祇是雕刻的人物栩栩欲生，且有其深厚的中國文化意識，爲歐美人士所激賞。另如林懷民領導的民族藝術舞蹈團，就融匯了中國藝術的精華，並再灌注了中國新美學的意念，故每個舞蹈演出的主題，不但風格新穎，而且充分表現出東方傳統美學的韻律感，致每次於國內外演出，極受藝術界人士的推崇。這說明了唯有深究中國美學的精髓，吸收其精華，始能創造中華藝術品的新內涵和新風貌，同時更能提昇中國文化的品質與層次，即使是中國的戲曲，也無不藉中國美學的觀念，以發揚其精粹的內涵與創造嶄新的面貌，使歷史與時代，時潮與觀念，才不致脫節，否則將淪爲歷史的古董，因曲高和寡，續傳無人，且不事改良，當漸被世人所遺忘！

對於美學的理論，不少人總是感到陌生而不願問津和研究，因其係承受西方美學思想的著作，再經翻譯的版本，雖有朱光潛、蔡元培、方東美、宗白華、梁啓超等諸氏的專論介紹，惟國內研究者畢竟不多，縱使在大學美術系也闢有美學課程，然泰半係作西方美學的講解，而談到中國美學者，不過是一些引用的題材加以說明罷了，很少有一套完整的論著，實在有待專人廣爲蒐集整理與撰寫，使其成爲一部有完美思想和實用價值的中國美學史，同時對發揚國固，創立新說，甚具時代意義。

作者也曾涉獵美學的鑽研三十餘年，前後撰寫過〈泛論美學〉、〈論美學的功用〉、〈文學創作與美學素養〉、〈文藝心理學新論〉、〈美學的探索與倡導〉、〈悲劇的定義〉、〈論文學藝術與哲學〉等四十多篇，但由於學基有限，總有力不從心之感！故研究西方美學而有新見固難，研究中國美學又談何容易？不但要廣覽各家學說的精華和要義，且對浩瀚的中國文學作品的研究亦有心得，更要對中國歷史和中國哲學，也要有深入的研究和體認，實在不是少數幾個人所能爲力的。

據作者所知，目前我國（包括大陸、海外），專攻美學及提出論文者，據初步統計約有九十幾位，然能提出有關美學專著者，約有五十餘位之多，而且多半是介紹西方美學的作品。是則，我國學術研究單位，應注意及此，以全力協助學者專家研究，開鑿中國美學寶庫，希望有一天整理出一部完整的中國美學史問世，而不使西方美學專美於前。

誰來寫《中國美學史》

讀完林同華的《中國美學史》言論集兩巨冊，其中對先秦及漢唐的文物典章多有論列，尤對兩晉的文學藝術作品，人物思想的風華絕代，以及對後世美學思想的灌輸啓發，有著極爲精確中肯的陳述。林同華師承宗白華、鑽研中國美學有年，對經、史、子、集考證深入究裏，筆下創見頗多，其著述不同於美學家朱光潛，動輒轉借西洋美學思想旁證，林同華以中國人的思想觀念，暢談其淵源發展史，更有其師宗白華的諸多印證與見地。因之，較宗著《美學的散步》及《美從那裏來》等著作，有青出於藍而勝於藍之勢。

論中國美學，必先瞭解中國文化的源脈，舉凡文字、器皿、衣飾、建築、舞蹈、雕塑、書畫、刺繡等，均留存中國人美的觀念與定識，如秦漢的陶俑、唐宋的石人石馬，兩晉的書畫匾額碑碣，乃集美學的大成，因而最偉大的書法家王羲之，最傑出的畫家石濤，如果能深入觀察其作品，便不難看出中國美學的豐厚遺產。再如敦煌石窟的壁畫，雲岡石窟的雕像，都是中國美學思想的無價寶藏；林同華之言人所未言，見人之未見，都在其著述中作精要分析，有心人當可窺覺其用心良苦。所憾者，《中國美學史》言論集，亦係零散篇章彙整而成，正如同其師宗白華的著述，作歷代重點性的記述，加以組合貫串成書。而眞正一部完整的《中國美學史》，其工程的浩大，資料的蒐集彙整，實非一、二人可以辦到的。最起碼的條件，要從三墳五典、八索九丘、諸子百家著述思想著手，再廣蒐歷史文物再以考證，同時對儒、釋、道、法、墨各教派思想應有相當深刻的認識，始可著手撰寫《中國美學史》，此種巨大治理美學史工程，要精挑眾多的宗教家、史學家、哲學家、文學家、藝術家、語言學家共同編撰和審定，正如同前台灣佛學界所編纂的《中國佛學大辭典》一樣，其所需人力與財力之鉅，早已蔚爲大觀。而一部完整的《中國美學史》的編寫，較《中國佛學大辭典》，更要難上數倍。所以說做這種考證編寫的工作，除非由中央研究院作有計劃的安排與進行，而中央研究院現有的人文組院士，實較物理組、生物組、醫學組所設置的院士爲少，恐也難以實現？再者，《中國美學史》的編寫，要有精確的考據和創見，最適合的人選，是要一流的文學家和藝術家，還得有眞知灼見的哲學家和史學家，因爲一部中國美學史，實際上就是一部「中國文化藝術史」，想想看，如此費時費心費力的編撰工作，又是如何艱鉅和不易呢？

作者近三十餘年來，醉心研究美學，與其說是興趣，不如說是好奇，因爲自人類生下來之後，就喜歡新奇和美麗的事物，尤以性近文學藝術，更加深對「美」的敏感和關注。記得早年閱讀曹雪芹的《紅樓夢》，便對這位大作家的學識經驗與才華，欽佩之至。曹的文學思想，出於對中國人性的深入體認，而其涉獵各種知識的廣泛，更是令人拍案叫絕，其對人性的刻劃，世態的描繪，則更有神來之筆。所以作者認爲曹雪芹便是中國很突出的一位美學家，如果當年由他撰寫一部《中國美學史》，定會使人刮目相看。難怪後來討論「紅學」的作家和學者多如過江之鯽。林同華在其文章中也大談《紅樓夢》的美學思想，現在讓我們來重溫下《紅樓夢》中藉賈雨村口中所說的一段話，便可證實曹雪芹的識多見廣，和才氣橫溢不凡了。

「天地生人，除大仁大惡，餘者皆無大異。若大仁者，則應運而生；大惡者則應劫而生。運生世治，劫生世危。……今當祚永運隆之日，太平無爲之世，清明靈秀之氣所秉者，上自朝廷，下至草野，比比皆是。所餘之秀氣，漫無所歸，遂爲甘露，爲和氣，恰然溉及四海；惟殘忍乖邪之氣，不能揚溢於光天化日之下，遂凝結充塞於深溝大壑之中，倡因風蕩，或被雲摧，偶有搖動感發之意，一絲半縷，悞而逸出者，値靈秀之氣適過，正不容邪，邪復妬正，兩不相下，如風水雷電，地中相遇，既不能消，又不能讓，必至博擊掀發。既然發洩，那邪氣亦必賦之於人，假使或男或女，偶秉此氣而生者，上則不能爲仁人爲君子，下亦不能爲大凶大惡，置之千萬人之中，其聰俊靈秀之氣則在千萬人之上，其乖僻邪謬不近人情之態，又在千萬人之下；若生於公侯富貴之家，則爲情癡情種了，若生於詩書清貧之族，則爲逸士高人；縱然生於薄祚寒門，甚至爲奇優，爲名娼，亦斷不至爲走卒健僕，甘遭庸夫驅制。……」自上面一段文字，可知曹雪芹諳於易經卜理，通解人性，對世態百象，刻劃入微，其作品屢讀不厭，且能警世儆醒，而筆至文采燁燦，又如暮鼓晨鐘，不愧爲文學大家，不世出之奇才。

論及中國美學史的編撰，國內學者專家先後都有不同的看法，有的以採用治史的方法行之，先作綱目章則的設列，再作分門別類的撰述，使其條理分陳，脈絡貫串。有的以採用歸納與演繹方式論述爲佳，並多方蒐集佐證，加以鑑評綜論，這有似西方美學史的撰寫方式，亦未嘗不可；然而，一部有深度和內涵的中國美學史，絕非口說筆述就可順利完成，實因中國文化思想不同於西方文化思想，有其天地人三才的合一理念存在，希臘的神話，羅馬的藝術，雖也有敬天畏地的理念表現，但對人的意識觀念瞭解，有時過於以純理性的批判爲依歸。因之，西方的哲學家雖也有「唯心」與「唯物」派別之分，但其美學意念，泰半以實驗與直覺作爲理論之憑藉，自康德、黑格爾以降，美學的門派繁多，有的以科學方法驗證，有的以心理學方法追尋，更有的堅持以「唯美主義」和「快樂主義」去證實人類心目中對美的體認和存在。所以在亞里斯多德的《詩學》中，便提出「悲劇」的定義，認爲悲劇就是一種悲壯與雄偉之美的表現，同時也是崇高道德與完美情操的自然形成，所以一幕人生悲劇的完成，也是一個人在悲憫和惶恐的心理感受中，對人生作另一種境界和理念的追求，期冀達到自我完美人格的再造，這種充滿悲劇英雄思想的形成，影響了西方文化的多種型態的發展，如日爾曼民族的優生而造成的民族優越感，條頓民族的講求理性和自尊心的自我表現，以及拉丁民族的天眞浪漫和自由的發皇，盎格魯撒克遜民族的傲慢心態與自律自決精神等等，以上諸種民族性的特徵，如果從其歷史演進觀之，也可以說是西方美學思想的陶冶和遺傳所致，同時更是基督文化的影響結果。

中國美學思想，見諸先秦各家學說，以老莊孔孟思想爲骨幹，故無論對歷史、對自然、對人生、對社會，均有一套完整的美學意念，欲治中國美學史，亦須先瞭解中國的民族性；中國的民族性，是含容、含蓄、和諧、和樂、樂天、樂命，但在其柔和敦厚的內層，亦潛藏有伸張、抗衡、求眞、爭勝的陽剛堅毅的一面。漢唐的文治武功，宋明的內憂外患，雖國勢不及漢唐，但國人重忠義，明心性，求眞理的美學觀念，均流露於重要文物文獻之中。東晉西晉，是中國美學思想的披露顚峰時代，如撰寫中國美學史，兩晉美學乃其重要陳述的篇章，不得不詳確探討和蒐證，關於此點，不少美學家均有一致的看法。

有人說美學思想孕育於哲學思想之中，這原是一種誤解。哲學重理性，美學重靈性；哲學重批判，美學重鑑賞；哲學重心覺，美學重感性；哲學乃究宇宙人生窮理明性之學，美學著重歷史、自然、人生相互映照結合之美。故而美學中自有哲學之境，然哲學卻無美學之趣。再談到美學與科學的關聯，亦復如此，科學重實驗重價值，美學重經驗重不朽；科學乃追求物理之眞實，美學乃獲得心靈與精神之滿足。不久前，諾貝爾物理獎得主楊振寧博士，曾談到自然與人生充滿了無限美妙的事物，其在科學研究過程中，發覺許多意想不到的美的感受和樂趣。因宇宙自然的奧秘，乃爲有形或無形美的組合與排列，彼此互相映照，他的「對等性定律」學說，雖然獲致實驗的成功而獲獎，亦爲其對事物審美觀而獲致的最大心得。楊博士一再稱讚朱銘的雕刻，認爲是美的一種成就，由此可知美學這門學問，確實值得吾人的探討和重視。

「自諸子而降，其爲文無有弗偏者。甚得於陽與剛之美者，則其文如霆如電，如長風之出谷，如崇山峻崖，如決大河，如奔騏驥；其光也如杲日，如火，如金鏐鐵；其如人也如憑高視遠，如君而朝萬象，如鼓萬勇士而戰之。其情於陰與柔之美者，則其爲文如升初日，如清風，如雲，如霞，如煙，如幽林曲澗，如淪，如漾，如珠玉之輝，如源鵠之鳴而入寥闊，其於人也漻乎其如歎，邈乎其如有思，邈乎其如喜，愀乎其如悲。觀其文，諷其音，則爲文者之性情，形狀舉以殊焉。」姚姬傳的「復魯契非書」，雖然是論述其文章的精采傳神，但已說出胸中的審美感受，是以宇宙與自然，歷史與人生，有其陽剛的一面，也有陰柔的一方，猶如人生的遭際，明朗與暗淡，順境和逆境的道理一樣。是故，不談美學便罷，如談美學，勢必先究宇宙自然之秘奧，人生歷史之興衰軌跡，然後再探索其源流與趨勢，不像西方的美學，僅憑心靈的直覺與感應，再不然就是觀察一切事物的「共相」（Universals）與「對稱」（Symmetry），以產生「美感經驗」就可完事。中國的美學意念，往往寄依在現在的「因」與未來的「果」之上，此與佛家的輪迴之說，實有直接關連；因是醜的，果未必就會美好，但如果因是美的，果必然美好，所謂「種瓜得瓜，種豆得豆」，就是這個道理。

《易經》和《山海經》是兩部奇書，有挖掘不完的美學意念和知識，欲寫中國美學史，這兩本書必須深入研究，宗白華和林同華兩位美學家，在其著述中雖有談及，但卻是點到爲止而已。如《易經·繫辭》有云：「君子之道，或出或處，或默或語。」短短數語，道出無限美學意念與玄機。《易經》實用範疇極廣，天文地理，陰陽曆算，無所不包，宇宙之大，自然之妙，得識《易經》內容而足可盡窺天機地密，在西方所有的典籍而言，尚無類似之奇書，即使是柏拉圖的《理想國》、《伊索寓言》、《蘇魯支對話錄》等精彩預言，亦不足與《易經》相提並論。談到《山海經》，雖屬地誌奇要，但確非一般地理書籍可比。胡適之當年曾談到《山海經》爲一部稀世的寶書，如按圖索驥，可能有極重大的歷史與地理奇蹟發現？然而，對《山海經》有深研者卻寥寥無幾，不過，晉代詩人陶潛卻在讀完《山海經》之後，作詩以澆胸中塊壘。「孟夏草木長，遶屋樹扶疏。眾鳥欣有託，吾亦愛吾廬。既耕亦已種，時還我讀書。窮巷隔深轍，頗迴故人車。歡言酌春酒，摘我園中蔬。微雨從東來，好風與之俱。汎覽周王傳，流觀山海圖。俯仰終宇宙，不樂復何如？」所謂「俯仰終宇宙，不樂復何如」兩句，便是陶潛的美學觀，與宇宙自然融爲一體，又有何愁何苦？是以古人的一詩一文，一物一畫，均呈現出完美的意念和心機，適如周庾信詠畫屏風詩：「高閣千尋跨，重簷百尺齊。雲度三分近，花飛一倍低。吹簫迎白鶴，照鏡舞山雞。何勞愁日暮，未有鳥夜啼。」如此屏風畫詩，俱現時間與空間之美妙，感受自在不言之中。

中國美學史亟待有心人士撰論，而如何能完成如此巨大工程？則在設計之縝密，全書的架構與內涵之完整以及有關中國美學資料之廣泛蒐集與整理；更值得重視的是由何人執筆？何人審查校訂？又有那個機構或出版社資助印行？因此，我們願意一部內容完備的中國美學史，能早日呈現在讀者的面前，因爲它是中華文化的精華，中國思想精神的表徵，不但可供文學藝術家研閱，即使在政治、經濟、社會、教育、科學等各方面，中國美學實有其啓迪引發思想和施政教化的偉大功能，有識之士，當能有鑑及此，問題是這部中國美學史的編撰，範疇過於廣泛，資料過於繁多，年代過於久遠，有待衆多富有美學素養的專家學者，窮畢生之心力，一滴一點匯合而成美學的大江巨流，然後再沉澱其蕪渣，浮現其菁華，便可成爲一部美不勝收的中國美學史了。

文學創作與美學素養

古今中外許多在文學上有成就的作家，有的窮畢生之力營造一部作品，有的卻在一個短時間寫出驚人的篇章，惟從其作品價值剖析，從文學藝術思想審視，不外作者認定了創作就是美的自然表現，智慧的結晶和自我情感意志思想的提昇而已。這其間所不可欠缺的是「美的意念」這個基本觀點，如果表現得不夠完美，就是殘缺！任何題材，不經過美的組合與處理，美的篩濾和展示，那麼所呈現的內容必然是粗陋的和一些剩留的殘渣，而非實質的精蘊和菁華。

文學作品脫不了歷史的背景和時代的風貌，文學作品脫離不了生活的內涵和人性的本質。因之，文學作品所反映的是歷史，是時代，是生活，也是人性。而美學所研究的範疇，其原理和原則，對象和方法，也包括了以上的文學創作的素材和內容。同時美學更超乎文學創作的範圍之上，因其屬於哲學的哲學，藝術的哲學，心理學的哲學，以及倫理學與其他社會自然科學的哲學等，其包羅之廣泛，與自然、歷史、人生密切相關，並是人類智慧的源泉，精神領域的主宰，故而從事文學創作者，能不重視美學和研究美學嗎？

曾以寫「美感」而馳名的桑塔雅那（George Santayana 一八九三—一九五二）再三的強調說：「美乃是靈魂與自然一致所產生的結果。」山本正男是日本最著名的美學家，也曾說過以下的一段話：「美學是一種美的理性，也可以說是一種美的良心，應依普遍性的美的理性與法則去思維。索求經由美的現象達到美的法則而至美的本質。」山氏所提出的「美的理性」與「美的良心」，不正切合文學創作所最需要的人道精神和人性本質的道德標準嗎？文學作品的表現內涵，既是以「人」爲對象，當然要審視其理性與良心的能否存在？而其是否達到美的極致？一部稱得上是偉大的文學作品，美與醜的分野極爲明顯，人性與獸性，人性與神性的層次尤其分明的如果以美學的現象和法則去感應和求證，是極爲合情合理而且極具科學功效的！此乃一個深具美學素養者對文學作品的認識和感受，而藝術作品更不在話下。所以說，歷史上極爲傑出的思想家，文學家和藝術家，其創作的內容，其提出的見解，自有一套完整的哲學意念和藝術表現精神，而這種意念和精神，與其說是學術依據和藝術本能所呈現的智慧寶塔，倒不如說是其對美學一貫感受和認知的自然發揮的結果。有人說：「研究美學可以當作宗教信奉。」實際上，一種宗教意念的誕生，就是美的開端，聖殿和祭壇，經文和儀式，就是對神祇的感恩和靈魂的讚美。試觀大藝術家如米開朗基羅和羅丹等人，其作品多係著重在神祇和自然的讚美意念中，再如我國的大畫家八大和吳道子等人，對「禪」和「道」的造形和嚮往，也發揮得淋漓盡致，這便是其自成一套美學的理論和意念，才得以永遠流傳於後世。

人類一生所追求的事物，不外先是自我的生命之美和心靈上的喜欣和滿足，進而擴延到宇宙自然與社會人類的大我之美，如此才能獲得生命眞實意義和生活的目的。哲學家對此點，早已認識得最爲清楚，而美學原包括在哲學的研討範疇之內，古希臘的哲人倍出，他們的哲學意念，始終以「愛」和「智」爲依歸，但由於愛和智的不斷激揚和提昇，便產生一種極爲突出的「美」的感性和意識。因之，在希臘時代的所有歷史文物中，都充溢著美的意旨存在，於是又有人言稱西方的哲學，爲「愛」「智」「美」的三結合；直至十八世紀中葉的德國哲學家包姆哥登（Baumgarten），才在其所著的《美學》（*AEATHETICA*）諸篇論文中，提示美學的獨立理論和定則，而漸漸脫離了哲學的界定和研討範圍。

文學創作固然是作者生活的反映和情感的發抒，但更重要的是思想的表達和提升，這其中對世間善惡的分辨和揚棄，全賴作者以銳利的眼光和穎慧的心靈去驗證。因之，這種形成作者的藝術哲學觀，便是審美的經驗和判斷憑藉，而文學作品之能否有價值？說得更平實些，即是創造美的人生和美的思想和境界，故作者必先有足夠的審美知識和經驗，也就是要有美學的基本素養。試觀中外的不朽文學作品，其創造的人物，以及人物的個性和情愫，都具有完整的典型和崇高的思想感情，才能使千萬讀者留下極爲深刻的印象。再說文學作品的最終目的，是在追求眞理，追求世界最美最眞的生命價值，除此而外，就不足以構成文學作品的內涵和模式。因此，一位有遠大抱負的文學家，其自然形成的美學觀，往往爲一般讀者所疏視，祇有高明的文學批評家，才可由其作品中探求和獲得證實，而作者本人祇知埋首創作，深入生活內層，挖掘寫作素材，至於如何塑造人物，賦予人物的靈魂和反應時代，那便屬於藝術表現的技巧，也是作者美學素養的深淺問題了，所以說，一個傑出的文學家，也很可能是一位有藝術成就的文學家，因爲他瞭解自然的法則，人類思想和心態的趨向，以及歷史發展的軌道等，這些便是美學所經常研討的範疇，作家們不能不知道，除非他根本寫的不是文學作品。

文學創作是思想意識的孕育而作情感的表現，所構成的藝術情境和型態，在使讀者發生濃厚的興趣，且隨著情節的發展而喜悅而悲壯而快慰，於是這部作品便發生啓發和震撼作用，使讀者難以忘懷，而美學的產生，亦是由感情或由心理的直覺而來。故凡是美的事物，必有其充實的內涵和外貌，正如希臘的建築，我國古時的宮殿廊柱和浮雕，給予人們的視覺和心覺的感受，是悠久歷史文化的感染和靈魂的提昇。所謂「發思古之幽情」，或覩聖像而見賢思齊，這種心靈的滿足，不但能振奮意志，美化情操，而且有消滅私慾而光大博愛的意念存在，這些都是文學藝術作品發生了極大的功效，當然也是美的價值發揮了。談到文學和美學關聯性，不得不提出「忘情」和「移情」這兩個名詞，所謂「忘情」，就近乎絕滅情慾的意味。所謂「移情」，就是美的潛移默化，而與大自然融合爲一，或將自我的情愫，投注在至高至聖的事物之中，使自己的德性和品格，如同空中的光靄雲霞，如同大地的山川花木，那麼悠潔和秀美。對一位有美學修養的作家，他的倫理觀和道德觀，不但無絲毫的瑕疵，而且更懷有悲天憫人的胸襟，去關懷這個世界，以及整個人類的安危禍福，由此可知文學思想和美學意念，是密切相關的，是構成偉大作品的兩大基柱。文學家聖·佩甫（Saint-beuve）在論〈何謂名著〉篇中，曾有極爲深刻的見解：「文學包括一切名著而言。讀者可於此等名著中，洞見道德的眞諦，千古不易的摯情，而情致雄偉盡善盡美的文章中，具巧思特見，能推廣人類的見聞，能開拓人類的胸襟，下筆能自由抒發而不悖於古，卓絕萬世而不朽。這才叫做名著。」是的，一部文學名作，讓人百讀不厭，歷久而有新義呈現，此乃作者有豐厚的學知，獨到創見和巧思，再加上崇高的藝術意念，唯眞唯美的文學情操，當可流傳而不朽。這與時下有些作家，動輒數十萬言而不輟，祇是在敘述一個光怪離奇的男女愛情，或在講述一個曲折荒誕不經的小說故事，毫無文學的境界和藝術的深度，那裏還有美學的內涵和精神呢？是故，文學作品之所以能震撼人類的心弦，導正社會的意識型態，提高生活的品質和精神修為，那是作者原具備有超人的智慧，獨特的心靈感受和人格的影響所致，一個沒有藝術性情沒有美學意念者，決難寫出感人的作品。

我國歷代詩人詞家，其作品之所以感人至深，時隔千年百載，猶能在人們的腦海中泛映波動，並給予一種人生處於現世中的優妙絕佳境界，其意境的高潔，聯想力之豐富，每每讀其詩詞而有渾然忘我的感覺，對這些絕佳的詞章詩句，可以證實原作者的德格高尙，主情唯美，主意唯善唯眞，才能引起後世人的頌讚和共鳴！如王維的〈與裴迪書〉：「夜燈華子岡，輞水淪漣，與月上下。寒山遠火，明滅林外。深巷寒犬，吠聲如豹。村墟夜舂，復與疏鐘相間。此時獨坐，僮僕靜默，每思曩昔攜手賦詩，輕儵出水，白鷗矯翼，露濕青皋，青雉朝雊，斯之不遠，倘能從我遊乎。」是寫景也是懷思故友，是靜思也是心馳，大自然充溢著美的情景，心靈也明澈如日月，其聯想之精妙，識者當可窺覺。再如駱賓王〈在獄詠蟬〉詩中有句：「西陸蟬聲唱，南冠客思深。不堪玄鬢影，來對白頭吟。露重飛難進，風多響易沉。無人信高潔，誰為表予心。」這種獄中以詠蟬發抒心意的想像力，充滿淒涼悲愴的情懷，但壯志和冰雪節操盡在不言之中，可稱得上是神來之筆，而多種層次之感想和懷思，非深諳生命眞諦之大詩人所能為此！藉以上兩位前代詩人的作品剖析，當可看出文學作品的特質和特性，同時也可以證實王駱二人在那個時代，已深具美學素養，因摩詰的詩中有畫，駱賓王的詩中有樂有聲。所以在文學作品中，應有唯美的意識特質，否則，所給予人們的僅是一些手段的生活概念，而欠缺高超的藝術理念和美學精神。

美學是促成人類的視覺和心界更為開朗而眞實，如宇宙的神秘奧妙，在美學的觀點上，雖然也充滿了幻象，但那是有秩序的運轉和變化。自然界的諸象，是那麼協調而有韻律，節度分明，均勻整齊，互不侵犯，相容併存，美好和樂。一位有素養的美學家，在他的心目中，一切都是和諧而自然的，即使是生與死，也是自然法則的安排，有向生的喜悅，也有死寂的安泰，得到與失去，成敗與榮辱，祇要盡心盡力，也就能泰然處之了！較之宗教家勸人向善，哲學家使人瞭解追求眞理和價值，美學家更能在默默中得自外界許多對自然和人生的美的答案，不強人所難，增人所疑所困，全憑一己的直覺意識和一己的外在感性，去探索一己在世界上存在的眞實意義和價值。因此，霍姆（Henry home，一六九六——一七八二）在其《美學原論》中有云：「使觀賞者，讓同感者結合在一起的表現關係就是美。」愛美之心，人皆有之，尤其是人類靈魂工程師文學家，不能不瞭解美的精義，不能不具備美學的素養，因爲文學家畢竟是站眾人的中間和生活的內層，使所有的心靈能結合在一起，去觀賞去辨認這個變化無常的世界，到底還有多少美的事物，值得自己去體驗去追求的？

文藝心理學新論

現代的工業社會型態，人們已認定經濟的發展有其生活價值觀，同時對科技的提倡和研究，都在不遺餘力的追求和拓展，因爲時代一直在不斷進步中，人們的慾望也日益昇高，似乎文化的層面又在展現新境？然而，事實並非如此，文化乃精神道德和生命意志的不斷擴張和奮鬥結晶；唯有發揚固有的歷史文化精華，吸取現代爆發的新知和學術思想，以奠定現代生活的基礎和生命價值，才是提昇文化水準的有力憑藉。因此，人們在豐裕的物質條件下，尤應時刻探求超脫的精神境界本源，使歷史得以在常軌上有秩序的延續和發展下去。

生活在一個繁複的社會環境中，有生存下去的意志，有模倣創作的潛能，更有欣賞自然寄情自然的興致，隨著歲月的增長而獲得生活經驗和思想的成熟，故而對萬事萬物的觀察，也隨著經驗與思想而加以判斷分析，無非藉以安排屬於自己理念的方式和範疇，故有的畢生從事一種固定的工作，以獲得求生的所需和願望。有的抱悲天憫人的胸襟去傳播宗教，有的爲追求理念的實現而服務社會人群（如政治、經濟、教育、科學等）。更有的爲求美化性靈和充實人生而獻身哲學和文學藝術，尤以後者對宇宙自然及歷史人生，純粹本以至情至善至眞至性的態度，以及研判和審美的意識去求得一個人基本價值的存在，和其在宇宙和社會中應得的地位，較之宗教的意旨和政治的理念，在心靈和精神的引導和影響上，來得更爲深入而易爲人類所接受。

哲學是所有學術理論的核心和最高思想原則，有規範和啓發作用，如歷史有歷史哲學，政治有政治哲學，教育有教育哲學，經濟和科學以及宗教等，均亦有其哲學淵源和依據。唯獨藝術（含文學、音樂、美術、戲劇、舞蹈、電影等）的創作，係憑創作者的心靈直覺和感受，情感的自然反應流露，個性和理念的自由發抒表現，有時並不借重哲學的理論而從事創作，而是由不斷的創作中去接受哲學和創造哲學。因之；藝術家亦自有其哲學（如美學的「審美感情」（Aesthetic Feeling）、「藝術的直覺」、「造型意欲」（Will to form）等，有其自創作經驗中形成的藝術原理原則，足以在處理素材和醞釀作品的過程中應用而有餘，凡有相當成就的作家，均有其審美的哲學，如沙特的「存在美學」，高行健的「懷疑美學」等。

沒有比文藝作品的創作更能獲得精神上滿足的事，人類的七情六慾隨著現實生活不斷在沖擊在引誘，而人類亦爲求得七情六慾的滿足，以其有生之年，有生的生命力和經驗智慧，日夜在用盡心機企圖獲得解決之道，又能有幾人能超越心慾而成爲至聖大賢呢？於是，宗教的勃興，各種哲學思潮的形成，文學藝術作品的創作，無一不是爲詮釋「人」的本質和「道」的精義，而藉神祇、靈性和理念，以扶植人類既有的尊嚴和指出生存於宇宙歷史中的價值，以滅除物念心慾的自我損傷和殘害。難怪西洋有位哲學家曾說：「藝術對於人的目的在讓他在外物界尋回自我。」確有其道理存在。所以有不少哲學家曾將「眞」屬於哲學和科學的內容範疇。將「善」屬於倫理和宗教的內容範疇。將「美」屬於藝術的內容範疇。而「美」原存在於宇宙自然的所有形象中，由人類的心靈意識感受和反映，再塑建出一個美的主題和形象，作爲生活追求的標的。於是，藝術家便產生了創作的主題和構成唯美的形象內涵，而成爲眾人用心靈和官能去欣賞感受的藝術作品。

文藝創作是出自作家的情感和理念，唯以藝術作品的表現內涵，始能得到情感的慰藉和昇華，理念的寄依和發揚。古今中外的藝術創作無不憑藉作家「主情」和「唯美」的追求而相繼出現。甚至作家窮畢生的精力和生命而從事創作，尤其在作家們遭受到命運的坎坷和生活的壓力時，那種強烈而激盪的創作慾，來得更爲迫切而眞實。因之；文藝創作亦爲人類的天性使然，至其藝術涵養和創作技巧，乃隨資賦和後天的陶冶體驗而定。一個偉大的作家，其作品之所以能流傳不朽，除了有優越的先天稟賦之外，而尤其重要的是後天藝術生命的培養和藝術意志的鍛鍊，其作品中潛存的質素與華澤，乃涵蓋了整個歷史時代與人類生活的理想趨勢和精神渴望，故能使讀者（欣賞者）爲其作品的主題內涵而沉潛涵泳引起激賞共鳴。如但丁、哥德、莎士比亞、托爾斯泰等人，其作品所涵蓋的歷史背景，時代理念、人性光輝和生活希望等，在在說明文學藝術的偉大功能和價值。人類不可一日或缺的去作深入的接近和追求，以能獲得眞正的生命存在和靈魂歸依。再如米開朗基羅、達文西、畢卡索等人的雕刻繪畫，舒伯特、海頓、貝多芬等人的樂章，其強烈而活潑的藝術主題和生命力，無時無刻不在表現著人類完美的理念，並提昇人生命運進入永恒的眞實境界。所以說，人類因爲有愛美的心理，有純潔的情感，有求眞的智慧，有創造的本能和求生的意志，而唯一能將愛美的心理反映，將純潔的情感發洩，將求眞的智慧表現，將創造的本能和求生的意志儘量發揮流露，除了從事宗教、哲學、科學的傳揚和探討外，而最主要的表現方式，便是人性中一種最原始、最自然、最普遍的需求，如上古的圖畫、歌謠、舞蹈及神話等，無不潛存有藝術的素質與色彩。故而「文藝心理」的自然成長，乃爲理所當然的事。不過一般沒有藝術創作能力者，祇能在欣賞與感受中獲得藝術秀美的情趣而已，如果其能由欣賞與感受中進入模倣與創作，那就變成了一個文藝作者。因之；藝術家亦如同其他學者一樣，全賴有心人去深入瞭解和創造。不過，想成爲一個傑出的藝術家，絕非等閒之事，而要具備超乎平常人生活意趣和精神境界的藝術觀，始能成就一件流傳不朽的藝術品。

「文藝心理」是隨著「文藝創作」而相互影響的，前者是因，後者是果。由於作家不同生活的感受和生命遭遇，便直接的影響了「文藝心理」而促成不同的「文藝創作」，這在古今中外的文藝作家群中，都有極明顯的作品風格表現，如有的趨向自然主義，有的迎合理想主義，有的合於寫實主義，有的投入人文主義及存在主義者，因爲其藝術觀點不同，所以在創作上頗難有趨於一致的風格與特性。惟有文藝作家在「文藝心理」上尚有缺陷和不成熟之處，如屬於病態的、神經質的、狂妄的和過於頹廢等類型的，溯其原因，不外先天的遺傳和後天的生活精神不幸遭遇所致，縱然已具備了藝術欣賞與創作的本能，然潛附在其作品中的病根和敗惡意識，足以影響一個入迷（欣賞）讀者的情緒和心態，這種外披藝術華衣而內存敗惡質素的作品，往往很容易爲一般對藝術本質毫無認識者所接受，而陷於不能自拔的深淵，的確值得吾人的警惕和同情。是故對於以得自先天的藝術原動力（原始藝術心境）而從事文藝創作者，如果對目前社會諸象和時代思潮缺少正確的體認，而僅憑一時的藝術情愫衝動而創作，很難獲得完美的歷史藝術價值，除非他是位深具靈心慧眼的文學藝術天才，如哥德和羅丹等人創作出來的不朽作品，確屬神來之筆。

談到文藝創作風氣的盛行，創作者本身的教育素養，都直接關係著作品的優劣和存敗。任何一個時代，都有其所處的環境和思潮動向，昇平時代和動亂時代，也都有不同性質主題的文藝作品出現，因爲生活處境和心理感受不同，故而表現的方法和追求的境界有異，有的是「爲藝術而藝術」，有的是「爲人生而藝術」，有的是「爲戰鬥而藝術」，更有的是「爲宗教而藝術」和「爲歷史而藝術」等等。而藝術、人生、戰鬥、宗教、歷史的基本涵義和精神，都不外是想獲得人生一個完美的理想和境界，一個永遠生存和延續的意念。所以一個大有爲的時代和一個欣欣向榮的國度，其文學藝術的創作也必定是勃興而盛行的；如希臘的皮銳克里斯時代，意大利的文藝復興時代，英國的伊利莎白時代，法國的路易十四時代，我國的漢唐時代等等，其作者的眾多，作品如雨後春筍，可謂空前，且其作品流傳之久，感人之深，較之當時的政治軍事，哲學宗教影響力之廣之大，更能爲後世人所樂於接受和推讚。

從事文藝創作者必先具有心理與情緒的培養與創作意識，換句話說，就是「文藝心理」的培養，一個文藝創作者，時時刻刻可由生活及觀念中孕育出一種藝術品的素材，藉表現技巧方法而成爲供人欣賞的文藝作品。而培養一顆藝術心靈的過程，乃是在不斷體驗與創作中得來，其藝術心靈是否完美無缺（亦即文藝心理）可視創作者對生命、對歷史、對藝術體認的深淺程度而定。凡是有感情有理智有正常生活意趣者，都潛存有一種原始的「文藝心理」，因爲一件藝術作品的審愼選擇讀閱和欣賞，不得不依賴有眼光有判識的文藝批評家去剖析和發現，而引導所有的欣賞者進入眞正完美的藝術殿堂，爲整個人生開拓一個既能充實生命力又能提昇靈性境界的藝術領域。

一個完整而健康的「文藝心理」培養和成長，首先應如孔子所說的「思無邪」的觀點境界著手。所謂「思無邪」，從藝術上的觀點而言，應爲追求藝術的眞理而心無旁騖，亦即專心致志的獲得藝術的靈糧之意，以維繫「文藝心理」的正常發展與培植。

我們從不少大作家大藝術家的名作中，其主題的嚴正，氣勢的渾厚磅礡，並在隱隱間流露出博愛的光輝和人性的溫馨，使人閱覽後不禁爲之心往神馳，而將作品中主題和內涵無形中融合在自己的靈思和行爲中。其作品所以有如此的感染力量，應得之於作家的藝術心境的完美無疵，以及形成其在創作上的大我無私表現，這種由於作家在「文藝心理」上不斷地陶養鍾鍊所獲的藝術碩果，當然不是一般無思想深度無表現藝術才華的作者所能企及的。

作品的風格係出於作者的「文藝心理」自然醞釀與創造，一點也虛假不得，縱有不少文藝作者也在不斷模倣成名作品的風格和表現方法，但終難獲得藝術的最高價值，且很快消失在人們的記憶中，所以一個作家如果想使其作品深刻留在人們的思維中，而發揮其潛存的藝術輻射和感染力，最重要的便是在屬於自己的時代中，屬於全體人類的生活理念範疇裏，尋求出一個共同追求的藝術表現主題，反映出他們所寄望的美的心願和目標，而這個美的心願和目標，有時是不受種族和國度所限制的，因爲藝術的最高要求，便是人性的表現和眞理的獲得，由小我心理的愛而臻大我靈性的愛，使人的價值在宇宙自然中得到完美的證實和成立。

「文藝心理」既具有欣賞與創作的雙重連鎖作用，而一個名詞的成立，乃根據「心理學」及「美學」（美感經驗）實際原理效用而來，其爲每個作家在創作上最先營造作品的原動力，理應善爲培養與加強其感受本能。

藝術作品離不了「意象」的創造，而「意象」係由經驗中得來，意象多起於「聯想作用」（association），由於不斷的聯想，便構成一件藝術品的多重意象，然後加以組合與表現，始能完成作品的藝術內涵和情趣，此乃與作者最早的「文藝心理」孕育素材與表現技巧有血肉的關係。藝術工作者對一切事物要情感化，對宇宙要生命化，對時代的感受更要具象化，對靈魂與意志的寄依，尤其要美化和神化，才能創作出驚人魂魄的不朽作品，才能達到「人生即藝術」的無限化境。如但丁的《神曲》和哥德的《浮士德》，都是屬於靈魂淨化後的偉大之作，早已超越一般生活情緒化的感受作品，故能將人類的生活境界不斷的提昇到屬於神性的畛域，以與自然和歷史同垂不朽！

由於不少文藝作者生活遭際不同，生理及心理的情況有變，或受到某種宗教及哲學的影響，致其逐漸成長的「文藝心理」和「藝術創作觀」，便有了很大的差距。如作品寄情於夢境中，作品源自於玄（幻）想中，作品寓意於諷刺中，作品依附於性念中，以及作品規範於禁慾和宗教中等等，不論其作品寄依於何種理念中，但在藝術的表現上，都有其可循的軌跡和基礎，除非其失卻理智，情感麻木，或毫無思想境界，當然無藝術價值可言。如哥德在其作品中，曾每次表示愛情是可以沒有私心的。如托爾斯泰在其作品中，每有藉宗教而使世人認爲唯一能生存下去的希望。再如愛倫坡在其作品中，對死亡題材作了哲學化的處理。勞倫斯對作品中涉及性愛藝術的描述過於暴露，意使讀者對赤裸生命和人性解剖的眞正瞭解，獲得一個較爲正確的體認等等例證。以上種種跡象的顯示，足以說明作家的「潛意識」（unconscious）的自然表現，而達到其所謂藝術追求的至終目的。即如我國歷代流傳的名著如《西遊記》、《金瓶梅》、《紅樓夢》、《西廂記》等說部，作者「潛意識」心理的流露於作品中，每有極爲精彩的篇章呈現，使其人物在各種不同的環境中，發出生命的呼喚和心理意識的反射，使讀者不得不感受到其中最好也有一個自我的存在，以分享其各種不同的生活情趣和生命之果。因而，「文藝心理」的孕育，是高度生活藝術的表現和結晶體，沒有「文藝心理」的自然培養，何能創作完美的文學藝術作品？

從以上的各項論點觀之，便明白了「文藝心理」有助於「文藝創作」。惟値得提出的是：「文藝創作」與「文藝心理」有時不能脫離「民族特性」和「民族意識」的界域和層面。歐美作家的藝術觀點和東方作家的藝術本質截然不同，其生活習慣，歷史宗教，文化精神等，在在影響與塑建著各個不同作家的心境和藝術觀。東方人的含蓄緘默和溫和容忍，決非西方的爽朗暴露和刺激任性所可同日而語。但在藝術的塑性上，其所表達和追尋的都不外是靈性的解脫與歸依，生命不朽價値和生活境界的不斷提昇而已！

文藝作家的不斷創作，爲的是追求完美的生命和理想，而藝術作品的價値亦即在此。而培養健全的「文藝心理」乃作家本身的事，也是極度自然的事。有不少作家，可能根本不知道什麼是「文藝心理學」？照樣可以完成一部高水準的創作，但不可忽視的，其在創作期間所投注的心血，無一不是文藝心理的引發和衝力，這種引發的衝力，就是文學藝術作品的生命源泉，更是思想和智慧的花朵。

戲劇與舞蹈之美

世界各國都有其戲劇與舞蹈的代表作演出，同時也反映其文化本質與生活習俗的特性，觀其劇知其歷史淵源特徵，見其舞知其宗教信奉與地域風情。我國疆域廣遠，文化傳統深厚，各地劇藝繁雜、舞藝紛呈特出，經多世紀以來的不斷流傳，革新與倡導，至少也有數十種之多，迄今以京戲代表國劇，以各地區民族舞蹈爲演出主流，如深研舞劇史考精華，實有推廣和整理的必要。

劇舞之美，值得研討，不論演唱表態，俱現國風民情，其中如辭調之美，配樂之美，表情與做作之美，肢體與聲韻之美等，都是考究與倡導的事，尤其作國際性的演出，並經完善的規劃，精心的設計安排，才能獲致理想的效果，西方國家早有一套完整的課程於藝術學校講授，而各藝術表演團體更是不遺餘力的廣爲執行，以達到藝術與生活相結合的佳境；如希臘最早的「悲劇」，亞里斯多德已有界論，是人生理想追求的表現，悲劇的發生乃自然現象，是一種極其嚴肅而高尚的人生遭遇反映，能適應「悲劇」而心安理得，悲劇自有其警惕與啓示作用。再如義大利的「歌劇」，日本的「能劇」等，都是藉歌與藝的表達而提升生命的完美創造。其他如西班牙的「鬥牛舞」，蘇聯的「芭蕾舞」，印度與泰國的「拜佛舞」等等，無不顯示對生命的熱愛與對宗教信奉的熱忱，是以戲劇與舞蹈乃美學的實驗與創造，一個國家民族，如果沒有代表性的劇舞演出，其人們生活的苦悶，文化的成長，歷史進程的創造，實在顯示不出其國民開創遠景前途的潛力和理念。即使是韓國的「鼓舞」，我國的「扇舞」，雖然節奏簡易，景物有限，但其純粹屬於動作與表情的舞動，足以感人心扉，振人神志。

英國向以莎劇上演爲榮，莎士比亞係傑出詩人劇作家，其善於觀察人性，剖析人性，因而表達四大悲劇悲壯淒涼絕倫之美，此乃戲劇發揮之極致。而日本「能劇」亦有撼人心魂的功用，日人深受我國文化影響，由模仿進而創造，是以能發揮戲劇的擴張性，引人無限回味與深思。

我國是一個講求宗法、倫理、道德的國家，不論民間流行的戲曲或歌舞，多屬含蓄保守的傳統型態，不似西方的熱情奔放。無拘無羈的流露表現。因之，含蓄蘊藉之美，有時反而引人思味，而陽剛奔放之美，固有其欣賞的一面，然能否永遠留存於人類的胸臆印象之中，倒是值得探討的一個問題。我國古代的詩詞歌賦，可唱可舞，以示其內含之精蘊與情意所在；在《詩經》中的每首作品，可以吟唱，可以讓劇中的人物道白或唱唸，顯得無比的溫文儒雅而風流倜儻。所謂：「詩三百，一言以蔽之，曰：思無邪。」這是何等高雅的境界？因之，我國有取之不盡，用之不完的詩詞歌賦，用之於戲劇或舞蹈的表現主題。西方莎劇中的詞句，是警世惕勵的詩篇，也是諷刺和自嘲的座右銘。義大利的歌劇更是詞句優美，寄情寓意表現的最好方式，如果唸而不唱，不以歌劇美化，又何能顯示其藝術的衝擊力？我國的「崑曲」和「秦腔」，都是值得提倡的地方戲曲，尤以「崑曲」深藏文學奧秘與美趣，其曲詞之美，聲韻之雅，決非「秦腔」可及，所以可融入國劇之中，越發顯露其高度藝術價值。在我國戲曲史中，「元曲」

佔有相當地位，可與西方的歌舞相提並論，不似「唐詩」或「宋詞」祇可吟詠，而鮮少動作。「劇中加上動作」和「唱白全用代言」，是「元曲」的最大特點，如「元曲」的結構嚴密，由科、白、曲三者組織而成；科是動作，白是對話，曲是唱辭，均有分工的技巧和組合的藝術功能。是以「元曲」爲中國戲劇濫觴，不是沒有道理的。

有戲劇就有歌舞的調配，有時歌舞反而佔盡上風，試以莎劇爲例，如果不是莎翁詩的思想組合，對白便沒有相當的震撼力，動作也沒有突出的表現。觀莎劇時有時聽到歌舞的節奏，不論人物聲態動作，都是人類原始具有的手足功能，因其道白對話皆是歌曲，表情動作皆是舞蹈，始能呈現戲劇情節的全貌。因此，聰明的劇作家，都是能掌握歌舞藝術表達才能的高手；如名影劇《金屋春宵》、《慾望街車》、《亂世佳人》、《戰爭與和平》等等，其劇中都是歌舞的調配，將觀眾的情緒帶入高潮，以淋漓盡致的發揮劇藝的效果。

「明月幾時有？把酒問青天；不知天上宮闕，今夕是何年？我欲乘風歸去，又恐瓊樓玉宇，高處不勝寒。起舞弄清影，何似在人間。」（蘇軾〈水調歌頭〉）以上的句子，便有翩翩起舞的意味，如果詩人邊吟邊舞，這種含蘊而激情的美感，就有了相當的藝術效果，證實美的意念藏於人類的情感之中，而如何表現，此乃文學藝術修養的功力了。

「玉鉤鸞柱調鸚鵡，宛轉留春語。雲屏冷落畫堂，薄晚春寒，無奈落花風。舉簾燕子低飛去，拂鏡塵鸞舞。不知今夜月眉彎，誰佩同心雙結倚闌干？」（見南唐馮延巳〈虞美人〉詞）不論文學家如何表現其作品境界，總以自然寫意爲主，才不失之創作眞忱，而能感人至深，這首詞中的「拂鏡塵鸞舞」頗爲生動，有高度的想像力，有具象的美感。是以舞蹈之美無所不包，山水無時無刻不在舞動，花草無時無刻不在舞動，而人類的心靈和情感有時也在隨風隨雲而舞，日出月落，汐退潮漲，又何嘗不在隨水花共舞？因此，舞蹈爲人生之本能，一個傑出的舞蹈家，是生命的最佳詮釋，也是自然之美的追求者。

戲劇和舞蹈是藝術表現的兩種不同形式，而且最容易爲人們所接受，但必須有美學的原素和動力調適，一般民間的戲劇和交際性的舞蹈，娛樂的性質較多，藝術的陶冶性較低，不容易保持其可大可久性。美國百老匯的舞台劇，早已窺破其中奧祕，故而千方百計的提升其水準。因之，每年奧斯卡獎的得主，多出自百老匯舞台的名演員，當有其實際的因素存在。我國國劇的演出，歷盡年代滄桑，目前大陸正在培植傑出的演員，撰寫高水準的腳本，尤其對景幕、燈光、音樂聲響、各種樂器、演出效果、以及搭配的角色舞蹈等，都有別開生面的研究和創導。而台灣的國劇團也不斷與大陸演員相互砥礪演出，這都是可喜的現象，所以說，一個國家的戲劇和舞蹈團的計劃培植，是代表其眞正文化的薪傳和創造，一點也不容疏視。

論中國書法之美

書法是中華文化的一種藝術，幾千年來，一直受到國人的高度重視，即使是世界各國，無不當中國文字的書法藝術，是受人崇仰稱讚的國寶，較之西方國度的文字書寫更能受到珍視和肯定。

我國的毛筆字有其藝術屬性，講求氣勢和神韻，端莊秀麗，固能邀人品賞，但蒼勁渾潤，同樣使人驚嘆不置。所謂鐵劃銀鉤、龍飛鳳舞，便是形容毛筆字的精氣神三種風骨靈韻的匯合與表現，行家一看便知，即使不是行家，也能爲其灑脫自如的筆觸所動容。

中國字的造形淵源已久，如商周的篆文，秦人的小篆，漢代的隸書，魏晉的行草，唐朝的眞書，宋明的行草，乃至清代的楷書，眞是各具風貌，各顯神韻氣派；其中如晉代王右軍（羲之）的行草，其出神入化，筆力透潤圓融，如天馬行空，如彩雲飛舞，如龍蛇騰躍，直逼人心目，嘆爲書道仙品，實稱之爲空前而絕後，歷千年而奉爲圭臬，國墨至寶。即以其〈蘭亭序〉而言，多年來爲求得眞跡而使行家煞費苦心，雖萬金而不易購得，因爲晉代書人甚夥，各立風格，爲歷代書法之宗表，故古人有云：「晉人尚韻，唐人尚法，宋人尚意，明人尚態。」尚韻者，境界最高，爲書家競相模擬之法象，須知王羲之昔日勤練書法，據云爲練一個「永」字，便苦練了二十七個年頭，在漫長的歲月中，曾多方構思揣摩，終得「一筆八法」之妙，可謂前無古人。

談各代書法大家，雖多如過江之鯽，但能自成體式而獨具神韻者不多，如顏眞卿的顏體，柳公權的柳體，以及米南宮、趙孟頫、趙松雪等人的行楷，均經多年苦練而自成一家，並盡得書法神髓。我平素最喜臨摹趙松雪的〈靈飛經〉楷書，以及歐陽詢〈虞恭公碑〉的筆法，因其筆法揮灑秀逸，陰柔陽剛兼而有之。自思如寫好毛筆字，先練習端正規格的楷書，正如同軍人在操場上的基本教練，先從立正稍息開始，然後再起步和跑步一樣。能寫好一手灑脫自如的小楷，骨架和氣勢自然顯現，再進一步練習行草，自然能得心應手。時下有些人動輒提筆先寫行草，因其字體筆力不足，結果不是東倒西歪，便如一堆亂草，風吹東飄西散，怎能使人入目？又何能以「藝術品」供人欣賞！

寫毛筆字不但能定神養氣，且有益於身體健康，因一筆在握，雜念俱消。中鋒如日正中天，側鋒如兩谷掩映，藏鋒如深澗隱流，出鋒如萬矢沖霄，方筆如運樑架屋，圓筆如彩虹浮昇游騰。其他如運筆之輕重與疾徐，隨一氣之運化，憑腕力之旋轉，使墨渾自然流浸，不論點鉤劃捺，各抱天形地勢，各取神采氣派，而顯露其龍角鳳翅麟蹄之狀，盡得書法之精髓和眞傳，始可謂之一幅使人賞心悅目的藝品佳構也。蕭衍在〈古今書人優劣評〉文中，對王羲之書法的稱讚云：「王羲之書，字劫雄逸，如龍跳天門，虎臥鳳闕，故歷代寶之，永以爲訓。」想想看，王右軍勤練書法多年，早已體會出用筆落墨之奧妙，對身心神氣之運轉吐納，已臻獨步書道之佳境，而成爲中華歷史的書聖。另如唐太宗亦迷戀王羲之的書法，曾不擇手段的蒐集他的遺墨。「詳察古今，研精篆素，盡善盡美，其惟王逸少乎？觀其點曳之工，裁成之妙，煙霏露結，狀若斷而還連，鳳翥龍蟠，勢如斜而反直。玩之不覺爲倦，覽之莫識其端。心慕手追，此人而已。其餘區區之類，何足論哉！」（見李世民所作〈王羲之傳論〉）唐太宗李世民史稱其爲雄才大略，然一生最喜以書法自娛，獨崇右軍之墨寶，定有其特出的見地？同時對書法精品之鑑賞與收藏，簡直到了癡迷與瘋狂的地步。

書法與每個人的性格有密切的關聯，性情柔馴者，其字跡必多柔婉而乏力，性情剛強者，筆力亦呈堅硬如刀切之勢。然器識和涵養，情操與品行，亦可改變一個人的書法；如岳武穆的「還我河山」，其氣魄和神韻，眞可謂豪放不羈，驚天地而泣神鬼，且百看其氣度不凡。再如女烈士秋瑾的「秋風秋雨愁煞人」句，其筆法秀逸而豪邁，如楓葉飄落大地，碧血丹心躍然紙上，非尋常人所能爲，難怪當世人稱其爲鑑湖女俠。是故，欣賞一個人的筆法，其事功德業、思想情操，學養行止，都在字中或隱或現。又如于右任的草書，如雲龍盤旋，俯仰自如，如劉太希的行草，有鳥翅魚尾，翩翩自得之情。如張大千的字跡，藏畫意於筆墨之間，點如高崖墜石，鉤如白鶴昂首探頸。再如臺靜農的筆力蒼勁古樸，王壯爲的筆法俊秀圓潤，以及畫家歐豪年的筆法力道勁拔，如松枝迎向古月，在盤根錯節中益顯筆道層次分明，以上所列各家書法技巧，均能顯出其造詣的深邃奧妙。而我最欣賞溥心畬大師的行草，超拔飛逸，脫塵入化，其字跡的俊秀瀟脫，無墨中有墨，白描中而泛彩姿，得其畫風三昧，更獨步前人未得之眞跡，爲近代書道之極品，諒亦不爲過矣。

字是一個人的外表，當然也能表現一個人的內涵。除寫字之外，還要在其他各方面充實自己，如閱讀詩詞、經典、傳記，或有關文化典章歷史古物評鑑之類的書籍。由於不斷的充實和體驗，寫出的字，自然流露出無限的情懷和筆意，使字跡能臻於爐火純青的境界，當然也有些人練了一輩子的字，而且能依書道的要領去練，其一點一撇，偶而看來似乎合規合矩，但總覺得是匠心過重，充其量是一種「文書字體」而已，缺乏神韻和靈氣。如此，雖也爲人寫匾額題中堂，惟如細心賞鑑，一點也看不出有何神妙之筆，遑論流傳百世？

字與畫也有相當關係，尤其是中國的畫家，不論山水、人物、花卉、魚蟲、鳥獸等等畫得再好，但題出的字如不起眼，那就是一大缺憾。字比畫更精美傳神，無異畫龍點睛，否則，畫因字而不能相配，其藝術評價亦難以高估。因之，練字與習畫並重，爲歷代畫家所共識與重視。詩人洛夫近年來書法有成，使人刮目相看，其實洛夫在早年寫出的字就有相當的可塑性，其字俊逸灑脫，近年來筆力轉而爲遒勁渾厚，且又具有現代詩人氣質涵養，並接受名師的指點，進步神速，再加以不斷苦練，心領神會，故能獨創一格。

總而言之，字爲文化瓌寶，是我國國粹，亞洲諸國如日本、韓國、新加坡，以及緬甸和泰國等國家，也有不少人以毛筆寫字爲榮，且備受推崇，尤其是日本人最重視書道，每年舉辦各種書法競賽，並頒贈各類獎賞，我們生爲華夏的子民，能不引以爲傲而發揚光大嗎？

現象與意識之美

一部存世不朽的文藝作品，得之於原作者的完美思想，眞實生活的情感和偉大生命意志的表現。也就是說：藝術構成的三種基本質素，乃爲思想、情感、意志的共同營造。除此而外，便不能奢談文學，當更無藝術價值可言了。

文學藝術既是生活的反應，故必須有生活的內涵和時代的精神充實文藝作品。文學藝術更是人性的表現，那就包括了人性中潛存的思想、情感和意志的原始因素，所以說：文學藝術作品是人類生存於宇宙歷史時代之中的自然產物，代表著整個人類心理的感象和意念，也是對宇宙自然的生存價值的體認和創造。

從古今中外的有藝術價值文學作品研究分析，不外是針對人類的生活理想和生存價值而取材，並刻劃出社會的諸象和心靈的感受。因之；便塑造成一個時代的典型人物，然後藉其表現於現實生活中的各種遭遇和情感，最後便明示或暗喻其生命的依歸和精神寄託，這在小說和戲劇的主題處理和人物描述中屢見不鮮。而詩和散文的創作，全賴心靈的感受和情感的表現，唯在表現的形式上各有不同而已，一個有藝術境界有生活理想者，其意象造境，決非一般泛泛者所可比擬，所以說一個傑出的作家和詩人，往往捨棄寫實明朗的表現手法，而採取象徵含蓄隱喻的藝術表現技巧，使讀者在意會與探索中深入其作品情境，此乃與近世紀的所謂「超寫實主義」表現潛在意識有關；如艾略脫（T.S.eliot）的名詩〈荒原〉，其體裁乖異，深晦難讀，但意境的高深，藝術的表現優越，卻不得不列爲近世紀詩的傑構之一，而艾氏的詩乃蘊藏著高深的哲學思想，曠達的藝術情操和卓絕的生命意志，又絕非目前一些自命爲「超現實主義」派詩人的作品所能塵及。

文學藝術家堅持其藝術的主觀，認爲祇有純粹的情感意識，銳敏的想像力和感受力，才是創作的基本動力和源泉，所以在構成其藝術境界和思想上，絕對不受客觀環境和理性意識的阻擾，此種「純情」「唯美」與「直覺」「自然」的藝術意緒表現，便可產生偉大絕倫的作品。由此可知，一位在藝術上有傑出表現的作家，他的心腑早已羅納萬象萬物，且能超乎自然而構成其藝術境界中的神思與聖境，換句話說：其主情、愛美、直覺、自然的相互融合默化，當能在思想、意志、語言三者的表現上凝成一體。所以劉勰在《文心雕龍》有云：「意授於思，言授於意，密則無際，疏則千里。」就是這個道理。所以自然界的萬象萬物，與藝術家的心靈觀點，有時是密不可分的，沒有宇宙自然，沒有社會諸象的顯現，就沒有心靈的波動和反應，關於此點，詩人歌德曾對自然有不少的認識和見解，如「藝術家是自然的主；同時也是自然的僕。」「藝術的對象是自然，把自然醇化（purify）了便是藝術。」充分說明自然乃爲藝術文學創作的源泉。

以上已經談到自然爲一無限的空間與時間所形成，其間各種現象的存在，時刻影響著人類的心理和感觀，因之；藝術家正由於自然現象的投射與映照，便在心理上有所感受，當然自然現象也包括了人類生活的社會現象在內，所以一件文藝作品的產生，如果簡要的分析而成結論，即是：「自然現象的影響而促成心理意識的波動，進而以思想情感意志表現一件有趣味意義的藝術作品。」似乎如此說來，過於抽象，事實上，一個藝術家就是如此誕生的。

對宇宙自然諸種現象沒有認識，不能深入其秘奧以及其存在意義，便不能健全一個完美的心理意識，當然更不能產生高超的意想和優美情感，那麼藝術作品也便無由產生。因爲宇宙自然之間隱隱中有一個「理」的存在，這個理又包含了「事理」、「道理」與「眞理」，也正因爲有脈絡可以探尋的事理道理和眞理，宇宙自然才能生生不息，是和諧和有秩序的生機體，這在我國的《易經》中已有論證，如：「太極生兩儀，兩儀生四象，四象而成八卦……」的道理一樣，陳立夫先生曾精研《易經》，他說：「由《易經》學說來看，就可以知道生命的存在，是根據精神和物質二者的配合。生命，是物質、精神、時間、空間的把握，才可保生命的長存。」又說：「陰陽五行是指金、木、水、火、土，這五者不是東西，而是五個行動，就力學的觀點來說，金是集合點的力量，木是由一點向上發展的力量，火是往上的力量，水是往下的力量，而土則是平行的力量，這五個力量的集中就足以構成一波浪形的線條，也就代表了生命的總成。」根據陳先生的研究所得，證實一個生命的存在元素，和了解人類在宇宙自然界的價值和地位。然而；那祗是生命的基本存在而已，但屬於人類心理意識觀念的範圍，實在太廣泛了，而不僅是歷史學家，心理學家，科學家，哲學家們所全然了解的，其所研究的而得學術結論和歷史資料，是在無數次的驗證而取其共通性的人類特質特性歸納而成；如歷史的演進史蹟陳述記實，人類心理反應的共象，自然界物體物性的實驗證實，宇宙本體的探求，萬象萬物的生存意義和價值等等。可是一位藝術家的心理意識和作品塑性，便不是歷史學家、心理學家、科學家和哲學家所能全部了解透徹的。藝術家的自然成長和存在，應以其作品價值爲鑑賞論衡的依據，其藝術創作中的心理意識反應。思想的表達，情感的發揮，意志力的塑建，在在都是高妙深奧的，歌德曾在其〈藝術家之歌〉中有云：「宇宙茫浩浩：一神之所表，藝海浩茫茫，一心之所彰，唯茲藝術心。『美』飾中之『眞』。」

在六句詩中，頓現藝術思想的經緯，其間蘊藏著對宇宙自然現象的體認，心理意識的形成與表現，創作境界的展示，實在是言之確鑿而意趣無窮。

藝術家既然是承受了宇宙自然現象的無盡變化，而引起了心靈對「眞」和「美」的感受，同時又受到了社會環境的影響，而在心理意識上有所感染和抉擇，故而在其「以心知物」的藝術情緒發展過程中，對自然社會界的諸種現象和知識觀察，因其性格和稟賦才智不同，而又有所謂「直覺」（tutuition）的辨認，「知覺」（perception）的感悟和「概念」（couception）的獲得，這三種具有相互影響的「以心知物」和「獲得眞知」的哲學和美學的理念，便無形中構成作品的原始質素，同時也是「模仿」、「反應生活」和「創造心境」的開端。如陸機的：「觀古今於須臾，撫四海於一瞬」，便有著藝術「直覺」的感念意味，文賦中的「籠天地於形內，挫萬物於筆端」，便形成「知覺」的胸中寫照，而在「概念」中的瞬間意識，便有著：「體有萬殊，物無一量」的感覺。因之：一位感悟性極高的藝術家，其心靈中的瞬息變化，無不是由自然景象和社會諸態刺激與反射，始能在很短的藝術情緒孕育醞釀中，即呈現藝術作品的雛型，所以鍾嶸在《詩品》中有一段話說得很得體。「氣之動物，物之感人，故搖蕩性情，形諸舞詠，照燭三才，輝麗萬有，靈祇待之以致饗，幽微藉之以昭告，動天地，感鬼神，莫近於詩。」對詩既有如此的精妙悟性，其他成之於色彩，作之於曲樂的藝術作品，又何獨不然！

自然現象直接影響人類的心理變化，此乃天經地義的事，尤其對於文學藝術家的心理意識影響更切更甚。在拙著〈文學藝術的自然觀〉文中已有論及，所謂「萬物靜觀皆自得，四時佳興與人同。」足以說明其中的奧妙所在。《詩經集傳序》朱熹曾云及：「人生而靜，天之性也，感於物而動，性之感也。夫既有慾矣，則不能無思；既有思矣，則不能無言；既有言矣，則言之不能盡，而發於咨嗟咏嘆之餘者，必有自然節奏而不能已焉，此時之所以作也。」慾念存之於人心，表現於行爲，詩人與藝術家之能感能思，而又能感之深，思之廣，試想想，這豈不是自然現象與社會諸態的影響所致麼？文藝作品在西洋有所謂「意識流」和「靈象」、「夢境」的創作境界，皆爲對自然現象與社會諸態的自然反映而形成，在人類的心理意識中，永遠寄以渴望和追求，有些是屬於物質方面的滿足，有些是屬於精神方面的慰情，還有些是屬於另外的一種奇異的幻想。不論其重於物質的享受，重於精神的慰藉，或重於幻想的寄託也好，但都是想找尋一個生命理想的最後歸依和答案，因展現在面前的自然現象和社會諸態，是奇妙而繁複的，是曠博而深密的，藝術家們爲了要替自己和人類尋覓一個完美的歸依境界，於是；便相繼的體驗與創作，並以各種形式和內容將其思想情感意志表達出來，希望人類去自動的走進那美好的境界之中，以解脫心靈的枷鎖和精神的桎梏，以與生動活潑的大自然融合爲一。

在藝術家的心目中，自然與歷史的悠久博大，原是培育藝術思想情感的源泉，不認清自然的偉大，不了解歷史的宏遠，那能有震古爍今的作品？所以稱之爲藝術哲學的美學，便有著所謂「自然美」、「歷史美」和「人生美」的分野界說：自然力之大，一切不能超出其範疇，即使今日的科學再發達，仍不能操縱氣候的變化，和證實測定太空的奇異現象和眞實距離；《莊子·大宗師》有云：「天道有情有信，無爲無形；可傳而不可受，可得而不可見；自本自根，未有天地，自古以固存；神鬼神帝，生天生地；在大極之先，而不爲高；在六極之下，而不爲深；先天地生，而不爲久，長於上古，而不爲老。……其爲物無不將也，無不迎也，無不毀也，無不成也。」道家的「天道」所謂：「天道運而無所積，故萬物成。」就是指自然的無所不包不容，同時也說明宇宙本體界（Notmenal World）與現象界（Phenomenal world）絕對存在和不朽。所以藝術家對自然的神奇偉大，要有更進一步的體認，所謂「自然」也者，有著「自成」（《廣雅·釋詁》）與「自是」（《莊子·秋水》）二義的別解。因此，自然現象是一種法則，並是一種不移定律的顯示。藝術家本此與自然融合爲一氣，與歷史結合成一體的精神而從事創作，當然會有高超絕妙的思想境界出現，古往今來，不朽的藝術作品，不但有著自然的氣勢和神韻，也有著歷史的精神和價值。

具有絕大智慧的藝術家，在了解自然現象和心理意識相互影響關聯性之後，他便能掌握住「天性」和「人性」的自然發展，也就是說，他以天神天道的善意和愛心，扶植和雕塑人性的眞實和完美，像但丁《神曲》的主題意識便是如此，哥德的《浮士德》，也有意的要將天神和人類的意志拉近，而將魔鬼（心中的慾念）刻劃得原形畢露而逐出藝術的門牆。再如班揚的《天路歷程》，傑克倫敦的《原野的呼喚》等，無一不展示出「人性」與「自然」的依戀嚮往之情。

作者時常在沉思一位文學藝術家，對宇宙自然現象，歷史價值意義，以及社會環境諸態等，是否都有一個明淨確切的體驗和觀察？然後再蒐集題材謹審創作，諒必能掌握時代動向和人類的心理因素，而付出崇高的藝術理念和熱情，相信定可贏得讀（欣賞）者的共鳴；可是事實上，除極少數藝術家有相當素養外（包括各類學術知識），多半均係出於個人的熱愛文學藝術而從事創作，對什麼自然現象，歷史價值，心理意識等基本知識，一概置之不聞，結果創作出來的作品，表面上雖然有其形式，而空洞的內容當不難發現，由之證實藝術作品絕非等閒之物，其必付出眞實的學知經驗與靈性，連其生存的空間和生活的社會型態都預先不加以辨識體驗，又何有深度的藝術思想和高深的藝術情操？須知一位受到崇敬和重視的藝術家。如畢卡索、梵谷、高更、魯奧，以及我國的金冬心、石濤、八大等人，在他們的作品中，都顯示出自然的眞實神偉，和人格生命的高潔充實，雖然有的個性狂狷怪誕，但其藝術精神感情的昇華，早已對自然、對歷史、對人類的心性，已有著獨特的認定和創見，甚至有的從人的生活境域提昇到神靈的化界；所以欣賞其作品，便是欣賞神秘詭譎的大自然，便是欣賞足以震懾魂魄，搖撼心旌而超乎世俗的太上靈台聖品。

徹底了解了自然現象和心理意識相因相生，互爲成長之後，而文學藝術的本質和精神，就是要摒棄人類七情六慾的毒葉莠草，阻絕物慾的侵犯和名利的誘惑。將病態的、頹廢的、反常的、狂妄的、野暴的、混亂的心理一掃而光！進而以自然的生生不息的常態心理，秩序與和諧的氣息，優美和善良的品德，大道與眞理的甘泉，引進心靈深處，發爲藝術的思想情感和意志，以創造和塑建眞實的藝術生命；使自然與人性密切的結合，使歷史與人類的理想並駕齊驅，到那時宇宙自然會變得更美好更和諧，世界上也到處流露出仁慈的愛心和開放著生命的花朵。

美學展示論

從事於文學藝術創作，經驗知識及藝術創作涵養固然爲其基本元素，但能充實創作內涵發掘素材與塑造作品靈魂，除創作者本身具備有完美的藝術觀外，尤其應該重視美學的原理與精神，始可保有作品的完整性而存世不朽。

有關美學的基本原理及其內涵，拙著〈論美學的功用〉，已有簡要的剖析，茲爲便於作家及藝術家有更深一步對美學的瞭解起見，特將作者多年研讀及蒐集有關美學的觀念論見與感受等，摘其要者分別輯列如下。這出自創作經驗與研究所得的美學論述，均係有堅實創作基礎及成就的詩人、哲學家、美學家、藝術家、文學家等精到之見，可供借鑑體會與參據，作者並分別說明，以能通透入裏，舉一反三，有所獲益。

首先我們要認識與瞭解「美學」的源起及其內涵，「美學」原係由哲學分支出來的一種藝術，自從休謨（Hume 一七一一——一七六）康德（Kant 一七二四——一八〇四）等人以迄現代，近世的哲學都偏重「知識論」，而「知識論」的根本問題，是如何瞭解宇宙事物的存在？因之這個問題便引起近代哲學家特別注意到「以心知物」時的心理活動。自後有的哲學家又將不屬於「知識」的所謂「直覺」一部份規劃於「美學」，而事實上，「美學」仍然是一種「知識論」，因爲「美學」在西文原爲 Aesthetic，這個名詞如果譯爲「美學」倒不如譯爲「直覺學」

恰當。以中文對「美」字的含義，是指一種事物的特質，而 Aesthetic 在西文中是指「以心知物」的一種最單純，最原始的活動。義大利美學家克羅齊（Croce）在其《美學》的開章明義就曾提到：「知識有兩種，一是直覺的（Intutive），一是名理的（Logical）」。他所謂的「名理的知識」就兼指有知覺與概念的存在，所以克氏的全部美學原理，均從「藝術即直覺」的定義中推演而出。

「美學」自成立之後，美學家也就因而相繼產生，不過各人有各人的論點；如英國美學家波山奎（Bosanpuet 一八四八——一九二三）在其名著《美學史》（The History of Aesthetic）中對美所下的定義爲：「美是同著感覺及想像的特色的個性的表現而爲其一般的抽象的表現。」再如主張「唯美主義」的唯美大師王爾德即認爲：「以美作人生的中心。故而應離開平凡的俗世，而追求人工的美的世界。」其所作的《莎樂美》即爲其代表作品。另如唯心主義的美學家（如克羅齊等人）卻主張：「美學應從美感經驗的分析證明藝術和道德是兩種不同的活動。道德是實用的，起於意志的；美感經驗是直覺的，不涉及意志的、慾念的。」由以上各種對美學的體認，便可得到一個結論，即：「美學是由感覺及想像中而產生出合於表現藝術精神，及屬於個性美感經驗的藝術哲學。」

談到古今中外不少文學家與藝術家，其在有意或無意間覺察到「美」對作品的啓發性及雕塑性，可從以下許多蒐集及摘錄語句中，以可發現「美」對觀感及創作上的影響力了。

歌德曾說：「美者，是元始的現象。雖未嘗單獨發現，而其光彩，於造物主的各種表現中間，都可以看出又和自然體一樣，是多種多樣的。」歌德是偉大的詩人，也是震古爍今的大小說家，而他對「美」的體認，實在是很深刻的。「美」的本身是由多種的形式與感觸所表現出來的，然大體上來說，又可分爲：⑴自然自身之美（即自然美），⑵表現於藝術的美（即藝術作品的美）。歌德的《浮士德》曾借浮士德口中說：「你可知道麼？這曠野中的變態，在我心地中創出的生力新鮮若何？……」從這幾句問話中的含義，不難看出其受「自然美」與作品人物的雕塑及影響了。故「美」的自然孕育潛力，足可構成其堅不可破的藝術觀。

佛爾西斯·培根（Francis Banon）談「美」：「成熟的美，才是眞美。」（The autumn of The beautiful is beautiful）培氏所說的「成熟的美」，想係人格的完整與思想的成熟，顯示其內蘊的充實，而外溢著智慧的光芒，其又似影射秋天果實成熟而閃出耀眼的色澤，其中美的意念深沉而厚實。

吉布蘭說：「美便是生命。」（beauty is life）此乃禮讚生命的眞實與偉大，並象徵著造物主的奇蹟，讓生命主宰自然與創造歷史。

席勒（Johann Christoph Firedrich Von Schiller 一七五九——一八〇六）說：「美學觀察的對象，不是內容而是形式。大藝術的特象，即在以形式消滅題體。」由席勒的話中，可以說明偉大藝術品是講求形式的新創，也是美學有關美感經驗的最好印證。

托爾斯泰說：「眞、善和簡單就是美。」因此可以想到文學藝術作品，應具備簡潔和眞實的條件，即在表現上應著重佈局的規律和內容的簡潔，以和諧和自然充實作品的內蘊，始可達到作品的完美境界。

德國哲學家薛林說過：藝術和自然一樣，環境全在秀美。它不但與事物以形相，使它們各具個性，還要進一步作畫龍點睛的工夫，使它們顯出「秀美」。「秀美」事物可愛。就因爲藝術先使它們現出向人表示愛情的樣子。薛氏所謂的「秀美」含有愛和歡喜的意識，因美是一種快感，所以英國文藝批評學者羅斯鏗曾有言：「你如果想一位姑娘顯得秀美，須先使她快活。」也就是這個道理。

大畫家達文西（Leonardo da Vtnei）說：「最美的人，顏面與身材的長度應成一與十之比。」此乃達氏的審美觀，當有其藝術的傳統秘訣和信條。

希臘哲學家畢特哥獨司（Pythagras）以爲：「美的線形和一切其他美的形相都必具有「對稱」（symmetry）」。因「對稱」係起於數學的關係，所以美也是一種數學的特質。而「對稱」更是「均勻」和「和諧」的別釋，美的事物講求「均衡」，否則，就是「美」的反面「醜」了。「醜」既談不上「和諧」與「對稱」，當然便要淪於「差異」與「雜亂」的醜陋境地了。

杜威曾云：「藝術是浸潤在經驗中的一種性質，而非經驗本身；美感經驗不僅是美感的，它包有許多外物和意義，這些外物和意義的本身並不是美感。但當它們組成一種極有規律的條理時，就變成美感了。」」是故，美感的自然組合，在於一種自然的程序和規律，如四季的遞變，星月的羅列，山水的依偎等，在在顯示美的程序和規律：並襯托出美的形相和內涵。

羅曼羅蘭也說過：「如果不要你的臉長有皺紋的話，就不要憂愁。」憂愁決不是美的象徵，美是快樂是欣悅的表示，證實羅氏對美亦有相當的體悟和素養。

西哲斯賓諾莎爲要將自己的生命加入大自然寧靜和諧的美的呼聲中，終於找到了人與宇宙所處的位置——阿姆斯特丹古堡，以便在沉思和充滿信心的歲月中，對生命和宇宙有更深刻的體驗和發現。

朱光潛爲我國研究「美學」的知人，他說過以下的一段話：「美不僅在物，亦不僅在心，它在心與物的關係，也是心藉物的形相來表現情趣。」有愛美向善求眞的心靈，透過他的靈性觀察萬物，便很容易辨識出美的眞實存在，中外很多文學藝術家，都是在這種由心藉物的形相表現情趣上，完成了其瑰麗雄偉存世供人賞閱的傑作。

愛倫坡對詩的理論，曾談到美的問題。他說：「詩是韻律的美的創作。詩不出於美的範圍。」由於愛倫坡對詩的論見，對後世美國文學批評的影響力至鉅，同時證明詩的創作，應講韻律與唯美，此乃爲千載不移的定律。然而，詩也是活的語言創造者，在文學作品中，詩永遠走在美和語言的最核心。

唯美大師王爾德對美更有獨特的見解：「認識一件東西的美，是我們所能到達的絕妙的尖端。」王氏畢生始終認爲「美學」應高出「倫理學」。最有趣的是他認爲「倫理學」好比自然的淘汰，使生存者隨自然而淘汰，而一切都在不自覺和默默無聞中。「美學」卻猶如雌雄的淘汰，使人生美麗奪目，生出多少新花樣，使生活得以進步而多變化。因此他更進一步作個結論：「等到我們達到美學目的的眞的學問修養時，我們已經到達聖人所夢寐求之的至善之境，到這至善之境，人就不會有罪惡了。」

對王氏這種追求唯美的赤誠和高論，也確夠世人遐思和嘆服的了。

休謨（Hume）也曾對美有一種說法：「美並非事物本身的屬性，它祇存在觀賞者的心裏。」休氏以美存於心的論點，固有其依據，然而美的感受，有時並不全然成爲一種抽象的概念，因事物的本身亦有其自然組合的美的顯現，反映到觀賞者的心目之中。

以上所舉列的各家對美學的論見，有的根據美學的內涵實質而推論，有的根據實際的經驗感情而作見證，有的雖未以其理論引起普遍的重視，然見仁見智，各有所長。不過，意大利美學家克羅齊是集唯心派或形式派美學的大成，在現代一般的美學家中，尚無一人比上他在美學理論所佔地位的重要，其全部「美學」都是從「藝術即直覺」定義推演出的說法，已爲當今大多數的美學家所默認。

「美學」既然與文藝作品有如此的重要性，但尚有不少的作家仍然不知「美學」爲何物？有時祇覺得作品是爲達到美的境界，或謂爲追求美而創作，而不需要研究「美學」的各種理論。事實上；此種態度亦無可厚非，如我國古時的大詩人和大文學家，祇憑性靈的啓發，外界景物的感染，便能寫出千古絕響的篇章。

美的啓示（以詩見證）

當日出天際，星輝隱沒，
那是一種謙遜的美德呈現。

當旗幟飄揚，雲湧四方，
那是一種意志的昇騰和力的展示。

當山谷靜默，海洋平息，天空無雲，
宇宙將調適它的運轉律程而使天地易色。

美，就在您的心靈中生長，
美，就在您的眼眸裡延伸，
美，就在您的生命線輝煌，
美，就在您的意志力茁壯。

米開朗基羅看到了這些，
達文西窺覺到了這些，
貝多芬也聽到了這些，
愛因斯坦也想到了這些，
於是就在不自覺中創造了自己，
也邁開了歷史停滯的步度。

當露滴灑遍了大地，
當夕陽攀登著群山，
當泊舟迎向朝日，
當枝葉吸吮雲霧，
自然的縮影便動了起來，
無處不交織著美的圖案，
將你我都藏匿在其間。

在地球的走廊上——
眾多的人類都在蠕動著，
有人在懷疑前路的坎坷，

有人在觀望後程的遲緩，
有人在披星戴月的疾走，
有人在迷戀途中的美景，
而神祇們也在喁喁私語，
該走的路卻爲何不走？

美是一種心感和直覺的調和，
美是一種意態和性靈的突破，
請不要再醜化自己，
請不要再任意裝作，
正如同花朵的自然綻放，
正如同羽翼的自然伸縮，
江水東逝，太陽西落，
南山種菊，北荒興牧，
美的形態不需雕塑，
美的靈魂出於自覺。

萬物俱浸潤於美的恩澤中，

如原野巨榕的根植濃蔭舒展，
如黃河急流形成的平靜渡口，
如調劑江水奔湧的湖泊碧波，
如點綴漠域的仙人掌和泉洲，
那被人遺忘的荒漠和絕域，
依舊日落月出，花開葉落。

愚公移山，陶侃運甕，
何嘗不出於美的自然寫意？
陶淵明採菊，王陽明格竹，
何嘗不是美的意趣投照？
當火山爆發，大地震裂，
當冰河解凍，日蝕月隱，
那極其正常的美的定律循環；
無非在洗滌人間的罪愆，覆蓋歷史的污點，
使大地再展現清流，人性再回復自然。

《砂之器》影片的美學藝術評價

日片《砂之器》是一部謀殺懸疑電影，以剝蕉和推理的手法處理整個故事。劇情一開始，便是一位退休警官的遇害，爲了尋索受害者的身分，警探人員的確忙得焦頭爛額，同時也給觀眾帶來一份好奇和驚恐的心理感受。

這部以闡揚倫理和親情爲主題的影片，是日本作（劇作）家的慣用題材，同時也是東方人傳統和現實社會心理的強烈寫照，今天的日本人能在工業科技方面顯露頭角，原是具有一份勤勞堅忍和不認輸的心理存在，以致在經濟上成爲強國。

然而，日本的文學藝術無形中也沾染了西方的功利主義的色彩，惟所不同的，其深植於人性和人道意識的文學傳統，有足夠的藝術潛力震撼讀者和觀眾的心靈。從不少日片和日本文學作品中可見端倪和內涵。

《砂之器》影片主角音樂家和賀英良（原名秀夫）其一生不幸遭遇，爲人嘆息不置，然於成名後，又不願與患痲瘋症的生父千代吉相見，其間雖有被其謀殺的退休警官三木謙一全力促合，但終於想置三木謙一於死地，而使其一段蒼涼的身世霧消雲散，以提昇其眼前既得的風光和地位，能與豪門閨秀結合，結果終於在警方鍥而不捨的追查下，以謀害兇手被擒，並受到法律的制裁。

值得受人尊重的退休警官三木謙一，平素爲人公正質樸，以其一顆善良仁慈的心懷，爲地方服務盡職，照顧貧苦患病者不計其數，對秀夫的家世瞭若指掌，尤其是六歲時因母死隨父千代吉流浪異鄉的悲涼景況，寄以無限的同情，因當時其生父患有痲瘋症，不但行路艱苦，且遭受風霜雨淋之困境，更有感同身受之憐憫，爲珍惜秀夫之前途，不使秀夫童年再增加不幸，經當地衛生所診斷建議，須將秀夫與其生父隔離，而秀夫父子情深，相依爲命，不願見生父孤獨一人自生自滅，不時以淚洗面，最後躲在牆角親眼看見千代吉以馬車運送痲瘋醫院途中的情景，悲痛的表情，在童稚的心靈中，早已蒙上一層生離死別的人間陰影。

《砂之器》的劇情結構嚴謹而細膩，對人性的刻劃極爲深入，而故事的曲折，每有高潮迭起，是一部富於推理而情節發展生動的影本，因爲情節採多方面的發展伏線，使人在懸疑的感受中，希望能有一個較爲合理的結局。從《砂之器》的原著採取其精華的部份而改編劇本，每個角色都有適當而生動的演出，其中如秀夫、三木謙一、千代吉等，以及東京警視廳的探員，各有其角色性格的演技。

尤以秀夫在以「宿命」爲主題的鋼琴演奏中，穿插童年的回憶景象，如隨父流浪乞討，遭人戲弄嘲笑，或在冰天雪地中作生命的掙扎，或老父幼子相抱取暖，分食殘湯剩粥，充分流露人間的天倫情趣，雖然是過著非人的日子，但至情至性的表現，不知感動了多少觀眾，和拋灑同情的淚珠。

最使人感動的，是秀夫富於各種不同表情的鋼琴演奏曲，正如同貝多芬的命運交響樂章，其悲壯處，日月失光，山河失色，風雲怒捲，草木含悲；其憤怒處，如雷霹電閃，大地震撼，迸發的生命火花，如同滿空流星，使人隨著低沉而昂揚的音樂，忽悲忽怒，忽喜忽怨；同時襯托出自然界之景色變化，春花、夏蔭、秋葉、冬雪，亦如同人生的變化莫測，心理的波潮起伏，命運的搏鬥抗力，無時無刻不給人們以一種感官上的激盪和震撼；在《砂之器》景面上的處理，無論外景內景，配合得極爲得體而自然。

因之《砂之器》影片，有東京交響樂團的全力投注與助陣，有攝影師在攝景美學上的審視與運用，有高度文學作品表現內涵與藝術價值的題材發揮，同時更有警探在命案中，爲求取線索而運用推理歸納手法的精巧表現等等，乃構成《砂之器》全片的藝術組合體的最大成就。想《砂》片能獲得國際影展九項大獎，當非倖致，這也是日片製作人和導演引以爲榮的主因。

誠然，《砂》片並非無懈可擊，如主角秀夫爲了出身低微，早年遭遇不幸，以及虛報戶籍，想掩人耳目，僅爲了後來的藝術成就與聲譽，或爲了有損自尊及與豪門小姐結合的想法，居然置風燭殘年於醫院忍受畢生痛苦的老父而不顧，且進而殺害有恩於他的善良退休警佐，對這種自私自利而自絕於社會的心態，非但與人類的善良天性有違，也不是一位大藝術家應有的抱負與心胸，而且在情節的發展中有違常理，實令人難解。

難道日本的文學家和劇作家，都是如此的過於走極端和重視現實嗎？三島由紀夫和川端康成，都是在世人疑惑中步入自殺之途，而文學藝術家爲了追求作品的完美，他應該有高貴的情操和悲天憫人的胸襟。然對《砂之器》男主角秀夫的所作所爲，即使發表的「宿命篇」主題曲再能賺人眼淚，但基於文學藝術作品在剖示人性和發揚人道精神的內涵表現上，並不是一個最終求眞向善唯美的意願完成！

《砂之器》影片在剖析人性和維護倫理的主題中，已有某些警世與勸人向善的意念激揚和藝術價值存在，惟值得顧慮的是，西方功利主義的思想氾濫，已浸入東方優良文化傳統的清流，一部文學作品或一部有藝術思想的影片，應該面對歷史並向歷史負責，同時更能展望未來而創造未來，帶給人類美好的希望和意願。

試觀古今中外的不朽文學藝術作品，不但能美化人生的情操，昇華人生的精神境界，同時更能啓示人生而創造人生。《砂》片中的秀夫有感於「宿命論」的認定和隱隱中安排，而竟不能及時以藝術家絕大的智慧作自我解脫，遑論其作品能流傳不朽和影響後世？

日本文學藝術作品，我始終認爲蘊含有「悲涼」和「浪漫」的色彩，可能先天受地域環境氣候的影響吧？而且在日人的觀念中，小國島民，既要表現與天然奮鬥的勇氣，同時也要維持自己的自尊，正如同以櫻花爲國花，綻放的時間雖然短促，但要鮮艷美麗，儘量放射生命的光輝，否則，稍縱即逝。以致從日本人的性格流露中，可以窺見全貌，亦如同其武士道精神，以「忍」字爲無上心法，非不得已，不流血五步，視死如歸，以求得榮耀與心安。是故，從藝術作品中，便可瞭解日人的心態和理念，以《砂之器》影片而言，充滿悲涼和浪漫的意味，也充滿自尊和哀怨的意識。

因爲自第二次世界大戰之後，日本人由慘敗和廢墟中重新奮發圖強，其國民的堅忍勤勞自不在話下，而又引進西方科技，自我建立工業王國，處處充滿日貨的響亮名牌而沾沾自喜，故而在電影藝術作品中，也顯示出其堅忍卓絕的國民風範和文化傳統，我們可以從其一系列的影片推斷，如《宮本武藏》、《七武士》、《幕府大武士》、《紅鬍子》、《俘虜》、《望鄉》

以及《砂之器》、《亂》等影片，無一不在本事和製作上，講求其富於大和民族色彩和藝術水準，且早已屬意立於一流作品而不墜。事實上，其影片也曾贏得國際藝術界重要的頒獎與讚賞，而日人對電影藝術的執著與苦苦用心，也是値得借鑑和重視的。

我總認爲電影藝術作品，除能表現民族文化精神外，最重要的是能表現眞善美的思想主題，和富有博愛與進取的意念和情愫。而時下不少富於娛樂性與刺激性的影片，雖也能風行一時，但卻不能留下觀眾心靈中永恆不滅的印象，當然也就談不上教化的藝術功能。

《砂之器》是部刻劃人性的藝術之作，更是另一部《阿信》不同角度的文學作品寫照，寫出人類遭遇的辛酸，寫出人性的光輝面和陰暗面，同時也寫出一部份日本人追求現實理想的悲壯和淒涼感受。《砂》片的處理拍攝過程，運用高度美學藝術手法與表現，處處動人心魄，感人至深，已發揮了電影美學的最佳效果。

附註：《砂之器》影片，係由日本作家松本清張之小說原著改編拍攝。

文學篇

論文學藝術與哲學

歷史上有很多研究哲學者，多數學者認爲文學與藝術，不宜涉及哲學的研究內容和範圍，其所以有如此的體認，主因乃爲哲學著重理性和智識的探討，而文學藝術本乎意象情趣的發抒，兩者在特性與本質上相背而馳，根本拉不上關係，縱有微少的關聯，亦僅係文藝作品創作前所透過的理性思考而已。

雖然杜威（John Dewey）所說：「哲學、文化現象之一，與政治、文學、藝術之各爲文化現象之一無殊。」但哲學家們總視文學藝術爲個人追求精神理想的心靈幻象，或一種基於個人情感意志的寄依和表達，而有失理性的探索和眞實性，因而文學藝術不爲哲學家所重視，所以西哲柏拉圖對詩人深惡痛絕，要摒絕驅逐詩人藝人於其「理想國」之外，以致影響後世哲學家對文學藝術的歧視。實際上，柏氏乃爲主觀意念的作祟，且其根本對文學藝術缺少眞知灼見。至亞里斯多德等人的潛心研證，已發現文學藝術的表現與存在，實爲人類美好理念的塑建，有助於哲學探討宇宙人生的情趣，進而體認文學藝術的本質，亦爲一種人生哲學的探求與建立。

哲學固有其研究的主旨和追尋的理念依據，但文學藝術亦爲人類精神理想的產物。歸根結底，其對人類生存價值及於宇宙間應處之位置，在直接或間接的意識上，應屬於相輔相成的哲學定則與藝術原理。因文學藝術必須具有哲學的智慧和理念塑性，才能充實藝術的內涵和光輝，而哲學也必得依持文學藝術對人性的剖示和提升，才能創造生命的眞實價值。有了這樣的認識與意念，便形成他文學藝術的哲學觀，也就是說：哲學便融合了文學藝術的創造質素，而凝成一體的哲學藝術論。

關於哲學的釋義，中外哲學家各有定見，綜合其定義，即：「哲學（Philosophy）譯爲『愛智』之義，研究宇宙萬有之原理原則之學也。」西洋先期的哲學家，在求「愛」與「智」的獲得，以「理性」（Reason）爲至高無上的人格精神流露。而「理性」係泛指思考能力與意知性向，而別乎情感、意志、想像等。因之；哲學一詞，實際上就是利用理性求得知識的一種學問。例如康德在「純批判」中所肯定的「理解世界」（World of understanding），便是典型的西方哲學思想的源流脈絡，認爲唯有具備理性智識的基礎之後，才可以使人類得以瞭解客觀世界的本質，同時更藉以窺察客觀宇宙的各種奧秘。試想，哲學的立論定義如此，當然與以「感性」爲基礎的文學藝術，實有其理論上的距離。正如同一位在試驗室中的物理學家，要他以實驗的公式繪畫作曲，或撰寫文學作品，所得到的後果是可以想見的。

談到「理性」是不是有助於文學藝術的思考與創作呢？這個問題，在諸多哲學家的著述中，也有許多討論到這方面的定見；如成中英先生在〈從哲學看文學〉一文中便提到：「哲學家中自然也十分重視文學和藝術之價值的，但哲學家肯定文學與藝術的價值，往往仍是基於理性主義的立場」。文學藝術固然有時是屬於情緒的自然表現，而不經以理性的思考和壓抑，往往有失於藝術的眞實與美，故理性乃爲經驗與判斷後的自覺與肯定，對促成一件完美藝術的作品有著意想不到的功效。

哲學家的思維和心境，在求得存世的眞理與眞實，文學藝術家的思維和情緒表現，在求得人生與自然界的和諧與美妙。哲學家深信宇宙之中將有一定的法則，以支配一切的自然現象，文學藝術家卻認定唯有求得心靈的慰藉和情緒表現，才能充實人生而美化宇宙。哲學家往往以律則、以意識、以理性、以人格、以觀念等，作爲人類處於宇宙中的應得價值與意義，而文學藝術家以性靈、以情感、以意志、以境界、以思想等，作爲發掘人性而超然物外的憑藉。故兩者的理念與動機實爲一致，殊途而同歸。

一位富於哲學思想的文學藝術家，他所沉潛的藝術境界，必定是溶納了理性和經驗的素質，而淨化成一種合乎邏輯合乎律則的藝術心境，使其作品深入人心而成爲不朽。如杜甫的：「星垂平野闊，月湧大江流。」以及陶潛的：「山氣日夕佳，飛鳥相與還。」無不充溢著自然界的美趣而融入玄妙的哲思。西方哲學重於「理性知識」，對世事世物，存有懷疑的態度，故必須經過理性的判斷和知識的驗證，然後才可以獲致眞理的實象，對藝術認爲係形而上的產品，因之便有所謂「理式」（Idea）和「模仿衝動說」（I Mitative I Mpulse Thegry）的論點，菲薄文學藝術創作，或戲嘲文學藝術作品的膚淺。而其所珍視的爲追求眞理的哲學和科學，適如揚雄所說的「雕蟲小技，壯夫不爲」的道理一樣。事實上，文學藝術畢竟是人類性靈的自然反映，但對人生的一切關係遠超過哲學科學對人類的貢獻，所以近世的西洋哲學家，已漸漸放棄古老哲學的論點，而對文學藝術有著更進一步的認識，因爲在哲學上所追求的事物眞相，有時卻能藉文學藝術得到補償和發現。西哲柏格遜在論拉魏孫（Ravaison）的哲學觀有云：「拉魏孫的全部哲學係從一個觀念導演出來的；這觀念是：藝術乃形而上的反映。憑此一觀念此一直覺施以不同的運用，產生了深奧的哲學家和偉大的藝術家。」柏氏所以有如此的說法，乃闡明藝術實具有偉大的眞理存在，這種眞理包容了道德倫理的觀念，人格精神的流照，人性的眞實塑型，宇宙秩序的和諧完美等等，都是哲學所追求的標的和道理，而在文學藝術作品中都涵納而表現無遺。

說到我國的哲學，從先秦諸子的學說中，你可全然瞭解，如儒家的「天人合一」哲學思想，老莊哲學的「眞人眞知」觀念等。「以窮理盡性」和「無爲有守」的樂天法天思想，置身於宇宙冥合，神人共處，天地並存的有我無我境界之中，對萬物的看法，採取「皆備於我」和「心存宇宙」的哲思，所以便產生了一種「天道」和「太和」的觀照，同時更認清了「中一」和「自然」的心法，故能置身於紛繁的事物變化中而心神如一，遭受頓挫拂逆而泰然自若。尤其再加以受到佛家思想的「悟」和「覺」的慧心感化，便成爲一種得天獨厚的中國哲學思想，其中以儒家的「明德至善」的人文哲學境界最爲高博深厚，且淵遠流長，影響我國文學藝術甚鉅，較之西哲的所謂「絕對精神」（黑格爾）、「知性的愛」（斯賓諾莎）等觀點更爲深入而完美。哲學一向爲各種學術的前導，也是最爲人所不易瞭解和接受的人文科學；因其有高深的哲理，有玄奧的觀念，且屬於精神思維領域的學問，使人難窺睹其堂奧而優游涵泳自如。

對於哲學的實質及引用範圍頗廣，諸如「宗教哲學」、「倫理哲學」、「道德哲學」、「社會哲學」、「科學哲學」、「政治哲學」、「歷史哲學」、「藝術哲學」等等，幾乎每一種學術，均有其哲學內涵與理論依據。哲學所包含的學理及研究的對象亦極浩繁。所以依持哲學論點者，又有所謂「宇宙論」、「本體論」、「認識論」、「知識論」，以及「理性論」、「經驗論」、「實效論」等，因此其派別繁多，使研究者心花撩亂，難以下手，但歸結其所探討的範疇，不外對自然、對社會、對人生、對歷史、對人類心靈、對全體現象界的本質有所瞭解和認識而已。故有的持「唯心論」去深入瞭解探索。有的從「唯物論」去分析探測。也有的由整個人類的文化歷史中去發掘和驗證。不過比較中肯的論點，咸認「心物一元論」乃爲客觀的哲學思想，其不似「唯物論」的偏激論斷，「唯心論」的過於玄奧抽象。因之；便有國父孫中山先生的「民生史觀」哲學偉論的誕生，實爲古今中外哲學思想的一大創見，較之往昔各家哲學思想的唯吾獨尊，或抱殘守缺來得精確而廣博，且最具我國哲學傳統的眞實價值，和現代人類思潮共同趨向的精神修爲與生活境界。

由以上論點觀之，文學藝術所依持的哲學觀，應由從事文學藝術者的本國歷史文化中去認定與建立，這其中關係著各種不同的文學藝術的哲學可塑性而言。即以我國而言，從全部歷史文化的成長過程來看，「心物合一」的哲學思想，原爲文學藝術哲學觀的豐厚創見和遺產，而我國歷代文藝創作精神和不朽作品的留傳，實與先聖先賢的哲學思想息息相關，其境界的高遠，寓理帥氣的廣博，仁愛思想的流傳所及，已成爲東方文學藝術的典型代表！不論在文學、繪畫、音樂、舞蹈、雕刻、建築、器皿、飾物等各方面；以內蘊、以氣勢、以格調、以塑型、以澤色、以風采，無不含有東方哲學的意味和藝術情趣，例如文學作品中的詩經、楚辭、漢賦、唐詩、宋詞、元曲、明清小說等，均蘊孕著儒道的哲學思想和人文精神，如由宮闕或民間製作流傳的樂曲和舞蹈，亦含有天人合一的神韻和風采。另外如敦煌石窟的壁畫，以及浮刻的照陵六駿、精繪清明上河圖、各式輝煌典麗的圖騰和建築等，雖歷時久遠，抑或存有宗教色彩，但如能詳爲考據，便可發現中國的文學藝術作品，都能表現出神人共處，萬物和諧並存，充分顯示著生生不息的古老哲學意識，在爲繼承的後世宗祧留下絕佳的精神典範和生活觀照。

從事文學藝術者不能沒有哲學的依持和宗奉，哲學是思想意識的主宰，哲學是知識行爲的準據和基石。因而能在文學藝術上有傑出成就者，一定有其哲學思想的憑藉與塑建。否則，其作品僅屬於美的外形，而無眞實的本質與靈魂！文學藝術作品固然得之於情感的表現，同時更得之於思想，得之於情緒的衝動和理智的抉擇。斯賓塞（Spencer）曾說過：「感情要素對於思想系統之起源有重要的關係，或者甚而至於與理智之重要相等。」所以情感與理智互爲調節刺激，而以哲學思想指導，便建立起完整的藝術觀。也唯此，始可保有固有的文化傳統，並能涵納與接受現代新的思潮和創作題材。

目前西方有不少文學藝術家患上眼高手低的毛病，並深受各種思想流派的影響，如存在主義哲學，佛洛依德學說、超現實主義等，而又不願面對現實，不願接受傳統的遺緒而標新立異，於是便藐視宗教，厭棄戰爭、突破生活意念成規，並進而追求物質的享受，自創教派，企圖擺脫社會秩序和法律的約束而過著自生自棄自滅的生活，尙美其名爲現代新潮派，爲尋求自我解脫而洋洋得意，以致變得虛無孤寂，或影響青年男女失卻自尊而終日混混茫茫，雜交遊蕩，無所適從。溯其主因，不外部份西方文學藝術家的作品失去完美的哲學意念，藝術質素亦隨之受到破壞，在在迷失了其靈明的心智，腐蝕了純情眞性，再加以唯物論者共產思想的流毒侵入，對維繫人類性靈助長向生意志的文學藝術，消失了創作的意趣，否定了生命的價值，使原有高潔的藝術理念蕩然無存，進而淪於黑暗痛苦的深淵而不自知！此乃西方世界所面臨的精神浩劫，而使原有的文化與物質文明亦爲之蒙塵！

哲學既然與文學藝術的創作有極密切的關係，當然應該爲創作者所重視。而哲學思想的建立，首先應認清哲學爲何物？前面已經提到過，哲學爲研究宇宙萬有原理原則之學，亦即「窮理致知之學」。故而文學藝術家，不論是以語言文學符號撰文成詩，或以音律色彩構圖作曲，必得認清自然現象和宇宙法則，都有一個眞理的存在。換句話說：就是人生與自然的關係，乃爲相因相襲，互爲表裡，相輔相成，生生不息。一切以其定律法則去實踐人生的本務和理想，決不可背逆軌跡常態而行。明白了這些，進而探求其眞理，尋覓其意義，發掘其奧秘和資源，以利用厚生，達到「和諧的生活環境」，建立「完全的社會秩序」，創造「永恆的生命價値」，以上便是一個現代文學藝術家哲學理念的形成，本此理念發抒靈知，透過理性，而非情感表達的，意志歸依的去創作有生命的作品，始能呈現其光采而流傳不朽。

總之；我國古代文學藝術作品講求的是「文以載道」的精神，而「道」就是一種完美的哲學意志，同時也是發揚人性，提昇人格的心法。是故，道即文學藝術精神靈魂的至極表現，能本乎「道」的精義創作，就是有著仁愛思想，有著人性光輝，有著時代精神的哲學思想，更爲促進倫理、民主、科學本質的前導。寄望一味拾外人牙慧，走西方文藝派別思潮路線的作者們，能突發猛省，重視現代人類心靈生活的眞正需要，創造出有完美固有哲學思想，有時代戰鬥精神的作品，去滋潤這一代成長的年青人，使其能在自尊自立自強的國度裡，健全自己和貢獻自己。

我對中國文學的體驗

在有生之年，想與文學脫緣，恐怕是不容易了。

我也知道，性近文學的人，他必是個感情豐富者，更是個守正不阿和明辨善惡的君子。然而，粗疏愚庸如我，何敢言及以文章報國，寫成千秋不朽之篇章，或如古代人才自謂已握靈蛇之珠，自抱荊山之玉的那種宏言偉論。我之酷愛文學，無非身處亂世，旅途坎坷，有感必發，遣情寄性於詩文，以澆胸中之塊壘，以清神志與用慰心靈而已！

正由於身處戰亂年代，舉目一片烽燄狼煙，我古老的中國大地，無時無刻不在遭受異族的侵凌和國賊赤禍的破壞，自滿清末年的喪權辱國，接三連三的不平等條約，使我國受盡列強的剝奪，加以軍閥和日寇的割據蹂躪，生民塗炭，使善良的中國人在動亂中背井離鄉，家園破碎，而赤禍縱橫，動我國本，毀我文化，多少人被關進暗獄，多少人被鬥爭殺害，自那時起，善良的同胞，心靈被層層陰影籠罩，錦繡的山河血跡斑斑！因而，每個人都在恐怖的日子裡惶惶不安，過多的悲痛和感傷，從面龐上流露出來，那是中國人史無前例的劫數，歷史的陰暗面由北而南，漸漸沉淪於赤流的罪惡淵藪！

於是，許多流離失所的孩子，忍悲含淚，投入軍旅，走向救亡圖存的征途，白晝在陽光下演習操練，黑夜便藉著月色燈光，寫出他們的遭遇和感觸，跋涉在泥濘中的腳步是沉重的，掩埋在風沙中的面孔是激揚而悲壯的！以左手舉槍右手執筆的豪情，在漫長的人生旅途渡過，而寫下的日記和詩文，其情思眞純，意念自然堅強，思想益形忠貞，因爲那組合的文字和色彩，是血汗的結晶，是義理的凝合，是靈魂的呈現和迴響！那時，在純潔的心靈中，無所謂文學的概念和定義，無所謂藝術的原理和流派，祇可說是想到就寫，看到就畫，而表現的內涵和形式，或有粗糙和疏陋之處，但其眞樸純一，卻也賺人不少熱淚和同情。

文學之陳義甚高，內容無所不包，能作時間考驗的作品，首重民族風格之塑建，時代精神之映照，以及整體生活之普遍感受與重視。誠然，對那個時代人性動向之描繪，心理意念之反射，生命價值之評估和創造等，都是文學作品的取材和主題焦點，有心人當能體會到此點。於是，熱愛文學與藝術者，其生活乃得以充實，心胸乃隨之拓展，尤其是在顚沛流離的遭遇中，其作品才更有深度，也才更能寫出生命的悲苦與歡樂。

從整個的人類歷史去觀察，中國是一個多難的國家，中國也是一個最能忍受苦難的民族，天災人禍和戰爭，都在中國的大地上進行，所以做一個中國人，已先天性的具有承受苦難的抗力，而且在容忍苦難之中，以持志養氣守節爲自得，這裡偉大優美的民族性表現，在歷史上屢見不鮮，同時一個富有思想見解者，最易接觸文學與藝術，再就是歷史與哲學，如我國大史學家司馬遷，其所以能鑑古知今，每有警語箴言傳世，爲後人所尊崇，便是司馬遷能深入民族文化精境，確認自然法則之定律，且剖析人性之內蘊而作最精闢之自白。因之，司馬遷在〈報任少卿書〉中有云：「文王拘，而演周易；仲尼厄，而作春秋；屈原放逐，乃賦離騷；左丘失明，厥有國語；孫子臏足，兵法修列；不韋遷蜀，世傳呂覽；韓非囚秦，說難孤憤。詩三百篇，大抵聖賢發憤之所爲也。此人皆有所鬱結不得通其道，故述往事，思來者，以舒其憤思，乘空文以自見。」由以上每句話語和譬喻看來，便可瞭解凡是有作爲者，非遭困境，非至生死攸關處，不足以展露其才華，發揮其生命潛力，而文學之泉源，其得自生活與自然，得自靈明的感悟與智慧。是故，文學作品係因人而發，因事而發，自然而然的流傳於世，使閱讀者得其苦樂悲喜而引起共鳴。

記得有位作家曾說過：「沒有詩的民族是野蠻民族，沒有文學的國家，是極其冷酷而無發展和希望的國家。」如果仔細的思索和瞭解，那是很有道理的。因之，文學是應人類生活和思想的需要，而自然形成的一種以文字表現的產物，不論時間和空間如何的久遠和曠闊，凡是認識各種文字的人，凡是有生活情趣者，他最樂意接近的是文學作品，正如同自然界的山川花木，雲霞光霧，都充滿無限的生氣和美感，而文學作品亦如是，最能呈現出人類的性情，生命的韻律，以及思想的光波和生活的景觀。劉勰在其《文心雕龍》神思篇就有以下的感觸：「文之思也，其神遠矣！故寂然凝慮，思接千載；悄然動容，視通萬里；吟詠之間，吐納珠玉之聲；眉睫之前，卷舒風雲之色；其思理之致乎？故思理爲妙，神與物遊。」人爲萬物之靈，見景觸情，懷古思今，無時無刻不心存宇宙，感念萬端，文學作品能流傳不朽，在其優美情愫歷久醇濃，意念歷久愈新，思想歷久彌堅，亦如雲峰深澗，永呈新姿佳境，視之高妙絕倫，使人難於忘卻。

我國文學作品，自詩經以次，其間演變甚多，如樂府、漢賦、唐詩、宋詞、元曲、明清戲劇小說等，雖形式不一，惟文學表現思想內蘊，均以天地人事爲取材之準據與主題；其中有著濃厚的人文思想，更有法天敬地的哲學感觀，所謂皇天后土，人傑地靈，懷德厚生，均明顯的指出中國人溫柔敦厚和仁慈悲憫情懷，即使男女間的愛情，亦以靈犀相通，髮膚之親，相敬如賓的親溫之情，維繫優美的倫理觀念，組成和諧的家庭制度，以致中華倫理文化得以永久保存。

談到中國文學的發展，漢唐乃爲經典文字的主流，韓愈和柳宗元的儒家思想，使其文學作品充滿仁厚中庸之道，因其講究孔孟的忠恕德性，致文辭莊穆穩健，內容闡揚忠君愛民之風，讀其詩文，義氣雄渾，神鬼爲之驚泣。而魏晉南北朝諸大家，漸趨向自然與田園生活的感受，充溢隱遁出世思想，至六朝以下，文風又急轉至侈靡悲切之境，雖有佳章出現，但終難爲我國文學之正宗。後至蘇東坡、歐陽修、黃山谷、陸放翁等人，由於思古幽情與戰亂頻仍之交感，乃重振大國之文采遺風，故所作詩文，有憾山懸河之慨，實爲中國文學最燦爛之年代，雖有李杜兩大詩人作品華彩照射於前，但論及能深入國脈民心者，而宋元兩朝諸名家之作品，最能引發後世人明禮知恥之風骨，明代以後的作品以傳記小說戲曲居多，西遊記與紅樓夢兩巨著推出，是使中國文學再度邁向新境，成爲舉世聞名的文學精品，其成就自不在水滸傳之下。

總之，中國文學之偉大成就，兩漢和唐宋，是奠定文學作品之磐基，而明清又集中國文學承先啓後之大成。自西風東漸，文學流派相繼傳入，不少時髦作者，置既有之文學遺產於不顧，盡走西方創作路線，其間雖有使人側目而有才華的詩人作家，但畢竟總是少數。因此，不倫不類的作品堆積如山，眞如外披華錦而內裹敗絮，或視之如同西方名著，讀之則其味如同嚼臘，溯其主因，失卻國風民格，致血胤不純，精髓溶解，有志文學者無不痛心疾首。

中國文學應蘊含中國文化，中國文學應表現中國思想，中國文學應抒發中國人情感，中國文學應具有中國人性格，除此而外，不能算是中國文學作品。西方文學作品，雖有其源流歷史，有其民族精神靈魂，有其風格特性，然畢竟不是國產，其創作技巧可供借鑑，其主題內涵則得自國有，非此乃不足以言中國文學。張道藩先生曾說得好：「一個作家應該從理智中產生作品，要用現實的形式，站在民族的立場，創造我們民族的文藝。」張氏雖已作古，但其畢生爲提倡民族文學而努力，其言中肯，實令人敬讚不置！

作爲一個中國作家，處此西風激盪，國際動亂不已，局勢瞬息萬變，眞理正義時受考驗，自由人權時遭破壞之際，尤應堅守固有民族文化，確立民族文學之標竿，以如椽之筆，寫出眞正有內容有氣勢的中國文學作品，以禮讚人性和歌頌人道爲本，爲億萬中國同胞追求民主自由的心靈而寫，爲延續中華文化的命脈而寫。

文學與人性

文學作品之所以感人至深，偉大的作家之所以爲世人所欽敬，自有其不同凡響的藝術情操和風骨。因文學作品所表現和追求的，是人生的理想和人性的剖析和昇華，文學如果離開人生和人性，便沒有潛移默化的藝術功能與價值了。

英國的莎士比亞，中國的曹雪芹，都是極傑出的作家。莎士比亞的戲劇，曹雪芹的小說，歷經無數喜好文學者的研究和介紹，綜結其共同的認識和定論，莎曹二氏的文學藝術觀，乃在反映歷史，反映自然和反映人性，其中以人性（human-nature）的反映和觀察，最爲深入而客觀，本來人性二字釋義，簡單的說：就是人類的本性和屬性，包括性情和品格的多種特質，如好與壞，善與惡，美與醜等等。由人性的善惡而表現於文學作品中，再加以刻劃分析，或藉暗喻諷刺啓示等手法，以構成一個故事中人物的典型，便形成使人百讀不厭的文學作品。莎士比亞的悲喜劇中，有不同的角色出現，而且也是描繪不同人物的心態反映、情節發展、對話動作等表露無遺，便給讀者和欣賞戲劇者留下極爲深刻的印象。莎氏的作品在在表現「人生如戲」和「人生如夢」的人生寫照，如其喜劇《仲夏夜之夢》、《無事煩惱》、《如你喜歡》、《第十二夜》等，其創造人物的典型，和想像力的超越，不禁使人驚異和嘆爲觀止。再如悲劇《哈姆雷特》、《奧賽羅》、《李爾王》、《麥克俾斯》等，是歷史人物的復活，也是對歷史的批判和啓示。因而，莎士比亞以傑出詩人的情操，戲劇家的對人生觀察力，以及哲學家和藝術家的卓越智慧，寫出流傳不朽的文學巨構。

寫有人性的作品實非易事，必先瞭解時代背景，社會結構，人類心理的反映和心態的變化，是以寫歷史、寫戰爭、寫愛情、寫悲苦的遭遇和圓滿的歸依，甚至寫宗教、寫革命、寫自然和社會景物情勢的演變，也無不依據人性的接觸面和感受面去描繪與刻劃。是以沒有人性的存在，當然沒有物性的感應，又那有文學藝術可言？

缺少人性的作品，便沒有人道的光輝，也就是說沒有眞情和眞理的內涵可供追求，文學離開人性，乃一潭死水，一塊荒土，一堆枯枝，毫無價値和意義。懂得人性的作家。他自有一套人生哲學和藝術觀，自有不枯不竭川流不息的創作源泉。海明威寫《老人與海》、馬奎斯寫《百年孤寂》，如果不捉摸和深入剖析人性的奧秘，不觀察自然界與人性的相互影響力，恐怕其作品毫無可讀的價値，也談不到對人生深遠的啓示作用。

人性深藏在每個人的生理與心理之間，人性的發作如洪水猛獸，如雷霆萬鈞，如萬馬奔馳，如百花盛開。但人性亦有時受到神性的牽引和主宰，受到物性的引誘與迷惘；最可怕的是人性的沉墜而淪爲獸性，那就不可收拾了。但丁寫《神曲》，哥德寫《浮士德》、班揚寫《天路歷程》、史坦達爾寫《紅與黑》，都將人性與神性連在一起，或將物性和獸性企圖闖入人性的殿堂，所以分成「天堂」、「淨界」、「地獄」三個界域，人性的昇華而成神性，人性的下降而變獸性，在在使得人性要保持正常的發展，受理性的約束、受靈性的陶冶、受道德的淨化、受法律的制裁、受神性的感召，如此人性的成長和演化過程才能持久，才能發出光芒。

深入人性的瞭解，不是件容易的事，必須先瞭解自己，而能剖析自己和戰勝自己，否則，何能瞭解他人？同時對歷史的演變，自然的法則，社會形態和結構等，均應深入觀察，因之，文學家須以慧心銳目去認識、辨別和鑑定，然後才能寫出感人心弦的時代作品，也才能發揮人性的光澤面，而不致被人性的陰暗面所遮蓋。所以說，文學和藝術的創作原動力是基於人性的驅使，並作人性的淨化，最後才能呈現靈性的花朵和光輝。

中國文學的自然觀

五四文化運動興起，帶來中國知識分子的思想無限衝擊，是歷史上一件大事，其影響所及，使中國文化有一次再省思和再認定的機會，而民主與科學亦非西方所獨有，祇怪中國人守本和自恃的觀念不易轉變而已，故有識之士咸認以「中學爲體，西學爲用」，以致多少年來，西潮東漸，醉心西方文化而漠視東方文化者大有人在，即以文學藝術而言，動輒爲西方理論技巧而奉爲圭臬，且樂此不疲，誠屬怪異現象。

言及文學藝術對人類的生活思想，乃有著極爲重要的影響力和親和感，因人類性近自然，情尚美感，原有一份追求自適和眞理的本質，任何學理和定則也難以否定，適如日月的運行，時序的遞換，生命的興替等，在在潛存於人類的意識和觀念之中，故多少中西大儒每有論及，任誰也不容忽視和轉變其眞實法則。

由五四運動而波及的中國文學內涵和創作，乃爲本文論列的重心。平心而論，中國文學自有其創作的定則和風貌，雖然五四文化運動的影響而推陳出新，但終非中國文學作品的靈魂表現，是以中國文學的自然走向，應以中國的歷史文化爲軸心而輪轉和邁進，絕非西方文學思潮波及而能開闢捷徑和新境。

論到中國文學的創作觀，不得不從中國歷史作家的作品中去洞察和研究，如歸結中國作家的創作動力，不外乎自然、生活、思想三者的相互激盪和影響所致；其中以中國文學的自然觀爲首要動力，沒有自然界的一切變化景象，就沒有生活和思想的演變。有人曾說：「西方文化是人爲的征服自然文化。」確有其有力的根據。但中國文學的自然觀，乃爲人性所使然，雖也有人爲的因素包容其間，然不是征服，而是一種順應和調適；白居易在〈與元九書〉文中有云：「夫文尚矣，三才各有文，天之文，三光首之；地之文，五材首之；人之文，六經首之！」又云：「上自聖賢，下至愚騃，微及豚魚，幽及鬼神，群分而氣同，形異而情一，未有聲入而不應，情交而不感者……於是乎孕大含深，貫徹洞密，上下通而氣泰，憂樂合而百志熙。」白居易原是一位很平實而重視現實需要的文學家，他能體悟「天人合一」和「自然一體」的文學思想，換句話說，他既能重視自然現象，又能兼顧人類心理的變化，因而其詩平易感人，自然眞切。

由於自然界景物的感染，始觸發人類對自然的禮讚和依歸，同時沒有自然也就沒有美，而自然界的色光聲韻，尤其能給予人們以神秘和欣快的感受。如李白的「眾鳥高飛盡，孤雲獨去閒。」杜甫的「星隨平野闊，月湧大江流。」李嶠的「樹接南天近，煙含北渚遙。」等句，皆是取自自然而用之自然。是故，懂得欣賞自然和接近自然的人，除保有一份純眞的性情之外，且能在不斷的感悟中充實自己的生命力。

從古今中外的不少文藝作品中，可以窺覺到自然界構成作品內蘊的主要因素，如貝多芬的「田園交響樂章」，米勒的名作「拾穗」，以及梭羅的《湖濱散記》等等，實得之於自然之賜。所以文學家波普（Pope）說得好：「無訛的自然，永遠神聖純一，是清明不變，普照寰宇之光，投射萬物以生命，以力量，以美麗，也是藝術的本源，目的與考驗。」

自然與文學始終結了不解的緣分，因爲在自然中既然有我的存在，同時也有「無我之境」，所以王國維曾說：「以我觀物，故物皆著我之色彩。」是以文學家因不滿於現實的功利和紛爭，故有回歸自然之意願。試觀中外名作，沒有一部偉大的作品，是離開了自然的純樸和美好的界域的。曹植的名作《洛神賦》，孔尚任的《桃花扇》，以及曹雪芹的《紅樓夢》，無一不置自我於大自然的變化之中，祇不過能在大自然中認清眞正的自我而已。回溯自五四運動以來，作家們的筆鋒便從自然界指向現實的社會，因而反映出社會的百態，有時使人觸目驚心，甚至反映出陰暗和醜惡的一面，昔日的人性善良一面，與天地同參而化育的美好理想，往往就被抹煞，就被醜化。因此，我們應認清文學的眞義是什麼，文學作品的內涵應如何充實？文學作品應能通解萬物之情，點化萬物之境，使自己的心胸能夠海闊天空，以人性的良善突破物性的禁錮，回復一股純情的眞摯，回復人性的眞實。

在文學作品中，凡是描述人性眞實的作品，可以說都是以自然的新陳代謝，生長茁壯，順應達變，來剖析人性的自然發展，以求得人性的無比彩華和光輝，這與老莊的自然界就是人性界，儒家的仁愛就是本性，佛家的普渡就是超昇的理念，實殊途而同歸。所以說一位作家的理念，一定要有所本，因爲文學作品就是精神活動的產物，千萬不可僅憑虛幻的想像，作海市蜃樓的無依架構，而給予讀者的是空幻的夢想，如此，又何能發揮文學的偉大功效？

目前，我們所需要的時代文學作品，是遠離功利主義的現實文學，是捨棄幻象夢想的無根文學，是唾棄無病呻吟的悲苦文學。而眞正需要的作品，是深入時代而能開拓理想境域的文學，是啓示人性樂觀進取的文學，那必是在人生界和自然界的深層挖掘，因爲大自然界有其尋覓不盡的眞理和規律，有其生命的內涵和生活的寶藏，同時更有取之不盡的生活知識和用之不竭的歷史經驗，以及完美的人格和大我的德性。

談文學批評

文學作品之影響世道人心既深且久，而眞正偉大的文學作品，往往不爲當世所重視與流行，實因識者與行家不多，而其潛移默化功能，非經過時間的驗證，廣大讀者心靈的感受，以及以極客觀中肯的剖析，始能證實其藝術價值，由古今中外不少名著探研，當可發現當時作者的苦心經營，智慧的結晶，絕非一個短時間的閱覽和觀察，便可遽作定論。

誠然，文學作品之所以流傳不朽，乃得其思想結構的完美，性靈的眞實與瀟脫，情感的抒發自然而深入。換句話說：就是人性的描述刻劃入微，人道主義的發揮極致，使人類的生命層面不斷提昇，使人類的靈魂不斷爆出火花，照耀時代和歷史的軌道，並指引人生應邁向的前路和遠景。因此，文學作品的能否感人？能否存之永久？全賴歷史讀者發出的心靈共鳴，認其爲已寫出自己心中的理念和感情，寫出動亂時代人類的血淚史，寫出夢寐以求的人生境界，寫出尚未發出的喜悅言笑和痛苦的呼聲，寫出每個人的不同心境的感受，寫出不同凡響的人間眞理和接近神聖的金玉之音。適如葉燮在〈原詩〉所云：「可言之理，人人能言之，又安在詩人之言之，可徵之事，人人能述之，又安在詩人之述之，必有不可言之理，不可述之事，遇之於默會意象之表，而理者無事不燦然於前者也。」如此足以說明文學家的一枝彩筆，上達於靈霄，下穿於泥塵，縱橫四表八荒，透視中外古今，且深入人性心靈，以撼天動地驚神泣鬼之藝術才情和文學思想，爲時代立碑言，爲歷史作見證，爲人類吐心聲，是謂不朽之文學經典，何能輕視文學藝術？何敢再言雕蟲小技而爲壯士所不爲！

文學家不同於一般人者，在其文學思想和藝術生命的創造，也就是說作家是有其人生哲學觀的，因爲人是有思想有情感有靈性的動物，不僅是爲了生存而生存。是故，稱得上偉大的作家，其文學創作必融化了對生命價值的批判意念，和對生活態度的所持哲學藝術觀，同時在探討可資遵循的自然法則和生命定律，正如同哥德的文學思想，便受到哲學家斯賓諾莎「汎神論」和萊布尼茲「宇宙論」的影響，另如托爾斯泰的《戰爭與和平》和班揚的《天路歷程》等，受到基督教義的潛移默化，曹雪芹和施耐庵、吳承恩等人，也顯然受到道家和佛家思想的薰陶，故在其作品中始終有佛道思想理念的輻射和游移作用，以規範人性的突破和無依，這種潛在的藝術哲學主宰，得以使其創造的人物個性，在合情合理的原則下，不但迸發出生命的火花，且更賦予性靈的光輝，而使作品栩栩欲生，多采多姿。

文學作品之所以流傳不朽，與贏得後世人的好評，並肯定其文學價值，經作者多年來的鑽研所得，不外有以下五種原因，即：一、讀者的普遍反映和熱愛。二、文學評論者的不斷批評與推介。三、足以影響世道人心。四、列爲一個民族或國家文學經典之作。五、改編戲劇或電影電視演出播映。由於以上五種原因的形成，時間愈久，愈能顯示其作品的精華所在，尤以影響世道人心一項原因，最能發揮文學的偉大功能。而經歷代文學批評家的不斷鑽研考證，指出其文學思想和價值者，亦足以引起廣大讀者的注意。如曹雪芹的《紅樓夢》便是最好的例證，居然列爲「紅學」的專門學問探討，因其可資考證的地方甚多；如作者的考證，書名的考證，作者身世及時代背景的考證，其中人物情節故事的考證，以及有關作者文學思想和「紅」著屬於知識性的考證，與對寫作技巧的考證等等，故研討紅學者多如過江之鯽，著述繁多，由小說創作而變成學術研究考證，且陳列之考證懸案和疑點甚多，多少年來，學者專家們樂此不疲，且有的被稱之爲「研究紅學大師」或「研究紅學代言人」。經初步統計海內外研究《紅樓夢》的名家，不下一百人左右，翻譯成《紅樓夢》的外文本，亦有十餘種之多。是故，文學作品之所以如此受到世人的重視，不外能昇華讀者的情感，提高人生的境界，追求人類的完美理想，使人們從心靈中發出共鳴作用，正如同莎士比亞的戲劇，貝多芬的田園和命運交響樂章，有震撼人類心弦的無比力量，當然被無數的世人所重視一樣。

基於促成文學作品流傳不朽的五種因素，使原作者的文學思想、藝術情操、哲學理念、美學觀點、歷史審判意識等各方面具備的條件，得以輸導灌注後世人心，試想，其對人類文化和精神生活的影響力，是如何的具有密切關係而發生實效效用？我們目前的作家，所以堅持創作的苦心和意志，希望能寫成一部具有代表性的作品，除有洞察歷史與時代的不斷演變現象能力外，尤應深入人類心靈的感受，寫出他們的遭遇和希望，並投入全部的愛心和憐憫同情，恢復對生命的喜悅和昂揚的奮鬥意志，這可從中外名著中得到最好的結論；不論是喜劇性的開始或悲劇性的結束，不論是出世的尋求超脫或入世的接受挑戰，但人生的道路總是要走下去的！不論是一路春風或荊棘載道，不論是今日面臨榮華或明日趨向平淡，然而人類自始至終都潛存有求生向生的生命意志，尤其在文學藝術作品的內涵和表現方面，一直都是以「人」爲創作的本位，也是以民族文化的延續發展爲創作的理想，當然要先瞭解人的心性情態和文化的本質，藉文學的形式和藝術的表現，在作品中完成與創造出一個典型的大我，那將會付出無限的心力和智慧，因之，傳世的文學作品，絕非一般消閒解悶說部所能塵及！

文學作品有無文學價值？似應屬於文學批評的研究範疇。因爲一部文學作品的完美無缺，除了能感人心靈和振作神志外，即作品主題思想的正確無邪，有引導讀者向善求眞的潛存意識，同時更具備美感的經驗和學理基礎，至於作品中的宗教意識和倫理道德觀念，都是構成文學作品有無價値的先決條件。另如作品中的表現技巧，人物性格的描述刻劃獨到入微，乃爲作者文藝素養使然。因此，文學批評者便負起了相當重要的分析和評估責任，並作有系統的介紹和批判，使讀者瞭解其文學價値和藝術功能。所以有人曾爲文論及；眞正的文學批評，就是對作品的再創作，而不是所謂創作乃一流文學人才，批評和理論乃二流文學人才，文學行政和活動乃三流人才。殊不知能擔負文學批評者，應具有文學創作和欣賞評鑑的多種才能，而非動輒搬出一套理論批評道理來從事評論工作的。如不少研究文學史的學者專家，或教授文學理論和文學創作者，其根本缺少創作經驗和認識，何能寫出精闢而使創作者心悅誠服的批評文學？是故，由作家本身親自批評創作的得失，則遠較其他研究文學評論者來得更爲眞實而獨具慧眼！否則，便如劉勰所列舉批評之三種弊端；「貴古賤今，崇己抑人，信僞迷眞。」劉勰的《文心雕龍》中各篇論點，乃集理論批評創作之文字精華於一爐，可圈可點，並不遜於亞里斯多德的《詩學》，且內容包含廣泛，洞燭文學創作源流和脈絡，從事文學批評者不妨細細嚼味，定有許多意想不到的發現。

我國對文學批評工作，一向並未作有計劃的重視和整理，近年來雖有人大聲疾呼應倡導重整文學批評和理論的創建工作，但總是雷聲大而雨點小，事後效果不彰，溯其原因，不外從事批評者寥寥無幾，雖也開闢有文學批評園地和定期刊物，惟作品介紹或書評文字充塞其間，很少有建設性的批評論述發表，或對一部有影響性的作品，提出徹頭徹尾的剖析批評。當然，做這種艱鉅的工作，不但要有持之以恆的批評道德和勇氣，還得有相當的文學素養和創作心得，不然，就寫不出有深度的批評篇章。再者，在國人的想法中，應抱有批評以多於鼓勵的溫柔敦厚君子風度，切忌開罪於人，一切以「點到爲止」就可以了。持這種極其落伍的鄉愿想法，對文學作品批評而言，恐不能再實用了！記得在民國四十年前後，「文藝創作」月刊（中華文藝基金會創辦）中就有不少極爲出色的批評文章，如當時李辰冬先生對作家師範的作品，在報刊上也有很夠分量的批評文字發表，那時作家所寫的作品，確有不少佳作出現，如潘人木的《漣漪表妹》，張愛玲的《秧歌》、彭歌的《落月》等等，評論文字，多屬名家手筆，而創作風氣之盛，亦屬空前。

作者以爲創作既然不易，而從事評論者更難！能研究名作偉構，又能潛心創作，再輔以對哲學、美學、史學、文學等的學理鑽研，所寫出的評論文字，自有不同的創見。大詩人兼文學批評家艾略特有言：「一個作家之所以能超群出眾，最主要的原因，是其批評的能力高人一籌。」由此證之，作家確爲一流的批評家，也祇有作家以其創作的痛苦經驗和優越才情，才能寫出可供參考佐證的批評文字，同時也有資格論及文學作品的眞正價值所在。

文藝理論與創作

拙著《文藝理論精選集》，係於民國六十五年元月由台中青山出版社印行，迄今已將近二十八年，除分贈友好數十冊外，市面早已看不到此書，至於銷售量如何？在我看起來並不重要，能獲少數幾位知音就夠了。因爲撰寫此種文藝理論文字，較之創作更爲艱辛。創作可憑想像、技巧和經驗，而理論亦係再創作，必須以學術爲基礎，以批評創作爲課題，對文藝作品能凌空觀照，深入剖析，使其精蘊紛呈，而自成一套思想理論體系，可供鑑賞者探索和參據。

「文藝作品之能流傳永久，在能創造人生高超境界，充實人類生命與理想，而從事文藝理論文撰述者（其實亦稱之爲創作），除深切瞭解文藝作品之多種功能外（如對人類目藝、耳藝、心藝之美化和靈性之塑建完成者），更肩負指引欣賞規正創作之神聖使命。故每懷臨淵履冰之謹愼心情，冀能獲致眞實經驗與成熟理見，以對讀者（欣賞者）和作者有所交代。」以上文字，係拙著序文所云及者，旨在說明文藝理論及文藝批評之重要性，使作者和讀者能心神融會貫通，提昇心靈境界，充實生活內容與情趣。

我之所以對文藝理論之鑽研，發生濃厚的興趣，在乎對文藝作品之喜愛，且對讀書認爲是高度的精神享受和心靈美化所使然。一般作家與詩人，總認爲從事文藝理論與批評的撰述者，是因其無力創作，或缺少創作才華而改行，對此持以偏概全的觀點，當難成爲定論。須知有眞知灼見的文藝批評者，亦決非無力創作者，時下有不少有潛力的作家詩人，其評論文字，較之學者專家的論著更爲出色。

從事文藝理論的創作，最好要有豐富的創作經驗，尤其要有深厚的學知，方能體悟出創作之不易，並非突破性的剖析與論衡。文藝創作因時代環境的演變，創作技巧的日新月異，以及作者心境感受的日趨繁複，所創作的內容與題材，往往引伸出多種層次的心靈寫照與感受，如沒有實際從事創作經驗者，其寫出的評論文字，往往有瞎子摸象或井蛙觀天之感，難能觸及其作品的全貌和精微之處。是故，一位客觀而傑出的文藝評論家，必得在不斷求知和創作中鍛鍊自己，方能適應多種文藝創作體式與內涵的鑑賞和評論。

一位現代的文藝評論家，最重要者，是有其高遠的藝術觀，而這種藝術觀的塑建和完成，應訴諸對文學藝術本質的涵泳和認定，一位僅憑理性作判斷與抉擇的哲學家或歷史學家，決難成爲一位優越的文學藝術家。文學藝術家不但要有哲學家的崇高理念，同時也要有歷史學家的求實考據精神，還得保有一種創作時完美的「心境」和「靈界」的修持與超昇。所以，一位有性格有思想的文學藝術家，最不願意讓毫無藝術心靈的學者爲文評介，即使具有文藝素養而無創作才能的文評家，暢談其作品之優缺點，亦同樣難使作家們心悅誠服！

基於上述種種，拙著可選列各篇，純係多年在創作歷程中之有感而發，並儘量避免一些不著邊際的高談闊論，從創作的本身落筆，從建立創作的觀點上陳述，使文學藝術在純粹創作的標的下得到界定和結論。如：「論文藝創作與文藝心理」、「文藝藝術的人生觀」、「文學藝術的時代觀」、「文學藝術的自然觀」、「文學藝術的宗教觀」、「論文學的功用」、「文學創作論」、「文學藝術觀」、「論文學藝術的民族性」、「論文學的本質及功能」、「論創作的態度」、「論創作的潛力」等等各篇，均係環繞文學藝術的創作與審美的標準而分別論述，最後歸結到創作的潛力發揮，創作態度的擇善固執，期使樂於創作者有一個較為明確的自我認定和心法。當然，撰寫此種吃力不討好的文字，很難得到從事創作者的贊同，且個人學力有限，掛一漏萬處亦在所難免。因之，近幾年來，經埋首繼續鑽研，已先後完成「論文學藝術的哲學觀」和「論文學藝術作品的歷史價值」等篇，以充實此一系列作品的陣容與內蘊。

放眼當前各種文藝作品，出版者如雨後春筍，而各種選集林立，使喜愛文藝作品者，心花為之撩亂，究竟何種文學作品有其深度？何種藝術作品能代表時代而流傳後世？實難預作定評。目前出版文學評論之專著，在數量上亦極可觀，惟讀者鮮能仔細閱讀，縱有者，亦針對著者的名氣而稍有翻閱，惟始終難以對作品作深入的鑑評。倒是有極少數的文藝評論家，係於沙中淘金，如夏志清、趙滋蕃、葉維廉、姚一葦、余光中、顏元叔、王夢鷗、何懷碩、彭歌等諸位有心人，經常有較為精闢的評論文字見世，是乃促成創作者對作品的自我鑑賞和評價，而引起部份讀者的矚目，此為一可喜的現象。

撰寫文藝理論文章，創作應與學知並重，兩者不可偏廢。能保持高潔的文藝情操，和一顆靈明的慧心，博覽中西名作，時時吸收新知，挖掘優秀作品，並與作家心神融合，當能有所發現。否則，即是抱殘守缺，故步自封，徒使文學藝術評鑑園地，形成一片荒蕪，確值吾人所堪憂慮者。而真正做一個有所為有所不為的文藝評論者，又在乎純正文藝人生觀之建立，與文藝思想的不斷超越及提昇。因之，文藝與人生實有著極其密切的影響，亦如同人生與哲學的微妙關係一樣。方東美先生曾有一段話，說得極爲明澈而生動，堪作從事文藝創作者的借鑑，他說：「思理有致，而思理勝而性靈之華爛然矣。抒情則出之以美趣，賦物則披之以幽香，言本則造之以奇境，寄意則宅之以妙機。宇宙，人心之鑑也；生命，情之府也。鑑能照映，府貴收藏。託心身於宇宙，寓美感於人生。」我之所以能寫出不少有關文藝理論篇章，深受哲學大師方東美先生這段話的影響所及。深願喜愛文藝的朋友亦能體會及此，生命自有意想不到的收穫，生活的境界當隨之而充實。

文藝創作之我見

作家忠於創作，就是忠於藝術情操和忠於文學道德的表現。創作不是承襲，不是剽刦，不是重覆，不是翻版。創作應有內涵和新貌，尤其要有獨特的風格和曠博的思想，故而文學藝術創作，乃爲求眞求善求美而努力不懈，直至到達渾然忘我而又悠然自得的高妙境界而後已。

作家首先要有自知之明，知自我才情的高低，稟賦的優愚，知識的豐缺，感受的深淺，思想意識的純虛眞假，以及藝術表現技巧的優劣等等，都是從事創作的基本要件，的確値得探索和證實。否則，作品不但不能感己而動人，且誤人誤事，有損文學藝術的美好面貌和本質精神！

經得起考驗的文學藝術作品，不是虛名和浮利可以替代，不是一般文藝評鑑者所可論衡而肯定的，不是作自我宣揚或迎合世俗而提高身價者的。稱得上眞正有文學藝術價値的作品，乃根植於歷史文化的土壤，開花於人類的心靈，結果於人性的原野。

我曾結識很多位文學藝術家，他們有很高遠的理想和抱負，也曾創作過不少自認爲喜愛的作品，聽他們的高談闊論，似乎很有道理，但唯一遺憾的事，就是對自己國家的歷史和文化，卻很少去研究和體認，有的一味去模仿西洋文學藝術的表現形式和技巧，但又不甚瞭解西洋文學藝術的精神結構和創作內涵，以及西方人士的生活模式和時潮心態，結果形成在創作上的苦悶和茫茫無依之感！這種得不償失，捨本追末的創作觀點，幾乎斷送了整個民族文學的生命，實在應該及早覺悟和修正者，否則，以那種媚外容外而自以爲是的心理去從事創作，不但提昇不了創作民族文學藝術的品質，而且斲喪了創作的美好前程。

文學藝術家除了不斷埋首創作外，就是能培養一種高尚的文藝氣質和氣度；雖然還是老生常談，但眞正的文藝氣質和氣度，應從心靈上培養和抒發，應從不斷求知和不斷鑑（欣）賞上下工夫。如果不能絕緣名利，如果沒有求知和鑑賞的耐心和能力，文藝的氣質和氣度便無從培養，當然也直接或間接的影響了創作的本能和情緒，那還能有創作的意念和境界嗎？

文學藝術家一定要有美學的素養，因爲美學可以淨化心靈，拓展視野，組織思維，增強判斷；使創作者能立於一個歷史自然人生的軸線上，將歷史的面目，自然的形象，人生的心貌，看得清清楚楚，然後再以審美的經驗和判斷，去建造一個有價值有遠景的精神王國。故而懂得美學的人，他一直生活在和諧有秩序有快樂的天地中，對任何事物都能處理得自然而貼切，深入而獨到。美學的形成，從學理淵源而言，得自西方的哲學領域而發皇，但如果再深入探討，中國文化實乃一部美學的結晶；且不受任何宗教的影響和波及。因而，生爲一個中國現代的文學藝術家，已先天性的具備了美學的質素，那就得看能否深入探究和闡揚？如倫理的教化，法天的思想，人本的精神等，都是富於美學原理開發的精蘊和寶藏。

文學藝術創作乃一種意識情感的醞釀衝動和表達，並以靜觀細審的態度去處理素材，必須經過千錘百鍊的文字組合和藝術情愫表現，以顯示主題的完美無缺。古今中外之名作，無一不是瀝心嘔血塑建而成；哥德寫《浮士德》，但丁寫《神曲》，托爾斯泰寫《戰爭與和平》，其事先的思考和素材的組合，多麼縝密而深厚，氣勢又是多麼的浩大而磅礡？曹雪芹的《紅樓夢》，施耐庵的《水滸傳》，其對人物情節的刻劃雕琢，且涉及各類知識的淵博，更是何等的精緻而深入？因之，有成就的文學藝術家，對歷史、對人類、對文化，都有極爲精確的認定和探索，再以個人的深沉感受，創作出輝古爍今的篇章。故文學藝術作品，絕不可以消遣和等閒的觀點視之，非經歷過無數次的痛苦經驗和審美意識驗證，始能創作出撼人心弦的作品。而文學藝術家畢生的遭遇，愈是在艱困險惡的環境中，才愈有驚人的筆觸和感受，當可突破文學藝術的高峰而流傳不朽。

國內外有些具遠見的文藝作家，已瞭解創作之不易，必須能淡泊自守，忍受寂寞，排除任何不必要的應酬和集會，使心靈不爲外物困擾才能悉心創作，全力以赴！但其是否能有所成就，尚不敢確定，何況有些抱以玩票心理，專事以文藝活動使生活多采多姿的作者，以其有限的寫作時間，殘缺的知識理見，不夠完整的寫作資料，尚未成熟的創作思想和技巧，何能對其寄以厚望，劃時代的作品又何能產生！

創作不是寫歷史寫傳記寫考證，創作需要高等的智慧和優越的才識，創作更需要絕大的信心和勇氣，以上缺一不可。是以僅抒發個人的淺陋之見，藉供有遠大理想並能爲中國文學藝術而獻身和殉道的作家們參考。

論文學作品的批評

能使作家心悅誠服的文學批評家，自古以來可說少之又少，因爲作家苦苦創作，自有其難以言喻的創作思想和表現技巧，同時作家的文學素養，藝術觀念，生活環境，時代背景，歷史觀察和潮流認識等等，衹有作家自己心中有數，自有其定見和意念，則非一般所謂評論家能深入其堂奧，至多作爲一種對作品的剖析和陳述工作，或引發其作品的主題和內涵，以求證其作品的文學思想與藝術價值而已，但卻未必能肯定其作品足以流傳千古而成爲不朽。

目前我們所讀到的文評家的論述，則是介紹多於評判，讚譽多於審議，甚至還有根本不是從事創作或研究文學的人，也動輒以批評家的姿態大談文學作品，使人讀後莫知究裡，置身霧裡雲中，當然不使作家們所重，或笑其隔靴搔癢，冒充內行。因之，文學創作，純屬個人性靈思想情感之發抒，其是否有深度有價值？非得眞正的作家或修養有素的批評家始可爲之。

自古文學作品之所以能流傳不朽，在乎作品的超越才識和精闢理見，如經深入剖析，不難發現一位才氣縱橫的作家，有其個性的執著和對世事的深入感受，尤其有著創作的藝術觀，而絕非一般批評家所能道出其精微之處與關鍵所在？一部《紅樓夢》的研究，最起碼的認識，是其作者曹雪芹寫作的動機和文學思想是什麼？至於整個情節的結構，語言文字的運用，更須廣費心思，作不斷的探索和考證，才能發現其文學價值。吳承恩的《西遊記》和施耐庵的《水滸傳》，同爲不朽的佳構，各有其思想特色，和獨特的表現文學技巧，如果以一位文學創作者的眼光去讀閱，其中的每一個人物，都是經過細琢精雕的，每一句對話，也都包含著深遠的意義，不是一般說部的寓意浮淺，文字平俗，祇可供讀者消閒解悶。再如莎士比亞的作品，幾乎每部都創造了一個既平實而又突出的思想主題，那是有關當代人類生活的寫照，人物性情的眞實反映，以及心態的變化和趨向等，都在莎士比亞的筆端下流露出來，使人有身入其中的感受。所以說，經得起考驗的文學作品，不但是活在當時人的心中，也同樣能放射出生命和靈魂的火花，照徹後世人的思想和激發後世人的情感，而牢不可破的影響了人類的生活觀念和意識行爲。

千萬不可輕言文學批評，因爲「文學是創造的」，「文學是想像的」，「文學是直覺的」，「文學是抒情的」，「文學是表現的」；除非批評者本身也經歷過創作的考驗，也有以上五種不同的創作感受，而且更須有超出的見解，否則，何能批評得深入而客觀，精微而獨到？也難怪劉勰在《文心雕龍》的〈知音篇〉中，對文學批評者有所指正，是諍言也是建議；即一、貴古賤今；二、崇己抑人；三、信僞迷眞。事實上，這三種看法，也是針對創作者而言，所謂「文章是自己的好」，就是這個道理。文學創作乃絕對獨立而客觀的，作品的優劣，有心人當可明察秋毫，好作品自能引人共鳴，差的作品，即使再經人傳介，亦不屑一顧。所以想成爲一個文學批評家，不但學養有素，才識兼備，最好能廣讀中外名著，同時也要有創作的經驗。因之，在顏氏家訓中有著：「讀天下書未徧，不得信口雌黃」。不得胡亂批評，要有所本有所得，無所本無所得，何敢妄言「批評」二字，寫到這裡，使我想起六祖慧能的四句偈語：「菩提本無樹，明鏡亦非台；本來無一物，何處惹塵埃」？故而批評者不是挖苦心思去找尋作品的短處，去揭發作者不正常的用詞和心態，或認爲主題不夠鮮明，創造的情節和人物不夠眞實等等，這些都不是上乘的文學批評者，一位有深識遠見者，首先應設身於創作者的立場，以藝術的直覺，以文學的心覺，以審美的判斷，以思維的邏輯，去深入研究和驗證，求得作品的完美答案，並指出作品的內涵風貌和藝術價值。約翰生是莎士比亞的知友，他曾經說過：「衹有詩人，而且並非一切詩人，衹有上品的詩人，纔有批評詩人的本領」。此語深具靈慧，道出詩在創作上的艱辛，和其詩藝術的崇高價值，衹有上品詩人才能評詩，絕非浮泛者所能道出。美學家克羅齊也說：「詩人死在批評家裡面。」這也說明批評家不可妄自置評，正如同一位研究文學史者，整日和文學作品與作家打交道，並對當時的文學思潮加以分析，作品的時代背景加以說明就可以了，如果再評論作品的良窳，剖示寫作的技巧，表現的藝術手法，那就撈過界了。因爲文學作品的批評，是批評家和理論家的本職，當然，除非這位文學史家兼具批評與創作的涵養才能，那就自當別論。否則，亦如克羅齊所云：「詩人死在批評家裡面」。不也是死在文學史家的手裡一樣嗎？

稍加留意的話，國內有不少研究文學的學者專家，甚至是研究哲學與史學者，有時也要批評文學作品和作家一番，前者尚可以研究的立場評論一己的觀點和感受，而後者就值得懷疑了，固然文學與史學在某些方面有關聯，但與哲學畢竟不是同道，何再置詞文學而以論短長？因此，文學批評工作，任何人都可發表議論，任何人都要樹立理論和批評權威。不寫一首詩或一篇小說的，也要搖身一變而成詩評家或小說評論家，或以哲學指導文學，或以史學思潮規範文學思想，或以引經據典暢談創作的理論，或以翻譯西方文學作品指導中國文學創作的前路，或以孔孟學說提示作家創作的主題和素材，雖其用心良苦，恨鐵不能成鋼，希冀中國文學開放奇花異朵，但創作就是創作，識者一笑置之。因之，文學批評的正當途徑不能建立，作家無所選擇，讀者無所適從，即使攻研文學的學子，也分辨不清甚麼是創作甚麼是批評？甚麼是傳統中國文學？甚麼是現代西方文學？而中國作家有時也被蒙在鼓裡，任人解剖，任人批評！惟有清醒而具遠見者，始終抱以「濁者自濁，清者自清」的態度，任憑你是如何的博學通聞？如何的學術權威？但創作還是創作，創作就是文學生命的延續，一旦文學作品中斷或枯竭，文學理論和批評，自然也就要息鑼停鼓，無從敲打和無人聽聞了。

「鳳凰上擊九千里，絕雲霓，負蒼天，翱翔乎杳冥之上，夫藩籬之宴鷃，豈能與之料天地之高哉」？（宋玉對楚王問）以這段話喻文學創作，最適當也沒有了。文學作品之可貴，在乎作家有高遠的思想，表現的藝術，完美的境界。沒有文學創作，何來文學批評？陸機的《文賦》，劉勰的《文心雕龍》，鍾嶸的《詩品》，王國維的《人間詞話》等作品，雖然有一套創作的理論和一種表現的技法，但如果不從事創作，正如同一塊玉石不經過雕琢，何能成爲精美而價值連城的藝術品？試想米開朗基羅的雕塑和壁畫，其精湛的技藝，使每個人物神思飛揚，光耀寰宇。貝多芬的命運與田園交響樂章，不是有超脫的生命意志和聖潔的靈魂之美，何能歷久而撼人心弦？這些都是創作的榮耀，創作源泉的輻射和奔放，相信很少有文藝批評家再作多餘的置評。因爲創作是時間的考驗，創作的心靈歷程，始終依循眞善美的意念而發，其成敗全在創作者的造詣和修爲，而文學藝術批評家能否受重視，主要在能發抒眞知灼見，在能對創作者藝術心靈的探索而有所得，適如韓愈的〈馬說〉所言：「世有伯樂，然後有千里馬；千里馬常有，而伯樂不常有」。作家如同伯樂，批評家如同千里馬，文學創作之不易，其意義即在此；流傳不朽的作品，有時並不需要有意的讚揚與批評，自有光澤流露。是則一位傑出的文學批評家，非有實際的創作經驗和感受，才可以寫出可圈可點的批評文字，也才有批評家的眞實見解和智慧可言。

作家應有的修持

作家應該忍受生活和心靈的清苦和寂寞，作家的生活雖然有時也多彩多姿，但其心靈卻如一泓清流，不受外在物慾和內在雜念的影響，因他將人生看得通透，將生活安排得極爲妥貼而有秩序，無論任何外界事物的衝擊，作家總是心安理得的逆來順受，不爲財勢令譽而動心，如此靜心養氣，靜觀世事的千變萬化，而將其每種不同的事物剖析得清清楚楚，將人性分辨得眞眞實實，其作品自有感人的深度和啓發生活的原動力。

然而，環觀目前的作家是不是能忍受生活的清苦和心靈的寂寞呢？而又有幾位作家不求聞達和默默耕耘呢？那眞是使人懷疑和不解的事了。因此，一位眞正有理想有抱負的作家，他早已忘了自我的存在，正如同修道者，早已不食人間煙火，早已忘卻名和利對他的羈絆，早已謝絕不必要的酬酢和應對。作家所追求的是一份眞誠的情感和心意，是一顆永不磨損生鏽的文學情操和藝術良心，因而，我們可以說一位偉大的作家，他是時刻沉浸在生命的無窮苦樂和驚喜之中，同時也時刻墜入沈痛的懷疑的生活深淵。所以作家的確如一位清教徒和殉道者，早將自己的一切置之度外，衹憑那份眞誠的心意，以余手寫余心，善盡做人的本分和處世的責任。

「達摩西來一字無，全憑心意用功夫，若從紙上尋佛法，筆尖蘸乾洞庭湖。」達摩祖師昔日面壁沉思，全憑那份眞誠的心意而得道，作家又何嘗不如此呢？正如同《大藏經》的全部經文，爲佛教文獻的全體稱呼，亦稱藏經，基本以經、律、論三種文獻（三藏）爲主，是佛教的基本叢書。而達摩全憑心意用功夫，未必在紙上尋佛法，足證其悟性之高，面壁沈思力之強，故能成其一代禪宗。對當今作家而言，除能閱讀群籍外，亦應修持創作的心法與定力，如果作家爲成名獲利而寫作，必難有不朽的作品出現。

「菩提本無樹，明鏡亦非台；本來無一物，何處惹塵埃」。六祖慧能慧心早生，道光普照，自有佛說不可說之穎悟。而文學家的思想和情感的玄機，盡潛藏於生活的無邊感受之中，既不無病呻吟，又須該說必說，自當參悟箇中奧秘，一語必石破天驚，杜子美的「語不驚人死不休」，其意義可想而知。

「半畝方塘一鑑開，天光雲影共徘徊；問渠那得清如許，爲有源頭活水來」。朱晦庵不愧是位大智，清者自清，獨者自濁，從事文學創作，無遠見，無知識，無閱歷，無才華，自難見得天光雲影徘徊，而一潭死水，又何能清澈明潔而投映自然與人生景象？

「昔之得一者；天得一以清，地得一以寧，神得以一靈，谷得一以盈，萬物得一以生。侯王得一以爲天下貞」。老子之道皆原於一，而文學創作之道得一以心，心不清，意必混濁，情必氾濫，慾必橫流，神必錯亂；是故，作家之心靈先求清澈寧靜，然後始能鑑照萬物之本性，以求正本清源，歸復自然之大化。因人生之全部活動，均脫離不了大自然的新陳代謝範疇，生命乃一時之現象，而思想精神意識卻能以文字的記述流傳不朽，是以作家之筆，不得不眞，不得不善，不得不美。

作家對文學的執著，不如說對人生的執著，有不少作家衹是看到人生的一面，而沒有看到人生的全面，所以在其作品中仍然缺乏一種對人生的感應力和震撼力，這當然是由於學養和體驗的不足，也是對人生觀察的不夠執著。六祖慧能有言：「佛法在世界，不離世間覺」。佛法全賴感應和了悟，更是心靈的覺悟和依恃。法顯、玄奘乃佛法之執著代表，畢生通譯與宣揚佛理，乃使得佛學弘揚於世界。作家亦應有其畢生信奉之宗教，那就是以一顆玲瓏透剔的心靜觀宇宙萬物之變，並遵崇眞理與自然之不移定律，而寫盡人世的悲歡離合。

記得西方有一位文學評論家曾說過：「文學家的直覺心靈，往往甚至還遠先於埋首在學院裡的哲學家，便先體念到他所生存熱愛的文化所遭遇的一些癥結與其時代的問題」。這種觀點足以證實一位作家的心境，是如何地銳敏和對時代的深沉感受。然而，作家在現代社會上的地位，原本是輕微而無關重要的；雖然在西方國家的專欄作家，是有其輿論與知識上的權威和被尊重，但專欄作家究竟不是文學家。文學家的作品，多屬思想和情感的發抒，感性重於知性，縱有相當的文學價値，也很難被社會廣大的群眾所共同認定，而樹立其舉足輕重的社會地位。所以古今中外的重要作家，祇能以其作品活在讀者的心中，有時雖難轉移其生活方式和思想觀念，但卻能陶冶和鍛鍊其意志和情操。

有不少人曾論及作家的思想虛無縹緲，情感過於浮泛，其不合時代潮流，不能面對現實，認爲其祇能寫出有閒的消遣文學作品，起不了多大的實際作用。對此種看法固然因人而異，但說穿了，這些人根本不能瞭解文學的定義，也沒有深入分析文學作品的眞正功能。其實，眞正偉大的文學作品，並不遜色於各種經典，同樣可以拯救人性的弱點而興邦濟世；如寫實主義鼻祖的狄更斯，便專攻人性的弱點而下筆，其名著如《大衛・高柏菲爾》、《雙城記》、《匹克威克遺稿》等作，無不針對時症，寫出人類追求光明和眞理的心聲。再如莎翁的各種的悲喜劇本，也是對症下藥的剖析人性不世出之作，迄今每當莎翁的劇本上演，已是萬人空巷的熱烈場面，任誰都要一觀劇情的究竟，因其感人之深，不受歷史時空的限制，純文學作品之能永受人類重視，當可見一斑。

作家自有作家的尊嚴，切勿妄自菲薄，但作家亦應謙沖爲懷，不可目空一切。因作家不是傳授知識，作家是散播靈性和智慧，更是將思想、將生命託付給所有的人類與歷史而作爲見證。因之，聰明的作家，要遠離眾人之前而深入生活之中，如巴爾札克便將自己關於密室之中，如施耐庵和蒲松齡也遠離囂市而隱入山林，才能尋幽探微，寫出流傳不朽的作品，所以作家之爲世人敬羨，在乎其能「以追光躡影之筆，寫通天盡人之懷」。是故，作家祇知埋首創作，祇知求知與求進，別的都可拋於腦後，正如同參禪拜佛者，一切歸於虛靜，虛靜之中自顯眞元，自展靈氣，能有如此的體認與修爲，其境界自高，其思想更精純，其作品亦必經得起時間的考驗。

文學園地耕耘者

到詩人大荒家作客，是最有詩意的，他這個人除了能喝兩杯外，就是能聊天，天南地北，文林藝苑詩壇的風雅趣事，都能談得頭頭是道，這次承他相約，我是從來不願打擾別人的，結果還是如時造訪。那天晚上他將唯一上好的白蘭地酒給我盛了半茶杯，幾碟可口而精緻的小菜，喝得我醺醺然，吃得我悠悠然，似這種和深知心交的老友晤談，恐怕在台北還找不到幾次。

當然我們所談的，還是有關文學創作的問題，以及對人生的不同觀點。大荒這個人待友以誠，不保留不做作，雖然目前在一所國中任教，平平實實負起春風化雨的重責大任，但稍暇即埋首讀書寫作，他近十餘年的作品不能說每篇都有深度，但的確已表現了他的思想感受和生活境界。他的作品已出版者，幾乎全部都贈送給我，如早期的小說集《有影子的人》、《火鳥》、《夕陽船》，詩集《存愁》，散文集《在誤點的小站》、《春華秋葉》，長詩《雷峰塔》等等，這些辛勤耕耘，心血融匯的篇章，我都仔細的拜讀過，而且幾經思索探研，發現大荒是屬於有才華型的一個異數，他的生活閱歷，對社會現象的深入觀察，對宇宙自然界的體認，對中國人性格的瞭解，以及對文學本質的鑽研和心得，已自成其一套創作的獨特藝術觀，我曾先後寫了四篇有關大荒作品的試論和評介文字，前後歷時三十餘年，因而，對於他發表的每一篇作品，不管是長篇說部，或是餖飣小品，我都在留心的讀閱，我爲何要如何認眞呢？因爲大荒原本是一位有文學風格和詩人氣質者，他不會宣揚自己，更不目空一切，並有中國人自然平實的待人接物情感和德行，本乎此，所以大荒是我比較尊重的一位作家，同時也值得為文介紹他的為人和作品。

一位有為有守的作家，首應淡泊名利，不論處於任何險惡的環境，務必要鎮定自若，不為物喜，不為己悲。同時應當審視周遭事物，以達觀開朗的胸襟處之。大荒的命運乖舛，生不逢時，然能刻苦自勵，奮發向上，終能克服萬難，一往直前。三十年來，大荒依然是大荒，不幸的遭遇，多病的身體，不安定的工作，但他仍不忘讀書，不忘創作，他能有今日文學上的成就，實得來不易！「偉大的詩人必須與時代社會共呼吸、共睹、共聽，而以其清明的心智（mind）在誠實的、痛苦的心靈（hearts）間巡禮。」以上是大荒在其《詩人手記》所說的話，證實他的創作意念是何等的高潔而堅強！

文學創作是在默默間進行的，是以智慧和毅力作為創作的源泉和根基的，時下有不少人祇說不做，或等待生活改善之後，或等待有清閒的日子，還有就是能周遊世界，廣蒐素材，增益見聞，然後才肯執筆的。其實，對一個有恆心有決心者而言，他隨時隨地都在尋找創作的材料，稍有空閒即可運思為文，當然，對有遠程計劃的創作，務須慎重處理，那當另作別論；不過這也因人而異，有的作家才思敏捷，由於多年的鍛鍊，不斷的創作，也能在百忙中寫成巨著，因為歲月不再，體力日漸衰退，如不及時把握創作，祇有望洋浩嘆，徒讓無情的歲月消磨了自己的志氣！據悉趙滋蕃先生晚年仍能利用時間，一本文學初衷，從事數十萬字的《文學原理》寫作，且銳氣不減當年，實使人敬佩不已！

大荒常云：「文學創作絕非等閒事，作者除有豐富的學識和生活經驗外，還要有泉湧的才思和獨特的創見，能思人未思，見人未見，覺人未覺，才能寫出一流的作品。」誠然，如果總寫些平常人的生活感觸，或情感上發洩的文字，而不知組合文理，發揮文采，啓迪心智，通達靈性，使其成爲一件精美無缺的藝術品，又何能引起讀者的心靈共鳴？試觀中外歷史上可供一讀的文學作品，那一篇不是有血有淚震撼心弦之作？

大荒近幾年的寫作生活極爲平實而平淡，鮮少參加各種文藝座談集會，一個人忙於教書，忙於思考，忙於讀書和創作，從其各種藏書看來，他倒像是一位有計劃的讀書人，目前他的夫人正在撰寫碩士論文，滿書架書櫃的哲學美學文學書籍，有很多精藏本還不是書坊所能購到的，這對一個求知者而言，實爲莫大的樂趣和享受。

靜心的讀寫，不爲外務所困，思考定然深刻，作品自然精進。大荒已度過多年的艱困生活，嘗試過許多人生痛苦的滋味，現在他生活得極爲愉快，也能忍受創作的艱苦和寂寞，最重要的，他是一個有思想有才華的詩人作家，如果不斷的去發現和挖掘文學的礦苗和寶藏，相信有一天拿出的作品，更能使人側目而驚異，同時也爲中國文學開拓一片美好的遠景，這原是一位老友日夜所期盼的事。

論中國作家的創作觀

如果作有系統的研究中國文學作品，便不難發現中國作家的創作觀，蘊含著濃烈的民族意識和人文主義思想。自秦漢以降，諸子百家的學術思想，雖然以儒家思想爲主流，但早在先秦時代，道家思想便深入中國的社會與人心，老莊的哲學，實際上就是文學和藝術創作的最佳思想與取材；故而老子莊子不但是哲學家，也是出類拔萃的文學家和藝術家，同樣地和儒家的孔孟思想孕育出的文學家，不但可以分庭抗禮，且更爲精純而出色，這可從老子的《道德經》和《莊子》兩著的內容中見其梗概，祇不過是表現於文學的體材和形式不同罷了。

誠然，自佛學由印度傳至中國，其思想影響之深遠，幾乎彌蓋和阻止了儒家主流思想的出路，魏晉漢唐的文學家，其佛學創作內涵和表現意識，得使中國文學作品大放異彩。馴至宋、元、明、清四朝著名的文學家，如蘇東坡、施耐庵、吳承恩、李汝珍、曹雪芹、王實甫、蒲松齡等人，無不循佛道思想而灌入文學作品之中。因此，中國文學便在佛道思想的推波助瀾中，表現了作家創作觀的意趣和風骨，而儒家思想的「天人合一」觀念，便也融合了作家創作的意念，得以保持了中國在人文主義本質上的文學內涵和品質。

研究中國作家的創作觀，首先應瞭解中國文化的本質，和中華民族的精神特性；因爲作家所秉承的思想意識，生活觀念，是先民所遺傳的待人處事定則，也是宗法社會所遵行的思想生活規範。雖然作家也有創作和幻想，但表現於文學作品中的人生境界和意識型態，卻是一種期冀突破現實，剖析生活遭境，和追求另一美好世界的自我表白而已；因其對世道人心影響至鉅，以致歷代的文學作品，便成爲家喻戶曉的談助憑藉，然而潛存於作品中的思想主題和情感意念，卻傳導了中國思想文化的精深博大功能，同時也足以表達中國人心性的質素和文明成長歷程。

在中國文學作品中，有其濃厚的神話意象滲入其間，並究天道與人道相互關係與影響，如每言混沌初開，宇宙萬象顯現，然後論及人爲因素的分久心合，離久必聚的自然法則，因係涉及人爲因素，以及社會型態與人心的不斷演變等，是以中國文學實包含了天地孕育萬物的大仁大德大美思想存在，再者由於人性的不斷擴張，七情六慾隨之產生，而文學作品就是要反映世道人心的振靡，才將人類的情感和遭遇，發揮得淋漓盡致，所以說文學作品是中國人一種精神的寄慰和情緒宣洩的產物。先秦時代因各家思想的各執一端，從立己立人以至超然物外，似乎都有一條明朗的軌跡可循，成者可爲聖賢，退者可爲隱士，不成者便庸碌一生，接受傳統禮教和古有明訓的各種考驗。如《西遊記》便是針對佛道思想的宗教闡揚和詮釋的文學作品，《水滸傳》便是影射宗法社會政治制度的批判文學作品。其他如《紅樓夢》、《西廂記》、《金瓶梅》、《鏡花緣》、《玉梨魂》等作品，便是中國人對男女心性、生活情態的純情宣洩之作，雖也涉及當時的政治結構型態，加以諷譏批判，但歸根結底，還是擺脫不了一個「情」字和一個「性」字的描述；所不同的是作者還始終在藉內心的抑制和沉痛，期求早日解脫而超然物外，所以其文學思想和藝術價值，很難被披有道學外衣和儒家聖心賢貌者所接受，倒不如竹林七賢、北宋五子乾脆退隱山林，追求另外一個靜心明性的化外乾坤。

中國作家所創作的文學作品，不論是詩、詞、曲、賦、駢儷文、小說等，對抒情、詠物、言志、寄懷、記事等之表達，無不依循自然法則，講求至情至性之眞實流露，或藉物而言他，或藉情而及物，相互映照，並靜觀萬物之變，靜察宇宙之奧，靜守本性之眞，咸認萬物之本源全在乎心覺，切忌違背萬物之常理常態。換言之，中國作家之所以能心馳宇宙，放目四海，心納萬物，固受儒家「天人合一」思想之薰陶，又何嘗不是受道家思想之感染，適如老子之主張「致虛極，守靜篤，萬物並作，吾以觀其復」。便是要使人在靜寂的構思爲文中，觀察萬物的「歸根」與「復命」。如曹雪芹的《紅樓夢》，靜觀世事的繁興與平淡，靜觀人性的多變和趨於純一，其結果終於在平淡而靜寂的狀態下，使每個人物歸復自然大地，化爲一場空夢，而所謂「紅樓之夢」，實際就是一齣宦府世家的興衰史，雖各個角色下場不同，但等至最後夢醒，故事也就自然結束，因之，評論家認爲作者受道家的思想影響，想亦有其相當的根據。

能流傳不朽的文學作品，必須瞭解作家的身世與背景，學養與品性，當然才華與經驗閱歷，也是提昇作品境界的要素之一。「文窮而後工」，固然有其道理，但那得看有心人的如何努力鑽研和創作而定；曹雪芹與施耐庵生前都不得志，屈原更失寵而被放逐，才能在困愁艱苦的生活中寫成驚天動地的詩章。是故，青雲直上的人，因忙於酬酢應對，且有優越的生活境遇，必難安於文學寫作，惟也有例外，如曹子建、南唐後主李煜、韓愈、王安石等人，本身顯貴，但仍能創作不懈，但研究其人生觀，及其性情與抱負，便很容易發現其性近文學，並有常人所不及的曠世才識，因此，古代的讀書人，均能提筆爲文寫詩。所謂：「滿朝朱紫貴，俱是讀書人。」似乎文章寫不好的人，便不配作官，所以開科取士，必備文才與器識，並精通政經軍略，始可參贊政務，是故，研究作家必得深究國故，明通天人之道，能以大塊文章經國濟世，也才能定國安邦。同時在古典的文學作品中，作者對經國濟世的雄才大略，與乎具有深知遠見，往往較從政者更爲精通，曹雪芹和施耐庵等人就是最佳的例證，其他如柳宗元、陶淵明、蘇東坡等大家的文章中，經常涉及政治的興革之道，或以旁敲側擊的手法，指陳政風的良窳。反觀現代的作家，是否能深研國故，兼攻西洋文學精髓，而有特見者，那就很值得國人思味和懷疑了。

中國作家之所以埋首寫作，因爲是有滿腹的話要說，一腔的熱忱要表露，滿懷的情感要流露，有時也是受了太上三不朽「首在立德，其次立功，再次立言」的影響，就因爲要立言，要流傳後世，才拼命的創作。於是，汗牛充棟的作品待人閱讀吟誦，感人肺腑的作品賺人眼淚，震人心弦的篇章也能驚天地而泣鬼神。但中國也有的作家，其作品是興之所至而寫，並不需要使人傳誦，因而束之高閣，藏之名山，讓自己欣賞和回味，這種不爲世人所知的作品，往往又偏被後世人發現而流傳不朽。

因中國是個古老的民族，文化歷史悠久，歷代烽火四起，戰亂頻仍，加以天災人禍叢生，所以文學創作極爲豐富，同時中國人受禮教傳統束縛，情感含蓄，守信重諾，因此作家所表現的手法，又極其美妙而傳神，頗能耐人尋味；如李太白詩云：「地形連海盡，天影落江虛」。這樣的空靈境界，祇能意會而不可言傳。又如杜甫的〈觀公孫大孃弟子舞劍器行〉句：「昔有佳人公孫氏，一舞劍器動四方，觀者如山色沮喪，天地爲之久低昂」。其想像力的美妙，意象的傳眞，恐怕不是西洋詩所能比擬的。中國的詩人尤其能豪氣干雲，慷慨激昂，且其陽剛的一面，詩情可比日月，壯氣可撼山河。如駱賓王的從軍行詩，眞乃句句扣人心弦，驚天撼地。「天生一願重，意氣溢三軍。野日分戈影，天星合創文，弓弦抱漢月，馬足踐胡塵。不求生入塞，唯當死報君」。正因爲中國作家詩人的心存天地、仁民愛物，才能寫出這樣擲地有聲的好作品。

作家原是有所爲又有所不爲者，尤其是中國歷代的作家們，他們早已認清了這個既可愛而又充滿神秘的國度，雖然飽經憂患，到處佈滿傷痕，但那些本性善良，溫柔敦厚的樸古民情，以及錦繡的原野山河，在在都是歌頌和禮讚的素材，所以在中國成長的作家，先天已註定能接受憂患，履冰蹈火的艱辛和勇氣。同時由於先輩們的披荊斬棘，發奮創造，已留下極爲豐富的民族文化遺產，如易經、詩經、左傳、春秋、史記等重要寶典奇書，足可鑑古知今，開天闢地，宏揚民族文化。而文學作品更是先輩心血結晶，如能鑽研，將有更大的創作獲益，尤其是那些情操高潔，心境開闊的文學家，功成身退，歸隱山林，以自然爲伍，以大地爲家，他們滿懷創作理念，惜墨如金，但所留傳的篇章，更是稀世之作，千古絕響，如欲研究其創作觀，從字裡行間當可探幽尋微，如獲至寶。

在中國古典文學作品中，由於對天地神明的畏懼與尊崇，由於珍視男女的倫理道德與情操，由於對情與愛的執著，以及更鄭重的履行忠君愛民之道，所以在文學家的思維和筆觸的流露中，不乏燁燁閃耀著靈光慧心之作；如洛神賦、長門賦、長恨歌、孔雀東南飛、出師表、赤壁賦、陋室銘、祭十二郎文、祭妹文、桃花扇等等，那種眞摯之情，明志之節，與自然一體的超脫心境，乃爲中國作家創作觀所使然，且足以爲後世人所讚羨。爲何那時的中國人，會思路那麼敏捷？情感那麼豐富？見識那麼宏遠？即以屈原而論，爲憂國愛民，浪跡天涯，望長空而慨嘆，視江水而悲歌，憂憂我心，坦坦蕩蕩，忠節與日月神靈共鑒，最後以抱石投江明志，其所寫成的詩句，如天雷地鼓，震撼了兩千年的士人書子，凡能瞭解屈原心志者，無不讚嘆詩人的高風亮節，愛國赤忱，讀其詩賦淚光閃爍，血液沸騰。

中國歷代作家，亦不乏遁隱空門，或靜心修持的高僧高道，以其精深佛道修爲，深得自然靈氣，窺察人性弱點，以朱筆金砂批指時症，拯濟眾生於危流暗渡，遠者如姜尙（太公）、諸葛亮、玄奘、袁天罡、劉伯溫。近者如六祖慧能、弘一、虛雲法師、蘇曼殊等佛道高士，熟諳易經，精通佛理，讀其著述，雖不同於一般文學作品，然字裡行間，充溢宇宙大道，顯示人世眞理，以上諸大德雖未列入作家之流，但卻影響後世文學創作者之文脈思路。正如西方基督教之崇信者，如托爾斯泰、班揚、史坦達爾等人，其文學作品無不蘊含基督眞理。由此可知，一流的中國作家，其鑽研儒釋道思想之精華，探微自然人生之苦心孤詣，實非泛泛之輩所能塵及。

曾幾何時，中國作家接受西方思潮，明言以「橫的移植，縱的繼承」。爲寫詩作文之道，每爲識者一笑。須知世界文明再進步，文學流派再繁衍，惟中國文學有其思想根源，中國人的生活方式和情感表達，亦自有其成長和啓發過程，故而寫中國文學作品，或許可以採取西方表現技巧，但決不可一味仿效西方人的思想和情感，而寫出不倫不類的作品。意識流、存在主義，超現實派等在西方風起雲湧，然畢竟乃一時現象，早呈曇花之一現，所遺留給讀者的是一個名詞，一些模糊的印象而已。因人類求新棄舊的本性未除，故有科學之昌明，但言諸文學，卻未敢苟同，試觀西方古典文學作品，與乎古典藝術，其感人至深，且潛移默化文學功能，並未有損其不朽之文藝價值。

是故，文學創作的思想觀念可新，取用的知識經驗可新，表現的方式技巧可新，而自然的法則，宇宙的定律，人性的本質，則保有其亙古不變的眞理。正如同前人的詩詞歌賦，雖受格律限制，但意境仍然清新。也許有人會說：其意識意象感受較爲單純，不如現代作品的多面性的表現，而易於爲現代讀者所接受，此論僅能爲少數人贊同，並不一定可成爲置之四海而皆準的不移定律。如我國古時文藝作品的創作理法典籍；已在陸機的《文賦》，劉勰的《文心雕龍》，鍾嶸的《詩品》，以及著名的謝赫《古畫品錄》裡的〈繪畫六法〉等內容論述中，均能條陳縷析得清清楚楚，試問又有幾人能說其見解陳腐？而不能據以創造出傑作偉構？

總之；中國作家應走中國文學創作的路向，而中國作家創作觀的培養和形成，可從民族文化歷史中探索和求證，而創作觀是思想的灌注和結晶，也是生活經驗，情感意識的不斷培育和昇華；如更能注意世界潮流的動向，新知的成長因素，能融會貫通，去蕪留菁，再加以創作上的眞知灼見，相信對創作觀中的心野視野之開拓更有助益，而一部劃時代的中國文學作品，也才能讓其民族文學的涵蓋面和歷史時代的藝術新貌，展示在廣大讀者的面前。

論作家的人生觀

作家是人，有人的慾望和期求，作家必先是生活得很自然而深入的現世人，知道人生的艱苦和煩憂，人世的紛擾和動向。同時，作家也能在艱苦、煩憂、紛擾的現實生活中追求人生的樂趣和生命的眞諦。然而，翻閱古今中外的文學作品，所得的結論是：眞正生活愉快而有情趣者不多，泰半都是生活在悲苦而孤寂的境遇之中，由此足可證明一點的是：作家對其所追求的精神境界，生命價值，以及展示的歷史遠景和時代抱負，絕非常人所可感受和企及，故而形成了一個難以宣洩和預測的作家人生觀。

文學作品不是史學家編撰的史記，亦非宗教家持奉遵行的經典，文學作品乃屬於人類思想情感的表現，故對於作者的人生理念和處世態度有密切關聯，因此，作家的人生觀便於醞釀創作中誕生。如韓愈的「文起八代之衰，道濟古今之溺。」這是韓文公的人生理念，以如椽之筆，以天下大道振興人心之萎靡，世風之日下。再如陀思妥也夫斯基，在其著《卡拉馬助夫兄弟們》藉主角伊凡．卡拉馬助夫所說：「如果上帝不存在，一切都可爲。」此乃陀氏的宗教藝術觀，以上帝爲至高至尊，在在規範和監視人類的私慾氾濫，如沙特的藐視上帝，並視爲無上帝的存在，衹有個人的眞實存在，實不可同日而語。

作家的人生觀，有屬於悲觀憂慮型的，有屬歡樂進取型的，有屬於超世優逸型的，更有屬於宗教受苦型的，當然也有屬於務實奮鬥型的。這種各不相同的人生觀念，實足以影響作品的內涵和本質，對無數讀者的影響至深且鉅；正如日本的當代不少作家，如三島由紀夫、川端康成、三浦綾子，以及菊池寬等人，由於身處環境和文化背景、歷史意識和思潮動向的諸多影響，促成其悲苦憤世的文學觀，其作品的內涵和現實的人生觀點，往往趨於偏激而急於自求解脫，也許有的文學批評家，認爲其爲追求一個理念的完美，而作出使人驚駭的舉動。事實上，一位作家的內心感受，多少受到民族性的自尊和自卑的多重驅使與抑制所影響，而有時在不能作自我心理平衡時斷然謀求解脫，這原是很不智的決定，但以純文學觀點的立場詮釋，因作家畢竟是作家，其思想觀念的演變，有時連其自己也難以預料，祇可說隨文學藝術境界的進程不斷改變罷了！惟作家畢竟也是人，因人的慾求是無止境的，而爲追求藝術的極峰，有時會將生命看得並不重要。

再者，文學與藝術原無國籍限制，但卻有民族性的色彩含蘊其中，從世界稱得上經得起考驗的作品觀之，英法的文學和德義的文學就有風格上的不同，尤其是蘇俄的文學作品，幾乎可以聞到貴族和貧苦大眾對立的濃烈氣味，因其冷酷到陰沉的民族性，在作品角色的聲容和情感中，已展現得入木三分，在帝俄時代的文學作品，農奴的痛苦心聲，貴族的優越與顢頇，跋扈與殘酷，祇有富於同情和憐憫心的作家，才在文學作品中將其暴露無遺，而蘇俄所崇奉的東方正教，不過是西方基督教的翻版，其塑造的宗教面孔，嚴肅而缺乏仁慈，並多少摻混著宗教政治的素質，與東方儒、釋、道思想，在內涵和精神上相去甚遠。因而俄國作家始終在追求一種思想的解脫，說得露骨些，也是想以眞正的仁慈和自由意志，突破其牢不可破的宗教政治所形成的文化層面，而代表無數受抑制和壓迫的大眾，發出心靈的呼喚和情感意志的怒吼。

西方文學的精粹，由於浪漫主義的勃興，以唯情派爲主流，曾寫出許多使人百讀不厭的作品，如《茶花女》、《基度山恩仇記》、《蘋果樹》等等，對男女愛情的刻劃，都有極爲深入的表現，自後的寫實主義抬頭，始認識人性的另一嚴肅面，如《原野的呼喚》、《海狼》（傑克·倫敦代表作）、《塊肉餘生記》、《父與子》等，對人性的光輝，禮讚有加，此足以證實作家對人生觀的建立，一直在摸索與感悟之中。以後當意識流小說與存在主義流行，在在說明宗教與戰爭對西方近代思潮的巨大衝擊，得使獻身文學工作者，不得不在迷失和空虛中尋找自我的存在。因而，研究西方文學及作家人生觀，首先應瞭解西方自工業革命後的社會現象和生活模式，以及早期其對希臘哲學藝術的一味崇拜，如今變得疏遠甚至淡忘。曾幾何時，柏拉圖、蘇格拉底、尼采、叔本華等人，已不再左右西方文學藝術家的思想，西方的作家們，眼見古典文學的沒落，近世科技的昌明，那高雅尊貴的雅典斷柱投影，尼采超人的哲思，愛神的半身光潔塑像，隨時光的拉長，作家們祇有搖頭嘆息，他們所追求的是眼前的生命價値，是廣袤大地在戰火煙霧劫後的自身存在意義，是驚悸和悲痛的景幕重演。因之，艾略特的《荒原》中充滿內心的矛盾和生命的呼喚，在錯綜複雜的心態交織下，期冀回歸到無知的童心再現，他們對史篤姆的《茵夢湖》和梭羅的《湖濱散記》依然憶戀，但當他們再次看到原子輻射塵滿佈天空，星雲沾染毒素，無限的恐懼和憂慮之情便籠罩心湖。於是，作家們追求自然主義的思想再度濃興，其中尤以對早期人文主義的嚮往，更爲熱中，因爲核能的競賽，限武的談判，資訊系統的普遍建立，其主要目的，在乎重視人類在生存中的安和和便利，而作家們捨身爲藝術賣命，必定宣揚其堅定不移的文學理念，爲當代和後世留下其追求眞理和平的自由心聲。是故，作家的人生觀，看來似乎單純，但潛存於作品中的意念，其藝術技巧的表現手法，卻又是那麼繁複而高深莫測，正如同小說家馬奎斯的《百年孤寂》（一九八二年諾貝爾文學獎獲獎作品），在表現的技巧和層面上，使讀者感受到現代人心理的多變，想保留一份心靈的冷靜和孤寂，卻難上加難，因人類不可離群而索居，他必須面對的潮流衝激，逆來而順受，始能使生命的火花飛揚。

瞭解一位作家，必須由其家世背景、生活環境，以及學識經驗等各方面去探索，一位傑出的作家，一生所遭遇到的坎坷逆流，有時會憑其向生的意志去順受和克服，其生命潛力的發揮亦如同創作上的衝刺，愈是有深度的文學作品，其生命力亦愈堅強，惟其精神上的寄慰，對藝術的酷求，往往也會形成偏怪而執著的個性，這如同畫家梵谷、音樂家華格納、戲劇家蕭伯納，對世事的看法深具尖銳的慧眼，行止亦極端怪異，使世人難以捉摸其心理狀態，雖然有傑出的文學藝術成就，而其想法亦絕非凡夫俗子般的平庸。因其對人性瞭解最爲深刻，不會迎合和敷衍不必要的應酬，甚至以傲岸的冷眼看人處事，當然也會遭到眾人的評議，或不齒其反常的行爲；如梵谷曾割掉耳朵贈送女友作爲紀念，蕭伯納的生活又極其浪漫，到處偷香留情，幾乎到了不可收拾的地步。然而，他們則我行我素，毫無顧忌，並有意冒世人之大不韙，所以有些人一提到作家，如勞倫斯、佛羅伊德等人，並對其在性心理的大膽論調，祇有伸舌搖首不已。而尤其對性罪犯、同性戀、妓女、情婦作爲題材的大肆渲染，簡直不敢相信他們的所聞所思和所見。記得西方有位大藝術家曾說過一句話，那就是：「藝術最大的成就和造境，就是能徹底消除性慾。」由此可以證明，從事文學創作者，應該體認到唯有消除胸中的私慾和雜念，才會有高越的藝術造境，也才能寫出扣人心弦的大作品，反觀近世西方的文學作品，尤其是美國和法國的文學，泰半作品都是談性慾之愛的描述，再不然就是沉溺於迷失和空虛的淵藪而憤世厭世之作，這些祇知追求沉醉於嬉戲肉慾之樂，或淪於迷惘而喪失理智的人生觀，何能反射人性與人道的光輝？誠然，這不足以代表西方所有的作家，實因宗教的信仰沒落，社會犯罪率的增加，加以國際局勢的動盪不安，恐怖暴亂分子的到處橫行，而共產主義的禍根蔓延，使得世人的心理惶惶不可終日，縱然有廣識遠見的作家日夜構思創作，但又有幾許識者讀者能有鑒及此，而登高一呼？曩昔的爲尊崇人道主義的偉大作家，如托爾斯泰、莎士比亞、狄更斯、佛祿貝爾等人的悲天憫人精神。洞察人類悲劇起源的智慧和觀照，以雷霆萬鈞的筆力，刻劃出人類迎向光明遠景的理念又在那裡？

作家這個稱號，並非一般僅能以抒寫心臆感情者可以當之，而文學作品，則必須是屬於利他性的，同時更能提升社會同情心和道德心的。既然作家被讚爲美化人類靈魂的工程師，他必須有一顆爲追求眞理的心靈，而如何建立一個正確完美的人生觀，他又必得深入文化的深層去尋根，使自己不違背良知和天性，使自己的悟性和知性不淪爲無光無波的死海。同時他必須面對現世，作一個堂堂正正的人，不卑劣不屈膝，不倨傲不偏頗，堅立於世界文學藝術的殿堂之上，將自己完美無斑的文藝心靈奉獻，即使永遠承受孤寂的鞭撻和無聲無息的老死，那對一位眞正的作家而言，也就是一種欣慰和感恩。

詩的藝術說

在文學藝術的殿堂中，「詩」始終扮演著重要的角色。不論是文學、美術、音樂、舞蹈、戲劇、建築等等，都含有詩的質素和韻律在內。因爲詩的本身，就是眞善美的自然結晶，能展示其最高的人生理念和境界。

所謂「詩」者，以我國詩的定義與其源流演進而言，即文之有聲韻而可歌詠者也。古多四言，仿自風雅，以後漸變爲樂府長短句。魏晉以降，又多五七言；據傳五言詩起於蘇李之贈答，七言詩起於漢武之柏梁。至唐代詩學大盛，乃有古體詩與近體詩之分；古體詩即仿樂府之作，近體詩則爲律詩及絕句。而目前所謂之「新詩」（亦稱白話詩或現代詩），自「五四」新文藝運動以來，由胡適等人所倡導，以活的語言和新的形式寫詩。然而，詩畢竟是詩，其內涵永遠不變，正如同日月之沿軌道運行，自有其光輝燦爛之歷程。

人爲血肉之軀，有情感的寄依和抒發；自然景物、宇宙現象、社會動態，影響其心理與情緒，當然會觸景生情，由觀察欣賞，進而嘆息吟哦，或慷慨高歌，或擊節詠唱，於是，便產生詩的韻律和篇章，以爲言志勵節之自然表現。

詩有其藝術的本質，沒有詩藝術涵養者，寫出的詩當然不會邀人共鳴而流傳千古。所謂詩藝術，是語言文字的靈活運用、意象的適度安排表現，情感的自然灌注、境界的提昇與淨化等。所以一首有藝術價值的詩，其一字一句，必蘊含著以上的諸種特點。如杜甫的〈旅夜書懷〉，便有著極濃密的詩境畫意，反映出其平生的遭遇感傷；但其曠達胸襟，並不使其向生的意志滅滅。「細草微風岸，危檣獨夜舟；星隨平野闊，月湧大江流。名豈文章著，官因老病休；飄飄何所似，天地一沙鷗。」試問，如果沒有詩藝術修養者，何能寫出這樣感人的詩篇？

談到詩的藝術，必定要有哲學的體認和美學的追求。李白和杜甫的哲學觀點就不同；李白的哲學觀近似老莊思想，自然無羈，任性尙俠；換句話說，就有些放浪形骸，獨來獨往的意味。而杜甫就接近儒家的思想，有著積極入世的生命意念。但兩人的意境卻同樣的高遠，對自然現象的變幻，對滄海桑田的變化，和對人生的種種遭遇，都有著同樣的感傷句子。如李白的〈送友人〉詩，就有「青山橫北郭，白水遶東城；此地一爲別，孤蓬萬里征。浮雲遊子意，落日故人情；揮手自茲去，蕭蕭班馬鳴。」的感人情懷。其中如杜甫詩中的「危檣獨夜舟」，李白詩中的「孤蓬萬里征」，便可想見詩人當時的心境都是自我性格的表現。同時，也唯有孤獨的情懷，才能反映出萬象萬物的浩大偉瀚，所以這種千古流傳的詩篇，儘管物換星移，人體早已風化，但其詩的情懷，藝術的美妙功力，卻永遠潛藏於後世人的心靈之中。

詩人有奇妙的想像力，並有著潛意識的藝術心靈波動，一抬頭，一舉手，一投足，都是詩的形象和理念，很難安於一個普通人所處的平凡生活環境中。如陶淵明隱居田園，時時刻刻都投入大自然的化境裡，如「採菊東籬下，悠然見南山」的詩句便順口而出。也許對一位鄉農，每天置身美妙的景色之中，他絕對沒有那種藝術情懷——能發言爲詩、開口成章的雅興和造詣。而詩人就不同，能神遊大千，目接萬象，可以隨心所欲的表達情志，難怪柏拉圖要將詩人逐出

「理想國」的門外，不讓他們破壞其理念中的純樸和安寧！

大多數的藝術家和文學家，都具有詩人的稟賦和創作才能。文學藝術因具有美的意蘊、愛的純情和眞理的期求，而詩人爲追求藝術表現的極致，很可能變得孤絕而狂妄；如李白、李賀、屈原、莎士比亞、波特萊爾、席洛等人，對世事的觀感、人生的看法，都與一般常人有異。甚至其生活方式一反常態，溯其主因，不外淡於名利，認定人生如一幕戲的上演，當幕謝後，即如《聖經》所說的塵歸塵土歸土而已！所以其能堅持其藝術哲學觀點，以有生之年，建塑一個完美的理想，藉詩表露心靈嚮往的天堂和聖域景象。雖然有時未能達到其嚮往的要求目標，但能澆滌胸中塊壘，寄理念於未來，總是一種滿足於所謂「情意結」（Complexes）的自我慰藉了。

詩是表現的藝術，偉大的詩作，都存有悲壯慷慨激憤的意緒在內。亞里斯多德最瞭解此點，在其《詩學》中論及詩乃追求眞理的自然表現，有其超越感官的眞實世界，並指出事物的必然關係，所以亞氏重視詩人的藝術感覺，並重視詩中的獨立自主思想和意識。尤其對悲壯哀憐恐怖的情節最爲著重，因爲其最能引起人類的共鳴；爲排解其潛存於人類心靈內悲壯哀憐意緒，詩有著發洩和慰藉的功效。因之，亞氏的悲劇起源說理論，便自然而然的成立。其次，詩的表現自然美，以及對宇宙萬象的禮讚與依戀，也是構成詩藝術的主體。如姜白石的「數峰清苦，商略黃昏雨」；杜甫的「雲氣生虛壁，江深走白沙」；李頎的「秋聲萬戶竹，寒色五陵松」；杜牧的「南朝四百八十寺，多少樓台煙雨中」；韋應物的「春潮帶雨晚來急，野渡無人舟自橫」等詩句，都是原作者的靈思神來之筆。詩之可貴處，在能見諸眞情眞性，物我兩忘，而與大自然融合爲一；因此種詩作，亦最能引人入勝，所以波特萊爾說：「你聚精會神地觀賞外物，便渾忘自己的存在，不久你就和外物混成一體了。你注視一棵身材亭勻的樹在微風中盪漾、搖曳，不過頃刻，在詩人心中衹是一個很自然的比喻，在你心中就變成一件事實；你開始把你的情感慾望和哀愁一齊假借給樹，它的盪漾搖曳，就變成你的盪漾搖曳，你自己也就變成一棵樹了。」優秀的詩人，觀察萬事萬物入微，心湖的波動，都是日落月升的彩色畫面、鳥飛魚躍的鮮活形象，其靈思的銳敏，感覺的逼眞，非筆墨所能形容。

現代詩所表現的藝術意識，更是錯綜複雜，有時全憑直覺，是難以欣賞和玩味的。但有的詩的確苦澀難解，意象模糊不清，反而有失詩的藝術表現特性，此乃不爲讀者們所樂於接受的主要原因。當然，現代新詩人，能瞭解詩的藝術精神者，也大有人在，如商禽的「在詩中，文字的職責是『意象』的表現，在詩中『文字』是事物的象徵，而不是『意義』的傳譯。意義是可解的，而意象要求被接受。」（見創世紀詩刊五一期「商禽詩觀」），又如詩人大荒在其存愁詩集代序有云：「一首成功的詩就是一株有很深的根，很勻稱的枝葉，開很美且會唱歌的花朵，結非常豐碩甜美的果實的樹。」詩就是詩，正如同一株根深葉茂的樹，長在廣原之上，迎彩霞披日輝，遠眺生氣蓬勃，近視高不可攀，使人心曠神怡，喜悅快慰。詩更似一座典麗宏偉的建築，凌空而立，四周的雲光霧氣昇騰圍繞，使你頓生一種既隱約而又眞實的美感。

詩的創作不易，其與作者的藝術涵養氣質有關，當然更要具有智慧和才華的詩人，才能寫下不朽的詩篇。平心而論，目前不少從事詩作者，寫來寫去，都是些使人不解的夢囈詩，或是些陳腔濫調的打油詩，甚至是散文分行的解體詩，根本無詩的原味可言。很久已不作詩的瘂弦在其多年對詩的體驗中，曾寫著：「風格的形成與詩人的氣質有關，沒有一個詩人願意不停的重覆自己的聲音。談到變，我認為應該以自然的漸變和超越為原則，若是為變而變，就不自然了；若變得完全不像自己，無此必要也無此可能。」（見創世紀詩刊五一期「瘂弦詩觀」）。事實上，詩的風格形成，全賴詩人自己建立，一旦發覺寫詩是一件極度痛苦的事而又無法自我表現時，那就該深切檢省了，因為詩神李白和繆司早已離你遠去，而藝術殿堂中，能排列的席位，畢竟是留給少數幾位天才的。

談長篇小說的創作

小說是最能表現人類生活、思想、感情、心態的文學創作，尤其是長篇小說，以歷史文化為經，以時代生活為緯，以人性為核心，以精神意志為生命依歸的藝術表現。因之，長篇小說向為世界偉大作家窮畢生之力創作的文藝作品主體，較之史詩與戲劇，更能發揮警世易俗，提昇人類情操靈性的文學創作精華。所以說，一個流傳不朽的大小說，要比一部民族史和哲學史，其產生的歷史影響和學術價值，不知要高上多少倍？如果說文學藝術的偉大綜藝品和結晶體是什麼，那我們就可毫無疑義的指出是一部完美無缺的長篇小說。

試觀任何一個多苦多難的時代，祇要產生一部震撼人類心弦的文學小說，便可以流露無數人的心聲和理想曙光，同時那個時代的一切內涵和面貌，也能在那部小說中毫無保留的映現出來，所以羅曼羅蘭說得好：「生命從沒有像處於患難時那麼偉大，那麼豐滿，那麼幸福。」

索忍尼辛是位傑出的長篇小說創作者，他的《癌症病房》和《古拉格群島》兩部小說，都是在極為艱苦的環境中完成，如果沒有堅忍的寫作毅力，如果沒有強烈的道德和勇氣，決不會觸及到人性的眞實內層，更不會在字裡行間暴露共產主義社會的殘酷無情，同時藉其凌厲的筆鋒，展現出人類追求自由民主的靈魂呼號。因此，長篇小說最能發揮作家的藝術才情，最能挖掘歷史的眞實面目和揭露時代的風雲內幕。索氏曾說過：「誰都無法阻擋人們前往具正確方向的道路；爲了這行爲，我們必須接受死亡的覺悟，即使是作家，也應在其有生之年，不可放棄他的筆，否則後果的教訓，將使我們今生所學的一切，功虧一簣。人人克盡其才……在我們歷史上，必將增輝不少，且是過去未曾有過的事」。（以上節錄索氏寄給蘇聯第四屆作家同盟的信）由此足證，一位有歷史責任感的偉大作家，他所重視生命的眞正價值，以及對死亡的覺悟和靈魂的提昇，換言之，即是畢生爲追求眞理而奮鬥，而藉文學藝術表現眞理者乃爲描刻人性的不朽作品，其中以長篇小說最能刻劃得淋漓盡致，扣人心弦而撼人心魂！故而在中外文學史上，比比皆是。時至今日，不知有多少部流傳不朽的說部，深深在人類的心靈中閃爍著人性的光輝，或在不知不覺間正導向著人生愛美求善歸眞的目標，其潛移默化的功能，並不亞於任何宗教的經典。

長篇小說創作不易，作者除了對人物的刻劃細膩而有代表性外，再就是結構和情節的講求和安排，其中情節最能帶動人物的不同遭遇和個性表現。試觀中外的名作，一部長篇小說的時間和空間，往往隨著人物的遭境而延伸，有時環境也能改變小說人物的心理，當然，人物的心態變化是由於外物的刺激而感發，這與小說中人物的教育程度與人生觀有著直接的關係，如《西遊記》中的唐僧，其向佛心切，有悲天憫人的胸襟，遇到任何艱難險阻的事，都能以佛家之慈悲心念泰然處之，祇要能取到眞經，願意忍受任何苦難。而孫行者就不同，以火眼金睛，靈巧的內心反映，很容易察覺到外界的動向，處處謹愼小心，保護師父度過重重難關，使情節得以順利的發展下去，使結構緊密，再加以豬八戒的疏懶成性，見色動心，凡事不在乎的心理，使妖魔鬼怪能見機行事，造成種種驚險的場面和故事的高潮，而使人同情者是苦行僧沙和尙，吃虧受難都有他的份，但不失爲唐僧的忠實徒弟。因之，《西遊記》如以現代小說的藝術表現技巧而言，實有其值得借鏡之處，至少具備了以下幾點要件：即一、人物個性刻劃成功。二、心理描寫眞實細膩。三、情節動人。四、結構嚴謹。五、佛與魔的分野明朗，眞理終於戰勝一切。六、有藝術美的塑性存在，唐僧便是唯美的典型。以上所見，乃作者閱讀過《西遊記》八次所得到的結論，並以現代文學作品的剖析和鑑定標準所得，是否如此，尙待行家指正。

長篇小說之所以能影響人心與時代，主要的因素是構成其作品中的人物觀念和思想，無時無刻不在反映現實和批評人生，不論是正面或反面的，或是揭發光明面的和暴露陰暗面的，讓讀者深入其中的處境和感受，而發出內心的共鳴和心靈的慰藉。如此一部長篇小說，也可能就是你一生的遭遇，或是部份的生活處境，使你不得不關心，不得不注意其最後的結局如何！

關於長篇小說的創作理論很多，有的堅持一定要有個完整的故事，全在乎人物刻劃的成功。有的也一直以爲是人物心理的反映和描述，藉心態的演變表達時代的遭遇。還有的秉持小說就是歷史的事物記述和求證，並提出幾個典型人物的人性反射，讓廣大的讀者去體會和認同，他應該屬於那一個典型？然後去培養一個可能發生的結局，但那個結局必得是完美的和避免傀儡型的。換句話說，小說的藝術精神和創作主旨，是在找尋一個眞實的自我，和走出一個容易迷失的人生虛幻夢境，由此可以得到結論；小說是有其生活的眞實性的，縱然有時情節和人物可以虛構，但其最終目的，卻在指示著整個人類，應邁向一個充滿人性溫暖的世界，並展現出追求眞理和追求愛情一條最有生命價値的道路。

長篇小說的取材廣泛，但經歸類，不外乎寫愛情、寫戰爭，寫亂世的流離顚沛遭遇，寫牢獄的纖悔和往事回憶，寫荒島的光怪陸離等等，當然寫悲劇性的遭境，較寫喜劇的感受要動人，寫烈士的悲壯事蹟比苟且偷生的可憐蟲要有意義。寫長篇小說主要的是用吸引讀者的筆觸，賺人眼淚的情感，引人入勝的情節，並具備美學的知識和表現技巧，才能將一部長篇小說自始至終寫得活潑而眞切，使讀者的心目集中，精神貫注，靈魂依附，不得不再三讀閱和愛不釋手，且能直接或間接影響其心理和人生觀，最好使其心靈激盪，認爲已是自己將要發生和遭遇的一切，即使他的一生根本沒有這種可能，但他已經獲得精神上的滿足，情感已得到發洩，意志已得到發揮，心理已得到補償。

長篇小說在文學上佔有相當的地位，其藝術價值甚高，而流傳亦久，雖然不是一部活生生的歷史，但較歷史更具代表性，因其代表當代人類的思想、情感、心態、精神和靈魂。歷史的典章制度、生活習俗、宗教文化，以及其他各種政治、經濟、軍事等建設，是以固定的史記方式寫出，然富於藝術表現技巧和功能的長篇小說，可從任何人與物的角度去描述與發揮，且不受時間和空間的限制。所以說一部偉大的小說，是無數人心音的迴響，是創造歷史文化的原動力，在時代意義上崇高而超然，並象徵著人類智慧的卓越，才能以虛構的人物情節，充實於現實生活的人們，使其有瑰麗的希望未來，活得更有意義和價值。

寫長篇小說者，一定要有審美的經驗和哲學素養，當然也要有史學家的銳利眼光和宗教家的慈悲胸襟。僅憑一些人生的體驗和藝術感觀是不夠的。不朽的小說家，可以說就是一位美學家和思想家，也是文學藝術的傳道和殉道者，因爲他的心境早已超越歷史的曠野，任何歷史可能發生的事故和變化，已在其塑造的人物和情節中流露出來，祇要是自己沒有走完的道路，在作品中已指出了痕跡，即使連同自己的創作和情感，都在作品中映照出來。當然，到底一個人的最終收場，是喜劇抑或悲劇，也衹有全憑自己去親身在作品中體驗，而有卓越藝術表現能力的小說家，即往往點到爲止，因爲連小說家本人一直是在不斷的創造中完成自我，如此，文學作品也才更能永遠的流傳下去，偉大的作家也才會不斷的出現。

論長篇小說的藝術性

長篇小說是文學表現的最複雜的一種體式，其不同於詩歌、散文和戲劇，長篇小說因爲有人物有情節，也有生活的縮影和歷史的背景，所以說長篇小說有其廣闊的藝術塑性。

長篇小說的結構嚴謹，而人物的故事與性情表現，是成爲一部作品的有機體，沒有人物，何有故事與情節，沒有情節，便生動不起來，使讀者讀後索然無味。長篇小說的體式與佈局必得前後貫連一致，其構成的經緯線必須明確而貼切，在隱隱中可以窺覺情節的發展趨向，而人物的個性和心理狀態又必須合情合理，惟突發性的遭遇，以及天災人禍的降臨，則往往形成小說中人物情愫的轉移和蛻變，依據心理學的定則和規律，加以文化背景、地理環境的使然，作家必須仔細推敲故事和情節的自然發展，使讀者會著迷似的去探索和印證。

長篇小說寫的並非盡是歷史的演變，寫的是生活的反映，人生的際遇。美國名小說家海明威的《戰地鐘聲》和《戰地春夢》等，就是海氏的生活際遇，其中有戰爭、有愛情、有生活的體驗，由於能將其深沉的感受作敏銳的描述，尤其是人物的刻劃特別突出，所以能感人至深。然其名作《老人與海》，應屬於人生體驗的另一典型，以簡單的人物與對話，襯托出人類與自然適應與搏鬥的結果，是意志堅定成功的喜劇，更是與自然戰鬥的悲劇，有心人當可看出，海明威不愧是從大自然取材創作的高手，因爲他的人生理念，是不斷的奮鬥下去，直至生命的終結爲止。

長篇小說的藝術塑性應訴諸理性的自然發展，以及人性和靈性的自然追求，長篇小說寫的不一定是故事，也不是史實的描述，因爲長篇小說有其獨特的藝術性，有其完整的情節結構和發展，同時更有典型的人物創造。托爾斯泰的《戰爭與和平》，既有完整的情節，也有創造的人物，由於托爾斯泰是基督教的崇奉者，所以對戰爭極端的厭棄，而追求和平的早日來臨。因之，有人說；寫長篇小說應不違背歷史的發展原則，尤其要順應自然的定則，不可僅憑史實而寫，憑眞實的故事而平鋪直述，因爲那不是小說藝術的屬性，那祇是一部傳記或一部歷史的記載罷了。

目前我國作家，能寫出一部完美而動人的長篇小說者不多，溯其原因，不外缺乏藝術表現的能力，再不就是生活的體驗不夠深刻，知識與閱歷不夠充實，以及對歷史與生活的感受不夠銳敏等等。一個具有藝術與文學素養的作家，自有不同的創作技巧和獨特的風格，而平素對寫作素材的蒐集，對各種不同類型人物的心理瞭解，往往會使作家們產生一種對生活的奢求和人生寄望，非得以文學的表現方式，以獲得心理上的滿足，這種文學表現的衝動，而賦以小說中人物的性格和情愫，便是一部長篇小說創作的原動力。

長篇小說的人物架構和情節網路，必須條理分明，如《水滸傳》中的每個性格不同的人物，其對話和表現，心理因素的分析，以及行爲舉止的描述，都使人讀後有無限的眞實感。再如《三國誌演義》、《紅樓夢》、《鏡花緣》、《西廂記》、《金瓶梅》等等，無一不是由於人物的刻劃成功，而使廣大讀者印象深刻，成爲不朽的鉅構。因此，我們可以說，寫大部小說，作者必得思維縝密，見識廣泛，且創作技巧獨特，人物栩栩如生，情節如同長江大河，源遠流長，而且趣味橫生，發人深省；唯有如此，其藝術塑性自高，其表達意念與才華，才能使人驚服和讚賞不已。

長篇小說的創作既由上述諸種因素所形成，所以少人敢於問津，創作之前，必須研擬大綱，設定時間與空間的發展路向，同時對當時當地的生活習慣、宗教文化背景，應有深刻的瞭解，其他如口語的對白、詞藻的運用，心態的反應，突發事件的處理等，又必得煞費苦心，使能自然發展，讓讀者如身處其境，反覆嚼味，進而融合為一，以發揮文學作品潛移默化的功能。

西方長篇小說創作流派甚多，然多偏重心理的描寫刻劃，存在主義與意識流的創作小說，不易為廣大讀者所瞭解，其原因在於生活環境的不同，文化背景各異，反而不為有遠見的現代作家所重視，雖也風行過一個時期，但結果如何，對有志長篇小說創作者而言，胸中早有鑑定和評估，因為其絕非文學創作的選擇正途。

沒有愛恨，沒有男女，沒有生活，便沒有文學作品的誕生；沒有表現技巧，沒有藝術塑性，沒有創作理念，便沒有長篇小說的創作內涵和動力。長篇小說不同於長詩和傳記，因為它其實是一部有血有淚有靈魂的藝術品，其文學價值絕非其他作品所能替代。

長篇小說在文學上的地位

如果潛心研究世界各國文學史，便可發現小說在文學作品中的重要地位，尤其是一部結構完美能啓示世道人心的長篇小說。因之，近年來，作者一直在思考這個長篇小說創作的問題，雖然已經寫了幾篇談論長篇小說創作的文章，但總覺意猶未盡，因爲長篇小說的創作內涵和藝術塑性，根據中外名家的精闢論點（即創作經驗），咸認是歷史人類心性的不斷解剖和靈性的再度激揚。而最後能歸依於神性的慰藉，才能完成從事文學藝術創作的最高境界和社會影響功能。

長篇小說的表現形式和內涵，說穿了就是如何從歷史的古鏡中，照出一個壞人的醜陋面貌和心態，並顯象出一個好人的美善風貌和心靈。故而自有人類和生活開始，就有那些有心人（即文學藝術家）去鑑別他的一切，甚至關懷和同情他的一切，即使其一生充滿了罪惡，或成爲眾人的仇敵，但在創作者的本身，也要毫無顧忌的將他置於歷史的手術台上，解剖其症源病根，看看是否是由於「他的性格造成他的命運」？或是由於「人的環境造成他的命運」？因爲唯有如此，才能達到作品的求眞求美的境地，也才可平息眾怒和回復人類原有的本性。

儘管各種文學流派和創作的理論見解不一，但無可諱言的，從事長篇文學小說的創作者本身，都是在宣洩和抒發其多年的思想和生活經驗，藉助藝術表現的技巧，在塑造每個不同的人物典型，使能活生生的在大眾面前出現，正如同自然界的景物變化，由於時序的遞換而呈現出的花容月貌，以及在風雨雷電交相侵襲下的大地山河本色，使您親自感受到自己的處境，而如何去辨認自己的存在價值和生活意義一樣。所以說一部眞正有文學內涵的長篇小說，除作者本身應有高度的智慧外，並有能深入歷史超越時代的生活感受，將人性的縱橫面以快刀利刃作淋漓盡致的解剖，該保留的保留，該揚棄的揚棄！

寫長篇小說，必須透視歷史的演變和人性的本質，凡是能流傳不朽的說部，總以表現歷史的內涵和人性的善惡見稱。因之，熟讀歷史便可吸收其源流的澄清面和排除其污濁面，而剖析人性的光暗面尤能引人痛加惕悟和檢省。哥德的《浮士德》和但丁的《神曲》，就是最好的例證！我們每讀托爾斯泰的《戰爭與和平》，便不難發現托氏的苦苦用心，既由人類帶來危害世界的戰爭，也由人類在不斷地努力奮鬥追求和平。因而，戰爭爲的是追求自由眞理，和平爲的是證實眞理和平的理想和代價。如果人類不是由於彼此的仇恨爭奪，又豈有戰爭可言？然托氏歸根結底，是希望人類應彼此互愛互助消弭戰爭，歷史才能展現光芒。所以托氏的「藝術論」乃以其督教的精神爲內涵，以發揚人性的光明面，揭穿歷史的陰暗面，將完美的人道精神，充塞於天地之間。

任何一個國度的作家，畢生所追求的是如何寫好一部感人的作品？而將自己的意志和性靈根植和散播在作品之中，使讀者領悟到甚麼才是有意義的人生，而生命的價值又在那裡？一個生長在民主自由國度的作家，才能寫出堅實而富有靈性的作品。反之，一個生活在沒有思想自由的共產主義國家的作家，其由於精神上的壓力和心理上的衝刺，也同樣可以創作出撼人心魂的偉構！所以說，一個有高度文學思想和藝術素養的作家，其心智的清醒，觀察力的銳敏，較之一位哲學家和科學家，更有使人類能站得高和看得遠的思想影響力量。

平心而論，創作長篇小說，絕非一朝一夕即可完成，必須不斷的鍛鍊自己的生命和意志，而僅憑有限的生活思想空間，有限的智慧和知識領域，有限的藝術表現能力，以及忍受有限的生活苦難和時代考驗，很難能寫出一部流傳不朽的文學作品。

寫長篇小說，一定要寫出自己所熟悉的事物和生存的年代，因爲自己不熟悉的事物絕難寫得深入而生動，遑論邀人欣賞而引起共鳴？同時寫自己生存年代的事情，同年代人的思想行爲，個性和情操，神態和心靈，才能掌握得確實而自然。這在古今中外不少名著中可窺全貌；如同《紅樓夢》和《水滸傳》、《約翰．克里斯朵夫》和《茶花女》等等均是。如果不寫當代所親身的遭遇和感受，或作他人生活思想的代言人，或設身處地的體驗當事人的心境，何能使人讀後流下同情的眼淚？或贏得大眾同聲的喝采！談到這裡，使我想起法國小說家斯湯達爾（Stendhal）的話：「小說是沿著大路被搬運的鏡子，它有時反映出藍天給各位看，有時也反映出爛泥巴，但是背著鏡子的就會被毀謗爲不道德的人。」事實上，小說作家的藝術良知和文學情操，絕非一個沒有道德和勇氣者。他是用一枝筆宣洩人間的善德和敗行，讓每位讀者去認定什麼是美？什麼是醜？亦唯有如此，小說作品才是至高無上的良藥珍品，使麻醉的人性再度復活，使眞理正義得以伸張。

目前我們所迫切需要的文學作品，是有民族磅礴正氣的偉大史詩，使民族文化的根在苦難的年代開出人性燦爛的花朵，但更需要的卻是一部充滿民族情感和人類愛心的長篇小說，唯有以長篇小說的題材表現，才能剖示人性的眞實，時代的面貌和歷史的精髓。而小說作者運用其純眞的藝術情感，文學的良心，去赤裸裸的解剖歷史的軀體，澄清人類禍亂的源流，他應該永遠不懈的和不屈的進行解剖，適如科學家使用的儀器去鑑定社會的群性和個體，以及宇宙自然的眞相一樣。因之，布魯斯特（Marced Pronst）所云：「所謂作品，不外是作者提供給讀者的一種光學儀器，用這種光學儀器可以判斷出，不讀這部作品就無法看到心中之物。」誠然，作家手持的不是經典，不是約章，更不是刀劍，而是以其作品去潛移默化讀者的心靈，讓他們看見所處年代的歷史面貌和盛衰，所接近各種人物的心情和心態，同時更藉以作品中人物的遭遇，選擇他們所求得的和意欲唾棄的，以安排一個屬於自己所渴盼扮演的完美角色，才能獲得眞正的人生價值。

試觀世界有文學水準的國家，總是以長篇小說作爲衡量的主體，當然戲劇和詩歌散文也有其文學的重要地位，但畢竟小說的藝術塑性較易影響廣大讀者的心靈，所以向爲世人所矚目，而尤其是長篇小說，也最能吸引讀者的普遍興趣。證諸諾貝爾文學獎的每年得主，小說家仍是獲獎的主流，溯其主因，不外小說作品最能提昇人類的生活思想，最能反映時代歷史的內涵和動向，最能抒發人們的心聲，當有其先天性的文學影響功能，和後天性的流傳延續不絕的文學思想價值，且不受地域或時間空間上的影響，紙要翻開一部當代的大小說，您便會融合在其情節和人物的漩渦中，隨同歷史的流向日夜向前，並永遠留下不滅的時代創痕和心靈深印。

談武俠小說的題材

自從《楚留香》和《天蠶變》兩部武俠連續電視劇在台灣播映後，製造出兩位赫赫有名的「楚留香」和「雲飛揚」男主角，祇要是喜愛看武俠電視劇的，莫不到了狂癡和廢寢忘食的程度，而其兩劇主題曲的流行轟動，更是不在話下。

作者早年涉獵武俠小說甚勤，曾一度爲王渡廬先生的《臥虎藏龍》說部所迷住。因其筆下所描寫的人物，既不涉及各種門派的爭鬥，又不談論各種神技武藝的精湛，完全從各個不同江湖綠林好漢俠客的遭遇處境，以及心理性格的特質變化著筆，雖也有嘆爲觀止的武術兵器搏擊，意料不到的情節轉變，但經仔細研討所得，對一位在武術功夫有相當造詣者，並非絕無可能。然其描述人物心態之細膩，性靈之流露，情節結構之完整，乃有助於眞正文學作品之創作，而絕非時下一般武俠連續劇所可塵及。

談中國武俠說部，如以史傳考證，即濫觴於戰國，而漸盛於漢武時代，隋唐鼎盛，至元明清各朝尤其盛行，其間涉及怪誕寓言，神仙道術，如《列子》所載之〈愚公移山〉，唐代張說之〈虯髯客傳〉及楊巨源之〈紅線傳〉等，俱見武俠小說之端倪。而降至明清之《西遊記》、《水滸傳》、《兒女英雄傳》、《七俠五義》等諸小說，更是開神怪及武俠說部之先河；尤以清代魏禧之〈大鐵椎傳〉，對江湖奇人異客之繪形繪影尤見逼眞，且任俠豪義之舉躍然紙上，甚具文學作品內涵。

時下武俠小說作者，係以我國歷代戰亂興革及文化層面爲經，以儒佛道三家悟道修練之內工神氣爲緯，再輔以時潮小說創作技巧，揉合而成一部不倫不類的幻象式小說，足以展示其離奇曲折之故事情節發展，滿足人類之幻想慾望，藉助其精奇招式技藝，達成其對中國工夫與乎男女戀情之嚮往和遐思爲目的。當然有時也將四維八德融於其間，以寓教於樂的體式寫成各種流傳一時的武俠作品，以迎合讀者與觀衆的胃口。

武俠小說所描寫的各型江湖人物，其身懷絕技各異，有的爲害民間，魚肉鄉里。有的劫富濟貧，行俠仗義。有的浪跡江湖，到處飄零。有的身爲護院，憑武技謀生。但爲了標立江湖俠客典型，不惜筆墨，穿插不少驚人聽聞的故事與情節，並將其所展示的各種武藝，如刀法、劍訣、鎚棍槍棒招式與路數，歸屬其各種門派，如少林的拳腳，武當與峨嵋的劍術，崆峒與崑崙的斧鉞鉤釵拐子流星等兵器使用，使各呈奇招，各顯威力。甚至以奇門遁甲之獨門秘術，用於戰陣打鬥之間，以增加其陰森恐怖氣氛，如攝魂、挪移、遺屍、異位、遁形等法術，交互施用，其高深莫測，使人嘆爲觀止！事實上這些神奇秘術，早已見諸《封神演義》各章所載，如土行孫的地遁術，懼留孫的隱身法，通天教主門人對攝魂遺屍之法的施展，能玩弄於掌指之間，而申公豹的移首大法尤其令人咋舌。是故，目前的武俠說部將以上所列的各種神秘法術，輕而易舉的加諸在其人物身上，說穿了，實在是愚弄讀者的一種手法，毫無道理可言。

觀《楚留香》和《天蠶變》兩部電視連續劇，對武當劍術的介紹，佈陣方位的精妙設計，眞是不遺餘力，當然是經過名劍師的指導和訓練，由太極兩儀四象八卦的演化而形成奇厲無比的劍陣，較之《封神演義》中的「誅仙陣」和「萬仙陣」的陣中各項設列，其千奇萬變之情節尤有過之。不過，《封神演義》乃爲介紹佛道思想精義的大書，絕非泛泛武俠小說所可比擬，因之，其文學價值自不可同日而語了！

不可否認的，武俠小說所拍製的影視劇片，的確擁有很多的觀眾，即以《楚》與《天》兩連續劇而言，作者曾細心探討其能迷惑觀眾的主因所在，經剖析其劇情所得，起碼已具備以下的幾個特點：（一）多變而難以預料的情節發展。（二）各種正反人物的描述精緻獨到。（三）各教派間明爭暗鬥的詭詐奸巧貼切而突出。（四）男女愛情的發展綺麗香豔且多采多姿。（五）各種武術的展示推陳出新。（六）江湖環境的滄桑變化，觸及現代人生活感受的遐想和寄依。（七）影視效果的傳導作用成功。（八）工業社會多變心態的暫時鬆弛與美化。（九）劇中男女主角已深入心靈而產生移情作用。（十）由於劇情的發展尋求自我的超脫。舉例而言，楚留香的標緻端莊、智勇兼備，其彈指神功，不知叩開了多少女性觀眾的心扉？雲飛揚的純誠樸實，奮發進取，每於危難中獲得人助天助，而又毫不費力的嚼食千年難遇的冰山雪蓮，其武功精進至登峰造極境界，不知羨煞多少男士？再者兩劇中高潮迭起，對話清新可喜，而各女角的造型各適其份，使人充滿興趣的觀賞下去，希望獲得心神的快慰和滿足。

然而，武俠說部的文學藝術價值畢竟欠缺，因往往失其歷史與時代的眞實性，正如同稗官野史不同於正史一樣。而一部偉大的文學作品，其震撼人類心靈，在講求人類眞實的情操和德性的追求，如「楚留香」和「雲飛揚」兩人，其處境遭遇雖也同一般人一樣，但刻意的美化，使其成爲完美的典型，巧合與藉助，並不能成爲一個眞正的人生面貌與本性，何況那些無稽的神功仙術，祇能算是一種假象的附會與投合。所以說：「楚留香」和「雲飛揚」二人，是經過捏造的泥塑木雕，是鏡中花水中月，乃一種假借幻象的波影，缺少眞正的性靈和生命。

再從武俠說部回到現實，其所指的各個門派，如少林、武當、崑崙、崆峒、華山、峨嵋等，除河南嵩山少林寺，有部份僧人確係練功強身外，其他俱係山嶽地名，而道觀寺庵，參禪靜坐悟道養性者屬實，而練劍習刀者畢竟還是少數，武俠小說作者僅憑人云亦云，道聽塗說大作文章，純屬臆測虛構，識者當一笑置之。另如所云：「人在江湖，身不由己。」說起來實在可笑，所謂「江湖」者，即人在異地他鄉，遍歷大江闊湖之謂，能經商者經商，旅遊者旅遊，求學者求學，何「身不由己」之有？不過，對江湖賣藝者，或落魄和居無定所者而言，可能有時就由不得自己作主吧！但身懷武藝者，淪入山賊草寇者卻少之又少，一般俠客隱士，多半均係知禮通義，或滿腹經綸者，理應行規蹈矩，絕無爲非作歹之事，致武俠爭霸事件，恐怕是不多吧？因之，我國武俠說部，憑想像者多，僅供人們茶餘飯後消閒解悶罷了！

試觀目前武俠小說充滿坊間，爲小說迷者爭閱對象，此乃社會安定，經濟繁榮之自然現象。而眞正有助於精神修養的書籍，卻束之高閣。再說像《聊齋誌異》、《東周列國志》、《三國志演義》等有文學價值之說部，能鑽研和欣賞者，恐怕愈來愈少，其他如經史子集就更不必談了。

每個時代，都有不少作者從事類似武俠小說之寫作，但能流傳不朽者卻少之又少。溯其原因，不外不能反映時代，表現歷史精神和剖析當代人性之追求，所以更難指出人類的生活理想和遠景。而如果以寫武俠小說的生花妙筆，再融合文化內涵和時代新知，創作一部具有歷史與人性光輝的作品，豈不更有意義？誠然，我們也不可疏視武俠小說作者的高度才華和生命潛力，因為《水滸傳》和《基度山恩仇記》兩部偉構，就是武俠說部的另一種藝術表現形式。惟待寫武俠者學知的充實和精神境界的提昇，乃為當務之急，而不再自我解嘲和浪費心力，並能從歷史的軌道上找出更生動的題材創作，以對時代與人類有所貢獻。

中國人的智慧

鋼琴詩人傅聰曾談及，他所作的樂曲或藉演奏出的音調，多富於中國文化的表現情調和傳統音韻，使人聽過之後，對中國人的生活情操和思想智慧，有著嚮往和讚賞的感覺。因爲他熱愛中國古老的詩詞樂曲，且對樂器簫笛笙笳，以及鑼鈸鼓箏等樂器，都用盡心思的研究過，發現這與中國文化的發展有極密切的關聯；中國地大物博，歷史久遠，並將人生與自然融化爲一，因而在吹奏的樂器中，傳出美好而和諧自然的聲韻。「此曲只應天上有，人間那得幾回聞」。一點都不錯，藝術表現，不應捨棄固有文化。祇有在民族的深層土壤中尋根，再經過苦心的創造，才能完成一首可久可遠的樂曲。學音樂的人，可以到法國和意大利去研究，可以研究西方音樂大師作品的成就，但一定先要對中華文化有深刻的體認，然後再加以自己的智慧去創作，相信可以獲得意外的收穫。

在中西文學史上，長篇小說較史詩更可以發揮文學功能，因長篇小說的創作，包容廣泛，藝術質素最濃，且易爲廣大讀者所接受，所以凡是有抱負的作家，都希望能有一部代表性的長篇說部推出。目前國內作家，埋首寫長篇小說者大有人在，但如何能寫出一部代表時代，昇華性靈，撼人心魂的長篇作品，卻不是簡單的事。托爾斯泰寫《戰爭與和平》，索忍尼辛寫《古拉格群島》，馬奎斯寫《百年孤寂》等，所費的心力實難以言喻，然有一點可以說明的，即稱得上有偉大成就的作家，一定要有悲天憫人的胸襟，有深遠的透視歷史和剖示人性的目光和愛心，還要有超越的文學才情和藝術才華。

中國人的聰明智慧，定力和耐性，以及勤勞堅忍的精神，早爲世界人士所認定；因爲中國人的本性是善良而保守。這與傳統倫理道德情操有關，正因爲有一顆善良的仁心，有一份擇善固執的性情，所以凡事含蓄、保守、靜默，但內心卻從不認輸，一旦受到外來的衝力刺激，即產生反抗和再創造的意志和潛力發揮，適如史學家錢穆所云：「中國人的性格有濃厚的和合性，而不同於西方人的分別性；和合性具有中庸的客觀意念，分別性易於走向偏頗和極端。是故執兩用中，乃能產生高度的智慧，而見諸眞性情，中華文化之所以有包容性，亦即在此！」近世紀來，中國人在國外以外籍華裔身分的傑出表現，屢見不鮮，曾獲得諾貝爾物理獎文學獎就有七人，再如陳婷婷、蔡溫義、吳漢等人，都以體能及影藝的成就揚名國際，就是最好的例子，其中高棉華裔吳漢，雖從未涉足影藝工作，但以《殺戮戰場》中的現身說法，將一群受棉共迫害者的悲慘心情重現銀幕，不但使演技精湛的影藝老演員爲之遜色，且眞實的演出扣人心弦，創下奧斯卡影藝金像獎頒給中國人的空前榮耀，吳漢有一腔中國人的沸騰血液，和一份追求自由和眞理的執著，才能在自然的表現中獲致藝術的優越成就，同時也說明了電影藝術乃眞善美三者的最佳結合，近年李安又以《臥虎藏龍》影片獲得奧斯卡金像大獎，更使外人刮目相看。

中國的思想觀念，數千年來一直是相當保守的，農業社會的生活習俗，也拘限了中國人創造發展的才識，自五四新文化運動的創導，中國人的眼界始爲之大開，西方科學的日新月異，產業革命的浪潮波及，中國的知識份子便一味的迎合西方學術思想的主流，期冀引進西方新知，發展成一個能與西方並駕齊驅的國家，但每每忘卻中國固有的文化精華，使舊學與新知不能融會貫通，一反農業社會崇尚倫理樸實的面貌。致美好的文化內涵不能在每個人的心靈生根，即如文學藝術哲學而言，動輒拾取西方宗師的牙慧，囫圇吞下西方流派的核仁而不能消化，或各自仿學西方創作表現的技巧，或引用西方意識流派的殘章斷篇，而自以爲時髦新潮，殊不知如不能融會通達，優游涵泳，便形成畫虎不成反類其犬的笑話！故有識之士，總以先曉通固有歷史文化，且有精闢見地，再默察西方學術精蘊，作比較分析研判歸納，當能掌握新知動脈，開創文學藝術嶄新容貌與豐實內涵，然此等極具創見者必屬少數，故自新文學運動以還，創作又何止千萬部？不論其反映時代，剖析人性，頌讚鄉土，抒情言志，描述苦難，追求光明等等，雖也有血淚之作，純情藝術之筆，撼人心靈之章句，然夠氣魄而驚天動地的作品，尙不多見，甚至可以說還無人能寫得出來。倒是有些具眞知灼見的專心人，畢生鑽研一門學問，如熊十力、錢穆、唐君毅、牟宗三、徐復觀、方東美等學者專家，對中國歷史哲學確有精深的探討，並啓發了不少努力向學的知識份子，總算開闢了一條可資鑽研中國文化學術的道路。

近觀國內外中國學人，其言論著述，確有値得借鑑和參考之處，如余英時的時論，可圈可點。柴松林的專題講座，切中社會問題的核心，每有新見。吳大猷的科學論述，確具起死回生，一針見血之效。金耀基對中西文化的體認和論見，亦言之鑿鑿，發人深省。王作榮對經濟問題的深入研究，並對當今經濟發展的趨勢，時有語重心長的篇章發表，爲財金界和工商界人士所重視，其他如孫觀漢、陳立夫、林聲翕、周策縱等諸位學界名流，俱爲鑽研中西學術飽學之士，樂於將所知所學公諸於世，形成中國學術研究發展之洪流，此乃中興氣象最值重視的一環。

國力的強盛壯大，除經濟和國防是有形的力量外，內政和外交更是助長革新進步與建立國際關係的主體政治實現，而文化教育學術思想，乃無形的國家命脈和動力。是故，民族文化的發揚，教育制度的健全，學術思想的鑽研和倡導，實乃強國強本，立國建國的根本；尤其是人文科學的研究範疇，最具民族文化的精髓和特質，對國民生活品質的提昇，思想意志的陶冶培養，精神情感的灌輸發皇，直接關係國家民族的存亡絕續，較之對自然科學的提倡發展更爲重要。因之，倫理觀念的建立，是爲民主與科學的前導與核心，是爲歷史文化的主幹，是爲道德責任勇氣信心的發光的主體。能重視人倫，便能尊重國家的紀綱，同時更能善盡民族的大孝。是則，今日西方社會雖重民主法治，惟物質生活氾濫，宗教信奉日趨低落，社會問題叢生，實爲人倫道德的欠缺，家庭觀念的淡薄所致，此與我中華傳統文化精神實不可同日而語，也是西方文化不能成爲世界文化主流的關鍵所在。

中國人的智慧，得自傳統的歷史文化，更得自善於適應環境和創造時勢，當然自佛教傳入中國，無形中也助長了人生的覺悟和修持，且與儒家道家思想並行不悖。是則，中國人在儒釋道三種流派的思潮中，能各取所長，各行其是。以後基督教傳入中土，其所謂眞理、道路和生命的認定和追求，正好和中國自來就崇尚的「道」字相容相合，祇不過多了一位至高至尊的上帝主宰。所以基督教亦尊重孔孟的學說，認其爲做人處世之本，有時還得借重孔孟學說宣揚教義，試想，做一個中國人，在其生活思想中，隨時隨地都是以「道」來規範和實踐，同時再加以老莊的「自然」和「無爲」思想的影響，其智慧的源泉和領域，就愈來愈廣闊了。因爲智慧乃爲一個人生活心智和靈慧的結晶，也是經驗和知識而成的自我思想突破。有智慧的人，就是有遠大的理想和高深的見解，言人所未言，見人所未見，成人所未成，換言之，就是有辦法的人。或者是先知先覺的人。在我國的經史子集中，多是極具智慧的語言和思想，如四書《中庸》有言：「天命之謂性，率性之謂道，修道之謂教。」這三句話看起來似乎很簡單，但解釋起來，就有很多的大道理存在，而且其精微奧妙，無所不包，無所不容。這種富於邏輯和哲理的語句，四書五經中屢見不鮮，比西方聖哲的語錄和寓言，有時還要精彩和有深度。難怪一部五千多字的《道德經》，早已被西方人士視爲高深莫測的經典之作，迄今還沒有幾位學者能瞭解其精義的，對別的所謂中國通，恐怕也是一知半解罷了。

中國的文化寶藏，需要中國人去探求和挖掘，以中國先民的思想智慧，以現代中國人的天資稟賦，如果專心一志去鑽研，並能吸取西學之精華，再加以自己的獨創和發現，相信一定在各種學術上有其大成。值得憂慮的，是眼見別人的科技日新月異，國力日益堅實，而喪失迎頭趕上的信心和勇氣。事實上，祇要不妄自菲薄，不故步自封，精誠團結，努力不懈，相信中國人以後顯露頭角的機會多的是，不論是在各種學術或競技場上，中國人有資格有智慧也有能力與西方一爭短長。

靈智與慧心

世間最可貴的財富，不是奇珍異寶，不是功名權位，而是人類的智慧，而智慧的產生，在於優異的秉賦和豐富的學知。所謂秉賦乃得之於先天血統的遺傳，但如不經過後天長期的生活體驗與求知印證，即使有優良的血統遺傳，亦未必見得能獲得高度的智慧。故而須不斷的求知，由知而能悟，悟而能得，得而能用，用而適得其所，是謂眞才實學，始可經世濟民，且有助於歷史文化之延續拓展。有人讀了一輩子的書，滿腹經綸，但其所知所學，並不能實用於社會，對人類的生活思想發生不了啓迪和教化的作用，衹可作學術的徵實和治學的考據；寫文章又何嘗不是如此？所謂「貴族文學」或「消閒文學」，以文學作品自娛，作怡情遣興之舉，或作自我解嘲，縱使字字珠璣，出口成章，而其作品雖屬金堆玉砌，惟缺乏文學精神與靈魂，對時代對人生對人性，都發生不了作爲，爲能移風易俗，轉變人類求眞向善愛美之本性，更遑論文學藝術之歷史價值？

時代進步，人類思想觀念亦隨之轉變，而求知貴能實用，在創造人生與歷史的價值，而從事文學創作，尤重時代精神與人性的發揚，文學作品不談人性，不面對時代，不蘊藏民族文化傳統的精華與本質，便如空中樓閣，水中花月，無基無根，何能影響人類和流傳不朽！

縱觀世界名著，凡能傳諸後世者，其價值不以時間而有所消失，便知其原作者一生用心之苦，學知之博，感受之深，非外人所能窺悉。有人著作等身，雖有很高的名望，然終難找出其代表作品，溯其原因，不外著者思想貧乏，見解膚淺，或情操有疵，或德格不高，或拾人牙慧，或思路偏激塞澀，當難有傑構問世。如撰寫《耶穌傳》之路南（Renan，一八二八——一九八二），生於法國，其著筆於耶穌的一生思想行止，以銳敏的眼光和明潔的心靈，作深入而客觀的分述，尤其對耶穌的超人智慧和博愛精神，寫得極爲肯切，而感人心弦，故而深受讀者稱讚，因路氏本身的思想人格，早受耶穌的聖行感召，且基於基督教義，致能運筆如神，深入堂奧。《二次世界大戰回憶錄》的作者邱吉爾，身爲英國首相，是參與二次世界大戰的重要角色之一，當該書發行之時，美國哈佛大學權威歷史學教授莫利遜（S. E. Morison）曾讚邱氏：「一位偉大的歷史家，他的著作以元氣淋漓的神韻，閒話家常的風趣，撼人肝肺的誠懇，和逼眞生動的創造等見勝。」邱氏善於語言文寫作，對於文法語意的素養和運用功力，獨出一格，凡讀過他的《英語民族史》，以及小說《莎露拉》等名作，便可發現其思維之精密，見解之廣博，以及對民族文化與人性透視之深入研究，絕非泛泛者所能比。由此足證邱氏以《二次世界大戰回憶錄》，獲得諾貝爾獎金，實非政治聲望使然，乃是一傑出之民族文化學者與文學家之成就而享譽國際。

有思想的人，其智慧與見識自然能表現於作品之中，言人之未言，見人之未見，尤其是文學作品，更能顯示其藝術才華與情操。如寫《浮士德》的哥德，寫《唐．吉阿德》的塞萬提斯，寫《戰爭與和平》的托爾斯泰，寫《尤利西斯》的喬伊斯，其對人生與宗教的深入體認，對歷史與時代的銳敏觀察，才能孕育出高潔的思想，鍛鍊出完美的藝術靈魂。再如寫《約翰．克利斯多夫》的羅曼羅蘭，對人性的刻劃，對家庭倫理觀念的描述，對一個家庭中同居三代人性格的剖析，以犀利的觀察力，將各人的思想觀念，生活背景，個性與喜愛，分析得一清二楚，且彼此之間的情感交流，心理的成長因素，以及相互依持的生活本能與人性面的投照，使人讀後產生一種生命的喜悅與震撼力，人類唯有相互的關慰和幫助，才能獲得幸福的遠景和生活的保障。

中西學人的歷史文化背景不同，其思想著述當有不同的論點。西方學人重理性，重科學，重實驗。我國先賢哲士重倫理，重自然，重境界。但西方學者也有重視天性與人性合而爲一者，如亞里斯多德、尼采、柏格蓀、謝梨等人，認爲人的價值至高無上，人亦爲宇宙的主宰，這如希臘文化的宇宙諸神論實相背離，難怪如愛默生的《自然論》，赫特曼的《樂天論》，培根的《新論理學》等著述相繼出現，其精義不外肯定人的存在價值，以及人在自然界所佔地位的重要性。英哲羅素，深受東方文化影響，在其著述中，曾多次談到人的精神價值比物質價值要高貴得多，人應該享有大自然的一切權力，而不受外來阻力的威脅與破壞！這如孔孟學說的「樂天知命」和「執中用宏」，在思想境界上雖較近似，然尚差一段距離，與老莊的「道法自然」，當然更不可同日而語。如今西方學者以孔孟老莊的思想與學說爲鑽研的學術主流，不是沒有道理的。

談到中國人的智慧，首先應對「人」與「仁」的精義有所瞭解；人者仁也，人是主體，也是仁的精神德性發揚。舉凡一種學術創作，如果離開「人」的立場範疇，當然無內容可言，即使是西方的科學，亦爲謀求人的福祉而創造發明。而人的生活環境各不相同，有的人庸碌一生，爲求生而生，有的人奔波一生，爲求理想實現而自得其樂，雖無完備的物質享受，家庭樂趣的獲得，但其所求所行，充滿無限的遠景與希望。人的智慧獲得，全賴知行合一，知其眞知，行其必行，是謂追求眞理，追求生命眞諦，追求宇宙自然的法則與歷史定律，雖有時遭遇到外力的阻擾，但必須竭盡心力，運用智慧克服，祇要行其所行，雖千萬人吾往矣！所謂「慷慨成仁易，從容就義難。」便是智慧的徹底表現。絕大的智慧，需要絕大的抉擇與付出，耶穌是智者，釋迦牟尼是智者，但為了救人濟世，便能獻出寶貴的生命與既得的安樂，以求眞知。因此，眞正的智慧表現，不是權力和慾望的佔有，而是生命的奉獻與犧牲。

智慧的得來不易，頭腦須清醒，思路有條理，實踐有方法，西方的邏輯學，我國的理則學，都是求得智慧的必修課程和追求路向。孔子所以被世人尊爲至聖先師，就是其治學求知，待人接物，都有完備的治學求知方法，和待人接物的靈慧心態和行爲準則，因孔子能以誠治學，以禮待人，才能孜孜不息有教無類。由孔子告子路的一段話中，不難看出孔子的思想是何等的精密？探原索理的功夫是何等的深厚廣博？「名不正，則言不順。言不順，則事不行。事不行，則禮樂不興。禮樂不興，則刑罰不中。刑罰不中，則民無所措手足。」從正名而聯想到其他有關禮教與刑典的許多問題，這種修身守分的德性，不是智慧的表現又是甚麼？是故，智慧又貴乎明心見性，由推己及人而澤及萬邦，乃爲大智的眞義所在。

由於人類的七情六慾潛存和影響，是使本性蒙塵，智慧消失的主因，結果便形成你爭我奪的不良行徑！凡名利之所在，便趨之若鶩，並不惜假以種種不正當的手段去獲得，這種損人利己的卑劣行爲，實爲智者所不取。去人慾而存天理，便是智慧產生的泉源，能厚德行，崇仁義，重實踐，自有無量的智慧之光，照耀在社會的每個角落。

談悲劇的內涵

我們讀過很多中外文學名著，很多的人物情節和故事，結果都是以悲劇收場，或者是看破人生而隱逸世外，不願再涉及眾生所追求的功利名位，而視名利富貴如過眼雲煙，原不值得斤斤計較和患得患失，似這種脫身物外的超然見解，是文學藝術表現的哲學意念。

因之，很多文學題材的選擇，一開始即註定了悲劇收場的命運，似乎衹有如此的文學作品，才是剖析到人性的眞實面，也才具有震撼人類心靈而改過向善的影響功效。

提起「悲劇」一詞，不能不想到亞里斯多德的《詩學》，因爲亞氏在詩學第六章程，就談到「悲劇」的定義和產生的原因，亞氏以爲人生在世，由於生存慾望和環境的遭遇使然，有時在心理和情緒上，會引發哀憐和恐怖的意念，進而尋求解脫和退讓迴避的途徑，所以在遇到悲慘命運降臨時，有則哀告上天的乞憐，有則自求生命意志力的奮起搏擊，有則忍受上帝的懲處責罰；因而，宗教意識得以誕生，哲學意念得以成立，或藉文學藝術的主題表現，抒發其心靈的壓抑和鬱結，疏導其哀憐和恐怖的困惑情緒，其用意不外想置身事外，超越世間滿佈的陰影和陷阱，而歸復生活的自然與平靜，使生命得到喜悅和安泰的補償而已！

如果再深入一層對「悲劇」的詮釋，不得不探索「悲劇」的眞實內涵和發展趨勢，那就是要將「悲劇」變成人類生活的一部份來探討，因爲有的人在一生中可能一直在安適的環境中度過，根本就沒有悲劇的發生，得以安享天年，無憂無慮。但也確有不少人在一生中遭到遽變，日夜心緒不寧，屢遭不測。

於是，由個人到社會，進而擴大至國家民族，如猶太人曾被納粹份子大肆屠殺，共產主義鐵幕下的被奴役者，其面臨的種種人間悲劇，實在令人髮指，慘絕人寰！是故，多少囚於悲劇牢籠的不幸者，便在宗教家哲學家和文學藝術家的心目中，以其哀憐恐怖的痛苦表情，以其生不如死的遭境而奔走呼號，譴責和控訴，企求能早日解脫其桎梏，助其逃離罪惡的淵藪，是以「悲劇」一詞，便成爲人類生活一道陰影魔障的象徵，自有其歷史的淵源和時代的面貌，不能不重視其形成的人爲因素。

最早的「悲劇」（Tragedy）起源，係西洋戲劇的一種，其意旨嚴肅而高尚，或爲詠史敘事之詩歌，揣摩人生失望悲慘之事，希臘時代已盛行，如索福克（Sophocles）及幼理庇得（Euripides）等人傑作，幾乎人人都能背讀與傳誦，乃文學最有價值之作品，然而，西方近世之悲劇作品多偏重於社會道德方面，與古代悲劇之概念有所不同。

在西方文學作品中，最能表現悲劇精神和內涵的，該是莎士比亞所寫出的悲劇，如《哈姆雷特》、《凱撒大帝》、《奧賽羅》、《李爾王》、《麥克俾斯》、《羅密歐與茱麗葉》等等，在這些震撼人心的悲劇作品中，充分表露出人性的弱點和生命過程的痛苦與掙扎，莎翁透視人性諸相，深切瞭解在苦短的生命中，什麼才是值得追求的眞理和價值？什麼才能剖示情慾和權勢的本質？

人類活著本來是要嘗試各種悲歡離合的苦果，當他知道了這些難以排除的陷阱時，便以勇於面對現實的意志力去接受。

正如哥德的《浮士德》主角和曹雪芹《紅樓夢》中的賈寶玉，明知這個世界充滿了人爲的罪孽和魔鬼的幻象，不斷的在慾海中掙扎和浮沉，企圖脫掉罪惡的深淵而尋求超脫，結果浮士德畢竟淨化了靈魂而被天使接引回到天國，賈寶玉卻經異人指引出家遁入空門，但後來是否對人生有什麼樣的結論？讓人類得到什麼啓示？明眼人看得清清楚楚，此乃文學作品藉潛存於人性的憐憫慈悲情操，追求一個超昇現世的唯美境界。

因之，悲劇是有其唯美情懷的，悲劇也是一個喜劇的開端，所以希臘也有所謂「悲喜劇」之說，其意旨是在闡述悲劇並非一悲到底，其間雖有悲憫恐怖的事蹟和感受，但克服那種心理的悲憤和憐憫恐怖等種種感慨，仍得以善良的德性和義勇的行爲去節制和消除，所以說悲劇的自然形式，全由於人類心理的壓抑和尋求排解痛苦所產生，而冀望在喜悅和滿足的心情上得到報償。

悲劇在人類歷史上不斷演出，如瘟疫、災患、洪水氾濫、火山爆發、地震等等，此乃天然災害形成的悲劇，人類在呼天搶地的聲息中，看到田園毀滅，房屋塌陷，瘡痍滿目，骨肉離散，心靈上的惶恐懼怕，感到蒼生之求生不易，故祈禱天神上帝憐佑而產生宗教信奉。雖有時遭到洪水猛獸的侵襲，但心中自有主宰，一切寄託在外來神力的庇護，進而得到一份寧靜和欣悅，如希臘時代諸神的形象和權威，無不給人一種精神上的寄慰，故不時由內心發出讚美和歌頌之情。

而人爲力量形成的悲劇，如戰爭的發生、權力的爭奪、陰謀詭計的佈施、獨裁政治制度的壓迫等，以及情慾物慾的氾濫和難以節制，所產生的生命毀傷和精神桎梏，使人類一直在悲憤、悲愴、悲怨、悲痛、悲哀等情緒交錯中度過，於是，這種隨時都可以發生的悲劇現象，迫使人類對生命的厭倦，對生活方式的惡感，是故，文學家們便藉此宣洩胸中的悲憫情愫，而追溯到人性對死亡的絕望，對徬徨無依的命運寫出人間的悲劇，這與希臘時代的悲劇精神內涵自相吻合，所不同者，希臘悲劇的形成，是對天神的敬畏，尚存有一種崇高的美德，希冀有一天能得到天帝宙斯的庇護，脫離煩囂的塵世而進入天國，將所有的魔咒和邪念逐出心中。

悲劇一詞對我國文學作品而言，乃爲近百年之事，由於莎翁等人作品不斷傳譯，始使讀者瞭解西方文學的眞實內涵，如法國小仲馬的《茶花女》，便是悲劇作品的典型代表。其實我國的小說如《鏡花緣》，又何嘗不是悲劇作品另一構型？其間對男女情愛的描繪，固然生動出色，但畢竟到頭來是一場幻夢！

即如《浮生六記》而言，雖有人認爲是唯情唯美之作，惟其另一面所宣示的依舊是在逃避現實，而追求另一個如夢如幻的世界。因此，悲劇作品確有感人之處，尤其是對幻想過多的青年男女，往往會使其失落自我而走火入魔。所以說，西方的眞正悲劇作品，是建立在高尙的情操和善良的德性之上，且充分表現出唯美的意念和堅強的生命光輝，絕非一些浮泛不實的作品所能比擬！

研究西方文學思潮，不得不透徹瞭解其悲劇作品的眞實要義和風格，切忌含糊不清的認定其爲荒誕不經的作品，因其有堅實的理論依據，有高度藝術塑性的偉大功能，有洋溢人性光輝的文學內涵，絕非近世紀受物質文明影響而道德淪喪，宗教信奉變質，且一味追求享樂和放縱自由的所謂超現實派作品所可企及！

因爲偉大的悲劇文學作品，是西方文學的主流，是人道主義的濫觴，更是發揮人性和頌揚眞理正義的有力憑藉，悲劇作品在乎揭示社會和人心的陰暗面，更是不斷在展現其另外的光明面和喜悅面，同時也給整個人類創造出更美好的希望和遠景。

談電影與導演

不論電視在大眾傳播媒體所扮演的角色如何重要，但屬於娛樂與教育多種心理影響功能的電影，卻始終獨樹一幟，日求新進；由黑白片到彩色綜藝體，由平面到立體的攝映特技，由單聲帶到四聲帶的音響的傳播等等，都足以證明電影在視覺和聽覺以及心覺上的感受，較之電視來得強烈而具實際功效，因之，電影的未來遠景仍舊是樂觀的。

一部成功的電影，構成的因素和條件極多，但歸結起來，主要還是演員、導演、劇本和拍攝技術等四項，其他如場地、器材、管理、拍製資金等當然也是促成一部影片成功的基因，但傑出的演員和導演，自始至終是帶動影片的主體和靈魂，此乃成爲不爭的事實。

從電影美學的觀點上探討，一部有藝術價值的電影，導演實在應具備有深厚的美學經驗和知識，同時對歷史、自然、文化、人性等各方面，亦應深入探討。我們可以這麼說：「一位有卓越才能與智慧的導演，也就是一位有相當鑑賞和創作能力的歷史學家和藝術家。」因爲電影中的故事和情節，是針對整個人類生活和歷史演變的有力寫照，必須要有解剖歷史和分析人性成長的責任和信心，道德和勇氣，而演員對生活的體驗，對各個不同角色的扮演，更要有「捨我其誰」的眞實感受。是故，電影中所介紹的人、地、時、事、物等特寫鏡頭，要觀眾能身入其間，從感官上引入，從心靈中發出共鳴，且留下深刻的印象，歷久而不致遺忘。

在電影史上所拍製的電影，能夠震撼觀眾心靈的雖然不少，不論是神怪、恐怖、刺激、懸疑、愛情、戰爭、宗教、倫理等各種不同情節的影片，但眞正稱得上有藝術深度的，還是不多；其原因所在，不外在觀眾的心目中，總認爲那是在演戲，在介紹已經發生的歷史人物和故事，不能直接影響和關係到自己的本身，至多流下幾滴眼淚或一笑置之，最後照樣在時間上消失或遺忘，甚至有的觀眾是以看電影作消遣，事後不留一點印象，任憑再有水準的電影，也不能深入其心境和生活，使其在觀念和生活層面上有所改變。

多少年來，作者對所觀賞過的影片，曾經用心的研究過，在幾千部影片中，能深深感動自己而永不淡忘的，也祇有四五部影片而已，並寫了不少電影評介和電影與文學藝術相當的文章發表，同時也拜讀過二十餘部有關電影理論的專集，結果發覺一部完美的影片，其成敗完全取決於導演與演員二者而已。因爲有才識有智慧有思想有魄力的導演實在不多，而眞正有藝術素養的演員更是難求。導演的自我充實、自我鞭策和訓練，深遠的目光和獨特的風格，是其邁向成功的條件，而演員的重視自己的生活，樹立正確的人生觀，美化自己的生活境界，也是經得起考驗的不二法門。試看中外的出名的導演與演員，又有幾人在不斷的充實自己而重視生活？又有幾人能對人生人性有著深刻的認識和瞭解？結果受盛名所累，受利慾所誘而自毀前程！更有的以多樣的人生感受而使自己陷入痛苦的深淵，諸如婚姻的酷求，生活的糜亂、愛情的多變，性格的僻怪等種種因素而不可終日，更甚者走入迷惘苦海愁城或自殺尋短的途徑等驚人事件，也時有所聞。凡此皆可說明其心態的不斷轉變，以及適應不了社會輿論壓力和名利傷害的反常現象，實爲時代的最大諷刺和悲劇！

電影係綜合藝術的結構和表現，隨科技的日新月異而不斷發展，自有人類開始，便有人類文化的創造，而人生的多種遭遇，其結果的收場，不外悲劇與喜劇的最後呈現。是以亞里斯多德的《詩學》問世，首先提示「悲劇」的定義，然悲劇中的驚疑和恐懼，已註定人生未來命運的演變，但悲劇並非儘是感傷和悲苦的呼號，悲劇也是道德、崇高、聖潔、勇氣的體現；莎士比亞總算認定了悲劇的內涵和精神，所以在他的戲劇作品中，在在向人類提示勇於承擔和克服的勇氣，使生命力趨於堅強偉大的極致，而莎氏作品之所以流傳不朽，可能其歷史與時代價值亦在於此種含義中？

《桃花扇》的文學價值

孔尚任寫《桃花扇》，雖然祇有四十四齣，但爲我國早期的戲劇文學，其才華的高絕，遣詞用字的精美超倫，還沒有其他作品能出其左右。尤其可貴的是《桃花扇》是部有血有淚，有「兒女之情」和「興亡之感」的民族文學作品；如果要論其文學價值，固不能和《紅樓夢》和《水滸傳》相提並論；但其獨到精妙文學意蘊和崇高文學思想，又不是《西廂記》和《金瓶梅》、《鏡花緣》等名著所能企及。因其充滿亡國之痛的男女眞情眞愛，描述既不浮泛靡亂，更處處展示盪氣迴腸的純眞情愫，而融合大自然景物的千變萬化，將整個人生帶動至一個由「自我」而「忘我」的境界，其震撼肺腑與大地山川的美學意念，實足以開拓出一個完美民族文學的領域，不得不使後世讀者刮目相看，認爲《桃花扇》是有其研究和啓發中國文學新境界的偉大價值。

孔尚任係山東曲阜縣人，生於清順治五年（公元一六四八年），卒於康熙五十七年，享年七十一歲，因其生平作品異常豐富，又係至聖先師孔子的第六十四代孫，家世顯赫，歷代先君俱屬飽學之士，文章道德，卓然名世。孔尚任早年才氣縱橫，著作除亡佚甚多難以考證外，尚存者計有《桃花扇》、《小忽雷平章薦士》、《長留集》、《湖海集》、《節序同風錄》等五卷，而以《桃花扇》膾炙人口，喻爲才子奇構。

「漁樵同話舊繁華，往事寥寥記不差。曾恨紅箋啣燕子，偏憐碧血染桃花。笙歌西第留何客，風雨南朝換幾家，傳得傷心臨去語，每年寒食哭天涯。」以上一首詩，寫得最爲悲愴沉痛，爲《桃》著第四十四齣的結尾詩，也是孔尚任創作意緒的高潮，使人讀後掩卷嘆息不已！

《桃花扇》是一齣寫實主義的舞台劇，其本事以侯方域和李香君的悲歡離合戀情爲經，以明末崇禎帝亡國權奸當道民不聊生爲緯，寫江南的暮春柳姿月色，寫阮大鋮馬士英的欺詐顢頇，慾流與兵燹縱橫，使萬民塗炭。而《桃花扇》劇名的由來，見於侯方域題詩於宮扇以贈李香君，其扇面詩云：「夾道朱樓一徑斜，王孫初御富平車，清溪盡是辛夷樹，不及春風桃李花。」（見第六齣眠香）侯方域爲明朝戶部尚書侯恂之子，於崇禎十五年秋天，到應天（南京）應試落第，乃僑居於莫愁湖畔，爲人風流倜儻，得識秦淮河名妓李香君，自有一番纏綿悱惻的戀情滋長，如果說《桃花扇》爲一部愛情喜劇的開始，倒不如說《桃》劇是充滿悲涼淒苦的悲劇收場，在陰雲密佈的江南，北方有李自成之亂，朝房復有黨禍之流血之爭，而李香君出身寒微，生不逢時，爲權奸欺壓蹂躪之對象，可謂飽受人間風霜，歷盡災難，雖志節可嘉，然終歸浮日一現，淪於陰霾而不能自拔。對此一多情溫柔纖小而又才色無雙的弱女子而言，自是悲劇角色的最後下場。

李香君雖然是個悲劇角色，惟亦是位性情中人，對侯方域呵護關注有加，身處惡劣環境，但卻能堅持節操，尤富愛國心與同情心，如以四十齣入道一劇，李香君就有不同凡響的表現。茲舉以下一段描述，方知香君眞實情懷，同時亦說明當時道士對男女愛情的厭憎；「七月十五日中元法會，庵主廣延道侶，大建經壇，爲明朝皇帝以及死難文武百官修醮追渡。會中方域與香君無意間相逢，一時悲喜交集，出「桃花扇」痛述別離之情。張道士見之，下壇向方域、香君手中取扇，撕碎擲地，大喝道：「你們絮絮叨叨，說的俱是那裡話，當此地覆天翻，還戀情根慾種，豈不可笑？……；呵呸，兩點癡蟲，你看國在那裡？君在那裡？父在那裡？偏是這點花月情根，割他不斷麼？」這幾句話，說得方域冷汗淋漓，如夢方醒，方域拜丁繼之爲師，香君拜卞玉京爲師，修眞學道而去。（見陳萬鼐著《孔尚任》一書八八頁）藉方外人的幾句話，點破男女情迷，此乃孔尚任的伏筆，道出道家思想的執著。此點與《紅樓夢》的賈寶玉臨終出家，不謀而合，而林黛玉與李香君的造型，在某些方面實有雷同之處，讀《桃花扇》須前後對照，當發現其情節結構嚴謹，屢有高潮出現，非深思熟慮，才華出眾的作者，不易爲此。

《桃花扇》劇中的每首詩均經孔尚任的詠思與雕琢，稱得上一時之選，且發人深思猛省，回味無窮，不論寫景詠物，可謂字字珠璣。其中〈哀江南〉這套名曲，最琅琅上口。

「山松野草帶花桃，猛抬頭，秣陵重別。殘軍留廢壘，瘦馬臥空壕。村郭蕭條，城對著夕陽道。」——哀江南·北新水令。

「野火頻燒，護墓長楸多半焦。山羊群跑，守陵阿監幾時逃？鴿翎蝠糞滿堂拋，枯枝敗葉當階罩，誰祭掃。牧兒打純龍碑帽。」——駐馬聽

「橫白玉，八根柱倒。墮紅泥，半堵牆高。碎琉璃，瓦片多，爛翡翠，窗櫺少。舞丹墀燕雀常朝，直入宮門一路高。住幾個乞兒餓殍。」——沉醉東風

由以上三首仔細品味，孔尚任以寫實的手法，寫戰亂後的淒涼景象，使人觸目驚心，如此簡潔而深入的筆觸，寫盡人間悲涼遭遇，如再予以韻律配以金聲玉器敲打彈唱，其情意當更濃

密而發人嘆息擊節不已。

孔尚任的一生多采多姿，康熙三十三年，孔尚任於四十七歲那年，由國子監博士陞戶部主事，康熙三十七年再由主事陞廣東司員外郎，是個五品的官位，是其仕途的顚峰時期，由於政務清閒，依然喜於舞文弄墨，或忙於應酬和郊遊。「衙散朝回亦不忙，敲門詩客趁時光，海波巷裡紅塵少，一架藤蘿是岸堂。」其情懷的悠怡，可想而知？孔尚任以《桃花扇》問世而名馳遐邇，奠定文學厚實基礎，是其有廣泛的生活閱歷，突破性的創作，才使後世人百讀不厭，如以《桃》著列爲才子奇書，諒不爲過。

《桃花扇》開我國戲劇創作的先河，而孔尚任是清代的大戲劇家，同時也是位傳奇人物。《桃花扇》可讀性極高，爲現代作家研究和參據的文學範作，同時也是劇作家鑽研的重要著述。因其極富民族意識，其文學思想和價値，雖不能和《紅樓夢》相提並論，但其豐潤的寫實內蘊和完美的創作技巧，流傳越久，反映愈烈，早爲家喻戶曉的文學傑構，而其詞章之深入人心，亦嘆爲觀止。現在讓我們再溫讀其〈離亭宴帶歇指煞〉乙首，便知其絕非等閒之作：『俺曾見金陵玉殿鶯啼曉，秦淮水榭花開早，誰知道容易冰消。眼看他起朱樓，眼看他讌賓客，眼看他樓塌了。這青苔碧瓦堆，俺曾睡風流覺，將五十年興亡看飽。那烏衣巷，不姓王。莫愁湖，鬼夜哭；鳳凰台，棲梟鳥。殘山夢取眞，舊境丟難掉，不信這輿圖換蒿木，謅一套哀江南，放悲聲唱到老。』

諾貝爾文學獎的歷史價值

諾貝爾文學獎的得獎作品，被翻譯成各國文字普遍發行，其轟動一時者固不在少數，但也有的不被人所重視而束之高閣。須知每年瑞典文學院的院士們，在成千上萬的世界一流作品中審慎挑選，其所費的時間財力精力和智慧則非局外人所能盡知，究竟其水準如何衡量？至今尚是一個難猜的謎。

不可諱言的，諾貝爾文學獎的設置，具有歷史的意義和價值，因文學作品是人類創造歷史文化的莊嚴大事；美國普林斯頓大學文學教授韓德（Theoder, W. Hunt）在其《文學概論》有云：「文學是一種藝術，是一種最無意義也最有意義的藝術。是運用著全人格的一切機能的——意志、良心、感情、理知、趣味等，無一不要運用。而其目的，則在發展這些能力，使適合於最高的運用。」由此可知，文學作品是人類精神意志上的產物，直接關係著整個文化歷史的演變和發展。魏文帝亦云：「文章乃經國之大業，不朽之盛事，年爵有時而盡，榮樂止乎其身，未若文章之無窮也。」這也足以說明文學作品之所以流傳不朽，在能經國濟世，創造更美好的歷史遠景。

諾貝爾文學獎之所以成爲一個爲世人矚目的國際大獎，自有其深遠的理想和目的；世界上有不同的國度和種族文化，而文學家的作品也有不同的風格和表現技巧，惟有一個共同點，那就是文學和藝術的功能，是不受國度和畛域的限制，一部偉大的文學作品，由於文學思想情感意志的藝術表達力，可以直接或間接地輻射和深入整個人類的心靈。

據歷年諾貝爾文學獎得獎的作家評語顯示，不外能表現特殊的民族風俗，語言文字的應用靈活深入，以及有感人的完美意象與想像的豐沛等等。由此證實得獎的作品中，實在於其內容中包羅萬象，故而能出類拔萃者畢竟還是少數，諸如以《約翰．克里斯朵夫》獲獎的羅曼羅蘭，以《老人與海》獲獎的海明威，以《荒原》獲獎的艾略特等，其作品早已爲人認定爲經典之作；然艾氏的《荒原》，便是一部被公認爲體裁乖異，深晦難讀的詩集，但對很多英美現代詩人影響至鉅，咸認其爲劃時代的偉著，我國不少詩人也以能涉獵其原著精蘊，並予以剖析推介爲榮。

世界的成名作家何止千萬，而其每年對諾貝爾文學獎的重視自不在話下，因爲那是一件對文學作品（尤其是小說和詩）鑑定和評判的重大挑戰，誰的作品能得諾貝爾文學獎，不但藉以提高了作品的品質，同時也可以在一夜之間，引起世界文壇的側目和騷動，即使連自己出生的國家，也獲致無限的光彩，這種以文學創作爲指標的作家而言，無疑是一種重要的挑逗和考驗。因之，每年被提名候選者大有人在，而落選者更不計其數，據悉日本的三島由紀夫就幾次提名候選，結果幾次敗北，我國的作家巴金、沈從文、北島等人。雖也一再提名，但總是祇聽樓梯響，卻始終是榜上無名。難怪有人會說：中國作家想獲得諾貝爾文學獎，恐怕要到二十一世紀，到了那個年代，還要看作家們努力的成果而定，否則，祇有仰天長嘆，徒呼負負。

平心而論，諾貝爾獎金委員會對文學獎的頒贈，是最感困擾與頭痛的事；因爲和平、經濟、物理、化學、醫學等類，在評議的過程中，雖也遭到不少的困難，但其對學理依據和人類社會的影響，有時還可觀察和評估其學術上的地位及效益，且由於不斷的實驗和證實，容易達成辯論與協議，同時再受到權威學術界或有關人士的推薦，在授頒時較爲容易抉擇。而文學作品就不同，因文學作品內容涉及廣泛，純屬藝術性的表現，而文學意識表達，絕非純智性知性者能所感悟。是以文學作品，有的富於宗教情懷理念，有的僅憑一己情感之發抒，更有的以幻想和意象呈顯出人生的觀點。因此，文學作品實難以遽作定論，其審選標準，全憑廣大讀者感受，試觀近年來的諾貝爾文學獎得獎作品，如馬奎斯的《百年孤寂》，以一個中國讀者觀之，便很難深入其人物個性與時代背景，遑論對其作品的有所評論了。

諾貝爾文學獎的歷屆得獎作品，以中文迻譯者不少，其中有屬於自然主義派的，有浪漫主義派的，有寫實派的，有超現實派的等等，如經讀閱，多係心靈的描述與對現實的觀察，文學作品之所以難寫，在乎表達的藝術技巧，在描繪內心刻劃的意識型態。文學作品是人性的展示與心靈的掙扎而成的結晶體，而描寫人性與社會百態，非有廣泛的生活體驗和內心的感受，始能創造出感人的文學作品。所以說，瑞典的文學院士們，我們可以說其有高度欣賞的能力，有豐富的文學批判基礎，但對於文學創作的辛酸和經驗，那還有待一流作家和曾獲文學獎者的愼重推薦。

談到東方的文學作品（亞洲）受到諾貝爾文學獎的重視，實乃二十世紀的事，印度的泰戈爾，日本的川端康成，他們的作品有其濃厚的民族色彩，在文學技巧的表現上，也有可取之處；然眞正的中國文學作品，由各種資料與報導顯示，始終未能被瑞典的院士們予以接納，其中主要的原因有三：一是翻譯作品的水準不夠精湛特出，二是對中國文學內涵風格的瞭解不夠，三是世界一流作家的推薦甚少。實際上，自三十年代以後的中國文學作品，如果作有計畫的翻譯與推介，相信有時可以改觀西方作家和讀者的看法，進而問鼎諾貝爾文學獎，也絕非不可能的事。

誠然，諾貝爾文學獎的頒贈時間愈久，便愈能提升文學的創作水準，但不可否認的，文學作品的價值，也並非以諾貝爾文學獎的贈予而作論衡，是以作家的創作理念，非爲得獎而作，因爲文學創作永無止境，如但丁、哥德、莎士比亞等人那個時代，諾貝爾文學獎尚未設立，曹雪芹、施耐庵也不知道以後有這個國際性的文學獎，但是，在那些足以影響人類歷史的文學作品，卻一直受到世人的讚賞，這就是說明文學作品的偉大之處了，同時更是作家們有所爲有所不爲的創作意旨和動力表現。

諾貝爾文學獎的內涵和外貌

中國作家以中文寫作，然後再經過翻譯，使其成為國際文壇的作品申請或推薦，當然是費了不少的手續和力氣，較之以英文或法文寫作，要吃很大的虧。再說瑞典學院其評委會懂得漢學與中文的，又僅有馬悅然院士一人，所以入選獲獎的機會少之又少，高行健的作品獲獎，實有其特殊的天時地利人合因素？明眼人會看得非常清楚。

高行健以法籍華人作家獲諾貝爾文學獎，其著作《靈山》及《一個人的聖經》兩部長篇小說，是獲獎的代表作。以中文寫作再經過翻譯獲獎的，高行健當然會引起國際人士的重視，這不但是他個人的殊榮和驕傲，也是中國人共同的榮耀和欣慰。

諾貝爾文學獎自一九〇一年開始頒贈，其中以歐美作家獲獎最多，在亞洲方面有印度的泰戈爾，日本的川端康成和大江健三郎。俄國地跨歐亞，如果也算亞洲的一部分的話，則有巴斯特拉克、蕭霍洛夫、和索忍尼辛、伊凡、阿列克謝耶維奇・蒲寧四人。而高行健以華人獲獎，是中國人等了一百年才顯露頭角，終於獲得一個世界級的文學大獎。

諾貝爾曾於一八九五年十一月留下遺言，規定著對「具有理想主義傾向，而最引人注目的文學作品的文學作家，授予文學獎」。諾貝爾生前雖是著名的火藥商人，但對文學作品深具興趣和重視，尤其喜愛詩歌。因此，他特別指定設立文學獎，較之其他獎項，如物理、化學、醫學、經濟、和平等獎，文學獎自有其特色，當然其引起的爭議性也最高。因之，文學作品的內涵，必得具備其民族文化精神特質，與人性本質的特點，而引起人類共鳴的作品才是取捨的依據。

世人矚目的諾貝爾文學獎的頒贈已經歷一個世紀，對無數申請人作品的審查評閱，據云相當嚴格，但究竟達到甚麼樣的國際水準？恐怕也祇有瑞典學院的院士們知道？據知瑞典作家得諾貝爾文學獎者就有七位，其中如一九〇九年獲獎的賽爾瑪達吉，便是瑞典的一位女性作家，因此，便引起世界文壇的注意，其是否有「近水樓台先得月」之嫌？誰也難以認定。

值得世人驚讚的，是一九六四年獲獎的J. P. 沙特，他居然拒絕領獎，其理由是「作家來接受這種榮譽的話，是對授獎機構訂下了公約，這是不應該的。」沙特畢竟是沙特，別人求之不得，可是在其觀念中，諾貝爾文學獎，並不是什麼了不起的大獎？而自己的尊嚴和理想，才是最值得珍視的！

歷屆的諾貝爾文學獎，獲獎的作品，有些也的確是值得世人讚賞的；如羅曼羅蘭在一九一五年獲獎的《約翰·克利斯朵夫》，就是一部很有文學價值的鉅著。再如一九六二年獲獎的史坦貝克，其名作如《憤怒的葡萄》和《伊甸園東》（East of Eden）等，都是使人激賞的近代文學名作。當然，仍有不少獲得諾貝爾文學獎的作家，其作品雖然有可讀之處，但並不是什麼劃時代的傑構？經不起時間的考驗，很快便被人遺忘。

諾貝爾文學獎是一個世界級的獎項，當然有其崇高的國際性地位，除得獎者授予證書及高額獎金外，對作品的廣大宣傳及讀者的影響力，其作用就不能漠視了！往往一部得獎的著作，經世界各國出版商的廣爲宣揚出版發行，以及製作成電影播映，其功效與賺取的鉅大收入，絕非一般文學作品能望其項背。所以說，諾貝爾文學獎，是世界詩人作家希望能藉以攀登藝術文學高峰的指標，而獲獎者的國家與人民也就得到不少的榮耀。

鼓勵作家創作的各類文學獎，幾乎每個國家均有設置；如美國的普立茲文學獎，英國作家俱樂部獎及好深田文學獎，日本的芥川獎，法國的麥迪賽斯最高文藝學獎及龔固爾獎，義大利的羅馬城文學獎（高行健曾於第二次得過），菲律賓的麥克塞塞獎等，都是作家們嚮往的獎項，因為各種設立的文學獎，有其文化背景和時代意義，同時可以測定文學作品的精純度和影響力，其中當然也有授予外國作家詩人的，藉以說明其獎項的權威性。

中國作家以中文寫作，然後再經過翻譯，使其成為國際文壇的作品申請或推薦，當然是費了不少的手續和力氣，較之以英文或法文寫作，要吃很大的虧。再說瑞典學院其評委會懂得漢學與中文的，又僅有馬悅然院士一人，所以入選獲獎的機會少之又少，高行健的作品獲獎，實有其特殊的天時地利人合因素？明眼人會看得非常清楚。

國內外的中國作家多如過江之鯽，而優秀的作品不勝枚舉，如果以諾貝爾文學獎獲獎的作品相比，並不見得遜色，雖然有的作家已逝世，但其作品的影響，早已深入人心，並為國際有心人士所推崇！

諾貝爾文學獎頒贈華人作家高行健，總是一件好事，但其獲獎作品是否眞正經得起考驗？那是讀者和文學評論家的感受和責任。例如我國的一部《紅樓夢》長篇小說，多少年來被學者和讀者不斷熱烈的討論，其文學價值比其他世界名著只有過之而無不及。諾貝爾文學獎祇是時代的一種文學獎勵設置，並不能代表眞正偉大文學作品的精神和指標。

是「無詩的時代」嗎？

陳之藩先生雖然是位學科學的學者，但所寫出的抒情遣興和論理報導篇章，每每發人深省，因此，他的文章風格獨特，爲具有智心慧眼的讀者所賞識，故能引起廣大知識份子的迴響。不久前陳先生發表的「四月八日這一天」文章，其中談到這個時代已無詩可言，加以受到錢穆先生的專題演講影響，談到「士」的存在問題和社會人心的動向，更助長陳先生對當今工業社會中，認爲已無詩風詩歌的存在跡象和感染效力了。

由於陳先生的感受深沉，其吐出肺腑之言，證明其筆意所至，如暮鼓晨鐘，指出一旦社會失去「士」和「詩」的標型和教化，那才是最悲哀的事，因爲我國歷史文化之延續，素以「詩教」和「士言」作爲時代風潮和人心的導向，所謂：「詩三百，一言以蔽之，曰：思無邪」。古聖先賢早已看出這一點，其詩心的眞實存在，小者可影響一己的生活觀念，大者可影響國脈民命及時代思潮的安危動向，所以陳先生的一番苦口婆心，正指出一個時代文化主流的面貌和內涵，關係人心至深且鉅。於是；何坦先生在中央日報副刊發表了『是「無詩的時代」麼？』一文，高致先生也在聯合報副刊發表了「士與詩」的詩作，對陳先生的大作既有同感也有異議，見仁見智，識者心中有數，因而也引起我對詩與時代的無限感慨。

談到詩與時代人生，溯自《詩經》流傳迄今，一直是中國人心靈的投照和習俗反映，詩章既雅且美，合於詩教禮儀，合乎自然人性，藉詩歌吐露心聲，以民風形成國風，亦如同希臘史詩，帶給西方文化思想曙光，充實精神生活內涵，使當時各階層人士對史詩中英雄和神祇的讚頌，自覺的培養高尚的美德和情操。而我國歷代詩人詞人和文學家，無不以其作品視為振國風治社稷的有力憑藉，尤其是漢唐盛世，更是以詩教導正民風，而詩人的地位崇高，每為君主所器重，或結成知友，或納為諫臣，雖有王維苦吟，走入醋甕，賈島推敲，衝犯京兆的趣事和傳說，惟詩人的一顆赤誠和童心未泯、吟哦如風雷，下筆如江河，雖歷朝亦有動亂，但詩人的情懷真摯，意趣高雅，不為世俗物誘所困，且其悲憫愛物詩懷均躍然紙上，感人至深，多少壯豪愛國之士，讀其詩而意緒昂揚，為生民而遠戍邊塞，從馬革裹屍，亦含笑黃沙碧草之間。而放眼當今社會諸象，雖工業起飛，物質條件豐裕，惟不少人日夜利令智昏，追逐於肉林酒池之間，聲色犬馬之誘惑魔網，四面張羅，那能擺脫那份情慾的迷羈！因之，忙於酬酢應對，忙於色情享受，忙於鑽迎承奉，忙於心機運作，誰又能保有一顆靈明之心？誰又能寄情於自然之境？故詩心早已迷失，詩情因而枯竭，詩教淪落，禮儀盡喪。君不見，街頭巷尾，不少青年男女奇裝異服，招搖過市，親密大膽作風，令人咋舌。讀書風氣不振，家庭和學校教育視為落伍，鬥毆之風此起彼落，竊盜搶掠之舉，日有所聞。而事業有成或擁有巨金者，又每每忙於酬庸迎送，或藉故作異邦考察訪問，或藉出國觀光之名開闢市場，而實際為辦理「綠卡」，以便早日定居外國。其心態變化萬端，情緒不寧之狀，每於機場碼頭觀其面色轉變，真如漫空浮盪雲彩，隨風飄逸，碌碌不可終日。

誠然，愛國愛鄉之人尚多，勤儉守分之士，亦大有人在，但社會型態轉變，人們生活觀念亦隨之改觀，時潮之流向，往往使人心難以自持，非靜心寡慾和安貧樂道者所不能爲。聖經有云：「人生唯何，僅若水漚之起滅耳」。止水可清，覆水難收，全憑一顆道心詩心維繫。否則，經濟成果再豐碩，科技再新穎，而私慾不除，心賊不滅，心機不正，實有害國脈民命之伸張和安保。往者已矣，來者可追。

無詩的時代固爲一大諷刺，亦屬警世之音，亟待提醐灌頂，自覺惕勵！而如何是有詩的時代和有詩的生命呢？並非要全心全力培植一些詩人，整日覓尋靈感和創作詩篇，到處吟哦應對，而是要從淨化社會風氣和美化人類心靈開始，復興中華文化和重整文化古蹟，乃爲全民之本務，光由每個村鎭和家庭開始，如家譜之訂正，族民德業之傳介，古物之鑑定與品賞，經書之勘校和整理等等，俱有一套完整可行之遠大計劃，尤其對先民詩詞之品介，傳略之報導均納入教學課程，最重要者，是教師和家長應以身作則，以身示範，由修德求知敬業爲人表率，以詩禮爲傳家之道，視忠孝爲做人之最高準則和心法，非此不足以端正家風，非此不足以振興國族。

我國向以詩的國家自居，且詩的涵義廣泛，詩的時代新義尤其引人重視。至於無詩的時代，在想像中是件不體面的事，因爲群眾的心靈麻木不仁，更無文化的浸潤和理想的遠景。即象徵所有的國度畛域，文化衰落，道德淪亡，宗教變質，人倫敗滅，人類的靈性和理性俱喪，所呈現的是一片蒙混和低落，正如同歐洲文藝復興前的黑暗世紀，美洲大陸的原始未開發時期一樣，人類追逐於蠻荒之地，過著茹毛飲血生活。因此，人類處於無知的原始時期，乃爲最大的悲哀！自從人類的情知誕生，始見文化的曙光，從上古的拜月叩日，頌讚神祇，歌頌自然開始，便是詩的情愫流露，詩的心靈開放，以後人類才藉以詩教創造了燦爛的文化，豐富了生活的內容，而歷史的法則定律，正由於人類以詩的智慧，建立了各種不同的社會制度和秩序，進而發明了各種學術的理論基礎，人之所以要生存下去，就是爲了追求明日的希望和歷史的遠景，此乃一顆詩心的不斷醞釀和開造結果。因之，一個有詩的時代，應建立於精神的境界之中，也是追求人生價值和歷史眞理的自然產物。所以說，陳之藩先生的文中見解，想亦不外如此，他迫切的在呼喚著人們應回歸到有詩的時代中去，即使這個時代已無詩可言，也要盡力吸取詩的營養，以灌溉生命的花朵，再者，一個有詩的時代，是要所有稱得上是「士」的人（亦即知識份子和思想家），以他們的高瞻遠矚，以他們的靈明智慧，以他們的精闢理見，以他們的力行實踐，去創造有詩的環境和氣氛，去培養人們可貴的情操和美德，使這個時代和社會，能夠在和諧和希望中實現一個未來美好的理想。

有遠景有希望的國家，一定重視他們的文化傳統和民族性，當然對外來的思潮主流，也用高度的智慧去鑑定其濁污和清洌的一面，然後再吸收精華而融於本國文化的源流之中。而我國的民族文化屬於有容乃大的一型，此乃經過無數次歷史動亂變遷有力的明證。今天我們所迫切希求的，是國民的自我覺醒，是精神生活的自我提昇，是一般士大夫思想觀念的自我檢正和傳揚，僅憑法律制度的建立和施行往往是不夠的！必須人人體認到國家的艱難處境，世紀潮流的洶濤大浪，無時無刻不在吞噬一個沒有航向和精神定力的浮沉者。是以我們所憑依的是文化道統的堅實磐石，是民族精神的持續火把和光照，是仁民愛物的人道主義思想燈塔光輝，這些便足以墾植和開放心靈的花朵，也是建造一個有詩時代的唯一資產。

評論篇

《文藝論集》讀後感

名社會學家謝康先生，不但對社會學有精闢的見解和研究，同時對文學藝術的本質體認和剖析，更有獨特的創見。三十餘年來所閱讀過謝氏的著述甚夥。唯一使我獲益最多印象最深的，是其由香港亞洲出版社出版的《文藝論集》。

「我當時除在社會學的研究上，注意它和文藝的關聯而外，興趣所及似乎以文學史爲經，而以文學批評爲緯，企圖織成個人對文藝的錦繡面或八陣圖。」以上一段話係謝先生於〈作者的自白〉文中云及，足證他對文學藝術的重視，以及寫《文藝論集》全部內容的精神與心得了。

此書計有文學批論、母性文學、文學史研究、醜的美學、藝術的理論與技術等二十八篇。而每篇的內容，極爲精密。其繁徵博引，俱有實考。條理分陳，脈絡一貫。且屬文立論，異常中肯客觀，是研究中西文學藝術的力作，値得推介。

〈母性與文學〉一篇，言及婦女對文學作品影響因素，分析探討細密，實別開文學論著生面。我國鑽研此道者，尙屬罕見。如「要是稍讀中國文學，尤其稍研究中國婦女文藝時，更到處發現女詩人謳歌母性的璀璨莊嚴。如七寶樓台可供萬流瞻仰。又如摩天高塔，可以上摘星辰。顯示出我們這樣一個多子主義的國家，更容易助長母性的發展」。等語，此種論見，當然有其著眼與依據。一個古老民族的文化，母性的尊嚴與影響，足以維繫社會倫理觀念與乎發揚孝道精神。我國古時女詩人、女才子，其咏哦詩篇與抒情文字，大半出乎多愁善感，或沉入愛情而抒情寄思，對憂國感傷的作品，亦感人至深。所以謝氏云及女性「多意」、「多情」、「易感」、「憂鬱」、「工愁」、「善懷」，實言皆中肯。

「發揮流動的情緒，從來是女文學家所擅長的本領。不過有時情感太旺，反妨礙了冷靜的構思，使女性藝術，不能和男性一樣，達到最清高最偉大的境界。她們的情感好似富有熱力的火山石。可惜琢磨工夫還少，不能儘量發揮出光輝來」。對謝先生的這段論及女性作家的創作力與境界，筆者稍有些不同的看法。古今中外女作家的作品，能達到高境界的亦大有人在。如英國女作家曼殊菲爾，美國盲女作家海倫凱勒，和聞世的小說《飄》之作者密契爾，其他的尚有女詩人白朗寧，及女作家梅利、韋伯等，難道她們的作品不夠清高和有深度嗎？再如我國的古時女詞人李清照、蔡琰等，她們的作品，雖未能達到雄渾宏偉的境界，但琢磨之細膩雋永，移思寄情之眞摯與溫切，也算得上清高和華麗。不過女性作家，一向被人認爲「坤道成女，厥性陰柔」的弱者，又如章實齋所譏爲「閨房篇什，間有所得，其人無論貞淫，而措語俱有篇幅」。其實；那種觀念，有時並不正確。西洋有人曾稱女作家爲「藍襪子」（Bas-bleus）。但時至今日，文藝思想日新，不論男女作家的作品，都脫離不了現實的人生，其中縱有高遠的理想，而其現實的感受是一樣的。因而構成作品的主題與藝術觀，女作家反而更比男作家細密眞實，這可以從當代不少傑出的女作家得到明證。

在〈文藝批評與文學史的新結合〉篇中，謝先生曾說到：「文藝批評，是對文藝作品和作家的研究與解釋及評判文藝作品的藝術」。這種見地甚合邏輯，而具實際功用。又說：「一般屬於哲學、科學、神學或政治，道德藝術性的批評，也不屬於文學批評的範圍。儘管文學批評的本身，可以成爲一種科學或藝術」。以上所云，雖不能說是新見，然對研究文學範疇的劃分，卻也適切得體，便於從事文學批評者的參考。

對於攻寫文學史者，謝氏有其見解。「我們寫作一國的文學史，必須通過各時代的文學研究，知道這個民族國家各種文學的發生、進步和發展，及其與世界各國文學的關聯或交互影響；並用科學精神，研討各代表作家及其著作，然後用歷史方法，整理出一源流和演變的頭緒來。絕不是僅僅將作家和作品的名字，生卒和出版的年月，抄本和版本的考訂，作者的生平和時代背景寫出，便算了事。最重要的，還是配合文藝批評的進展，以充實文學史的內容」。寫文學史，在我國當前從事此種工作者，寥寥無幾。寫文學史不是寫歷史或報導文學和文學傳記，不但寫作者本身應具備有深厚的文學修養，更要有實地的創作經驗與史學家藝術家的慧敏眼光。如莫遜和勒樊脫合著的《英國文學史》，就和泰納（Taine）所著的《英國文學史》，有著論點上和觀察上的不同，此乃文學造詣和悟解深度所致。故能寫好一部具有代表性的文學史，是以影響整個文藝思潮的主流和決定一個時代文學命運，不是一件小事。所以寫文學史者，應抱以求藝術眞理與歷史眞理的態度，才能寫好一個時代的文學史，對當代的作家作品以及後世的讀者，負有很重大的責任。

「美學和歷史的研究，是不能分別的」。此種論見，原則上筆者有同樣的看法，惟美學係一種藝術哲學，其主要內容，是研究自然美與歷史美，又是心理學的一部份，當然不能離開歷史和人生。同時，美學的形成，係出自人類的意識與經驗。所謂「美感經驗」，就是說明美學是一種心靈上美的感應和經驗的獲得，也算是一種形而上學，其原受著歷史的演變不斷孕育而成。因之，其審美原則和觀念，亦隨之有異，故而能脫離歷史與現實的影響，可以說美學的研究和歷史的研究，是相輔相成的。

英國文學與法國文學批評，謝先生的論見透密而客觀。在英國文學批評中，首先提出英詩人雪萊的《詩的辯護》（*Defence of poesie*），因雪萊極力推崇拉丁劇爲模範劇本，故其表現古典主義的作風，十六世紀的伊利莎白時代英國文學，以抒情詩及悲劇爲兩種偉大形式。此種考證，足見謝氏能以文學史的研究觀點，證實其文藝思潮的演變結果。自培根構成英國近代語言文學的貢獻，這在任何文學史中，是最重要的一環。由偉大的語言功能而形成文學的燦爛前途，乃直接引導和創造文學的有力功臣。以後頗普的《批評論》（*Essay on Criticism*）問世，更影響和維持了英國完美的修辭及章法，它是保守的古典主義藝術觀，和優美詩的定律。同時，英國文學的基礎，從此而奠定和種下了十八世紀中葉的浪漫派之苗種。

本書作者特別提出當時的浪漫派顯著作家，如翟夫瑞（Francis Teffrey 一七七三——一八五〇）、蘭姆（Ch Lame 一七七五——一八三四）、赫士黎提（W. Hazlitt 一七七八——一八三〇）等，他們都是批評家兼作家。由於在批評論點上的影響所及，使英國文學作品更進一步走向另一種活潑新穎的境界。直至十九世紀的審美派如羅斯金（Ruskin 一八一九——一九〇〇）、王爾德（O.Wilde 一八五六——一九〇〇）等人，都在英國文壇上，佔有極重要的地位。因其論見和作品，普遍受到當時的重視。如羅斯金認爲摹倣自然就是讚美上帝，美也是上帝意志和諧的表現。王爾德是唯美派的大師，他曾云：「藝術家的意見最重要，宗教和道德的事體，亦應讓藝術高居首位。只有藝術能令生活找著自己的本位，而且藝術還可以作人生的庇蔭。但藝術比生活上美的事物更困難，歷史是許多人有份創造的，而寫歷史的人，只有大文學家纔寫得好」。

由於羅斯金、沛德、王爾德諸位唯美派學者的努力，使得文學作品受到重視；而且建立了文學批評的新的境界，使人耳目一新。謝先生並提到：「由於雪萊以後許多詩人及批評家，模倣拉丁詩人寫著諷刺文學及書籍，攻擊一切浪漫文學的形式，至十七世紀初葉這種批評力量相當的大，大概莎士比亞曾經受其影響，纔放棄歷史劇及浪漫劇而改作悲劇與諷刺劇的」。按莎氏早期作品，雖然歷史劇與喜劇居多數，但《哈姆雷特》、《羅密歐與朱麗葉》兩劇之完成，可說完全是以悲劇和諷刺劇的內容與手法表現，雖有時間上的差距，但一個有見解和影響力的大作家，其性格和藝術素養，亦自有其朝夕不同的觸悟和境界；而主觀的創作意識，有時雖亦受時代思潮的影響，但其藝術觀主宰著他的作品主題及內容，是不容否認的。而莎氏的劇作有否受到拉丁詩人諷刺文學的流派影響，不能作爲定論或推斷，因爲莎士比亞的作品有其歷史的憑藉和藝術的精神，有其文學思想與哲學境界的。

在〈近代法國的文學批評〉一文中，謝氏談到近代法國的文學批評，最初以下列兩種姿態出現，即㈠偏重文學理論方面。㈡偏重新出的文學作品的考驗方面。如「七星社」詩人，大抵以浪漫的素質而富於古典的模倣與修養。又如德白烈（Debclay）的《法國語文的保衛與宣揚》一書公諸於世，旨在模倣古代之文藝經典，介紹古典理想以建立法國文學的完整與優美之境。十八世紀法國文學批評，始注意到文學作品與風俗制度及民族天才的相互關係。自十九世紀，經斯坦達爾．迭尚和聖特．伯符諸家的努力，便進入浪漫主義時代，聖特伯符的《現代寫照》

（*Portraits Contemporains*）及《星期一談話》等書，有舉足法國文壇輕重的力量。聖氏以爲文學批評家應該拋棄宗教、道德、政治和藝術的成見，用不偏不倚的態度，來研究某一作家和某一作品的眞精神。他並且不分派別，對於任何作家作品，都可發生興趣和同情心。因之，他可以瞭解和自己氣質的不同心靈。對聖氏這種純粹文學批評的論見，其實是合乎了「爲藝術而藝術」的精神對法國自由主義浪漫色彩的影響和表現，已經到達了高峰。另外法國審美派批評家古爾蒙（Remy de Gourmont 一八六八——一九一五）他相信尼采學說，認爲人類應該享受絕對的自由，他愛美，注意美的追求，而不願從事於博學和考據的工作，只在作品尋求美感的分析和生命的解釋。古氏的見解，正足以代表整個法國人民的民族性，與英國的唯美大師王爾德的論見，有異曲同工之妙，但王氏較其更實際和積極。

二十世紀的法國文學批評界，如紀德主持的〈新法國評論〉，其著述中，曾論及作家二百餘人，實爲法國文學批評最有貢獻的一人。其他如文壇宿將羅曼羅蘭、梵樂希等，雖日漸凋零，但卻爲有文藝國度之稱的法國，增添不少的光芒。梵樂希因詩名遠播，掩蓋了他的文學批評。他又努力於哲學家的分析工作，有詩人的靈感和學者的風度。他稱讚波特萊爾的詩，並爲《惡之花》作序，但卻攻擊雨果和浮淺的浪漫派詩人。再如布列蒙神父，以分析文學上的宗教情感見長，曾著有《宗教情緒的文教學史》，並倡「純粹詩」（Poseie Pure），因純粹詩係以哲學爲出發點，故爲形而上學的討論問題，以上係法國文學批評上一個很特殊的現象。此外如都德一派的注重國家主義和民族觀念，促成法國文學批評的形形色色殊相，更形成了法國文學的黃金時代。亦正如謝氏所云：「法蘭西是好文藝的民族，現在巴黎又取得了雅典全盛時代的文藝中心地位」。

〈論文章風格〉篇中，作者認爲「風格是人類思想感情反映的一種印象或標誌，也就是藝術家接觸或感應外物所創造成功的精神跡象或理想的特徵」。其次談到風格與作者的人格，以筆者陋見，兩者互相關聯影響，不可僅有作品的風格而沒有人格。因文學作品是作者思想情感的表達，且表達的是眞善美。如果失去作者完美的品性，那麼作品也無形中是一種缺失。正如同屈原寫〈離騷〉，文信國公寫〈正氣歌〉，亦因作者的品格高潔，致寫出的作品更爲完美感人。謝先生曾舉出：「莎士比亞寫妒忌的人，他自己的性格未必如此。莫里哀寫慳吝的人，而自己卻相當慷慨。西散那（Cezanne）在藝術中是一個革命者，但在生活上是極和平而小資產階級化的」。此乃限於創造作品人物的風格，當然往往與自身的品性不同等例證。但一個作家的品格，有時仍能在默默之中，與作品的風格連成一氣，如哥德的《浮士德》，海明威的《老人與海》等，其表現的作者藝術品性與哲學思想，已超乎原有的風格進而步入無我的化境了。

在〈宋末愛國詩人的民族思想〉一文中，謝氏列舉出五位代表，並列簡表分析其生平與背景，如汪水雲以詩與琴聲吟出亡國之戚，去國之古，愛國之忱。如謝皐羽的寄情山水，耿介倜儻，活潑豪爽。如林霽山的托物比興，感世變，懷舊俗。如鄭所南的愛鄉土，愛君父，愛民族。如劉靜修的大義凜然，高風亮節，護道守信等。均寫得痛快淋漓和悽楚動人。其筆法之雄健，氣勢之浩大，直逼人肺腑，誠屬佳構。

〈蘇聯與法國文學家〉篇裡，謝先生有其精確的見地，如「百餘年來，法國一直是以中產階級爲中心的民主政治的共和國家。如像中國人一樣，多數的法國人，不喜歡走極端，這是法國的氣候溫和土地肥沃所影響出來的民族性，也是歷史文化社會語言所造成的結果。與俄羅斯的冷酷、荒漠、殘暴、極端完全兩樣。蘇聯共黨標榜無產階級（第四階級）革命，壓根兒輕視這第三階級（有資產者）或布爾喬亞的作風」。謝氏此段話，極爲客觀正確，實一針見血之論。法國與蘇聯的文學，實成相反的對比。法國的社會環境適於文學藝術的創作和發展，而蘇聯共黨集團社會，根本視文藝爲上層建築，如馬克斯認爲「人的表象思想及精神的交流，應視爲他們物質行爲的直接表露」。此種以唯物論作爲衡量和限制文藝創作的謬論，目的是扼殺文藝和控制人類的思想，那裡還讓文學藝術自由發展呢？因之，在蘇聯鐵幕成長的作家，稍具有理想和自由意志者，無不在其作品中，暴露共產集團的政治壓迫和殘暴事實，如一九五八年諾貝爾文學獎得主巴斯特拉克的《齊瓦哥醫生》，一九七〇年諾貝爾文學獎得主索忍尼辛的《癌症病房》，都是反抗共產黨暴政統治的作家，而贏得世人的讚賞與同情。

此外，謝著〈蕭統評傳〉、〈西廂記的考證問題〉、〈詩人與現代世界〉、〈梵樂希論中國詩〉等篇，均有其特別的見解和參考價值。因限於篇幅，未能一一論列。最後筆者對謝氏的淡泊自守精神，至表敬意，如認爲「自覺物我兩忘或不受人注意，倒是一種神秘的安慰」。此乃屬學人豁達胸襟謙遜態度的表現。而《文藝論集》，對中西文學藝術的探討認眞，且深具慧眼，雖有些許論點似覺勉強，惟立意純正，站在研究學術的立場，見仁見智，原是値得體諒和有待證實者。但謝著能取精用宏，思考深密，仍不失爲研究文藝理論優秀之作。

評洛夫的《時間之傷》詩集

洛夫將其新作《時間之傷》詩集寄我，厚沉沉的一大本，共收入詩作八十三首，另有〈自序〉及〈借問酒家何處有〉詩劇兩篇，該詩集係由時報出版公司印行，封面爲一素描裸體蜷伏之中年光頭男子，將頭垂置於膝蓋上，似睡似醒，憂鬱而哀傷，但他是呈現在百合花蕊中，想是歷史和時間之象徵，封面究係那位畫家設計，當無關緊要，惟意象獨特，引人遐思。

洛夫是位純藝術詩人，探步詩的廣原五十餘年，自其《靈河》詩集出版迄今，共計二十八本詩集問世，詩論亦有百萬餘言，由早期的純情寫景，中期的感象認知，直至目前的悟覺而靈通，狂獷陽剛而陰柔悲情。詩情詩境的表現由甜美而圓熟，由殘缺而完整，而隱逸而顯朗，在在證明洛夫心境詩觀的不斷交替轉變，這對一位詩人在創作上的歷久考驗，的確是使瞭解其詩質者引以爲憂爲喜的事！憂者是有幾人能深入其詩的輝煌殿堂，剖析得清楚那錯綜複雜的詩脈詩緒？喜者是洛夫能堅持其詩的藝術創作旅程，漸漸進入一個更深遠的詩的領域，已發現其詩的崢嶸面貌，和震撼讀者心靈的聲聲迴響！

平心而論，我對洛夫的詩作，並非全部欣賞，對他的詩觀也未盡苟同。他對詩創作的執著和孤絕，更非站在多年老友和同好者所讚賞，然而，當洛夫每有詩集出版，卻不吝嗇的寄贈給我，這種情感的自然維繫，有時也使我不禁心動。我總以爲寫詩是自己的事，別人讀不讀詩，那是另外的一回事，能尊重所有詩人的作品，耐心的欣賞和探索，是中國讀書人的趣味和美德。因而，多年來，洛夫在現代詩壇驅馳，他有所感悟和選擇，隨著歲月的消失，而他在鑄塑詩品的內涵和經緯度上，雖然激起不少詩人和讀者的讚賞，但其擇善固執的作風，也同時受到批評而毀譽參半，這是一位眞正詩人的不幸，即使若干年後已獲得諒解和認同。

《時間之傷》集中所收各篇，是經過洛夫的嚴挑精選，大多數的詩作，我早在報刊上拜讀過，如其中的〈我在長城上〉一詩，曾撰文評介，（發表於新文藝月刊）那是一首站在歷史稜線上，對我國偉大建築長城的深入透視和感受，當時他以悲愴而銳利的視線，越過萬里關塞，將長城的形象盡情暴露，將千古的風雲和英雄人物作一番驚心動魄的掃瞄，感人心弦。如以詩人的詩心詩眼觀之，是一篇出色的力作。

《時間之傷》詩集分爲三個單元，卷一爲漢城詩鈔，是洛夫應邀赴韓訪問的作品，計十七首，對韓國歷史文物及當時景象之感觸，諸多佳句，如〈漢城之楓〉、〈雪渡〉、〈不歸橋〉等篇，都是感人至深的詩作。卷二是洛夫近幾年來的作品，將擇其重要者剖析評介如後。卷三是〈借問酒家何處有〉詩劇。

首先提出的是〈時間之傷〉一詩，洛夫先作自我解剖，在人生的征途上，有喜有驚，有愁有傷，如層層雲絮，飄飛在空際，轉瞬已成歷史幻影，但詩人卻能及時掌握那一瞬間，並閃爍著生命之火花，留給人們無限的追憶。

「月光的肌肉何其蒼白
而我時間的皮膚逐漸變黑

在風中
一層層脫落」

軀體的蒼老，並不意味著衰暮，而心靈上的淨化與精神上的昇華，才是永恆的象徵。其中以「月光的肌肉何其蒼白」，那是感象的時間的標誌，有「白駒過隙」的感慨，月光的肌肉形容古老的光波投射，使其實體化，乃有著美學的具象表現。

「只要週身感到痛
就足以證明我們已在時間裡成熟
根鬚把泥土睡暖了
風吹過
豆莢開始一一爆裂」

生命就如同核仁，根鬚乃生命時間的延續，當核仁如同豆莢似的爆裂，就證實一種思想觀念的成熟，而能開花結果。週身的痛苦，乃時間鞭撻的感覺，尤其是「根鬚把泥土睡暖了」一句，有無限的哲學意味，是力和美的詩句組合。

〈騷動四首〉詩，分成書之騷動、畫之騷動、蛇之騷動、水之騷動四個主題。如〈水之騷動〉就有以下的詩句：

「設若是水
你該溫柔而無聲
結冰當是千年以前的事了

那時，你曾白得如一塊寒玉
凝而
冷
你開始生煙
在我熾熱的掌中
看你奔來
我即伸展兩岸以迎
舉起你
高及我額
舉起你如舉
千浪」

地球上由於水在不斷的波動，流過歷史的曠野，因水之存在，形成了生活和文化的各種模式，而原始的水如寒玉的凝而冷，當寒玉生煙時，已爲詩人所感受。水的形象而成爲思想的波流，在詩人的胸襟中，儘管千濤萬浪，也能用兩臂如伸展兩岸的去迎接。即使無情的時間（譬如奔流）要將所有的人類呑沒，惟有詩人能抓住時間如舉起水的千浪，而創造永恆。洛夫的詩思海闊天空，極目四野，要以詩的表現，證實其人生價值存在，而與詩以不朽！似這種唯美而富於意象的詩句，非得細心體會，才能發覺其詩的主題和生命。

洛夫寫〈戰馬〉一詩，將一匹奔越疆場和披星戴月的駿馬，寫得異常傳神，即使是畫家郎世寧和葉醉白筆下的馬，也難以和詩人所表現的馬相提並論。因爲畫家筆下的馬衹有神態，而詩人卻能表現出馬的思想和靈性。

「風雲激變
我自崑崙一躍而下
咆哮亦如天外飛來的黃河
目赤、髮白，黃沙滾滾
將軍啊！今晚駐宿何處？

餐秦嶺之雪
飲關山之月
踏白骨成青山，劍斷旗裂
將軍，自你巍爲廣場上的一座銅像
再也無人懂得我對空的長嘶
記起身負曹操退走華容道的那樁事
便不由得臉紅了起來

是漢子就當唱濺血之歌
只要不遇到秦瓊那一類落魄英雄
將軍，我這層皮遲早都會裹在你的身上

蹄印深深，這是誰烙下的傷痕？
揮鞭的人是不會回來了
我隨著落日在沙塵中踽踽而行
乍然看到
一群食屍鳥從火焰中驚飛
而今雕鞍雖冷，號角無聲
伏櫪多年未忘夢中的白山黑水
千里萬里
蹄聲仍響自昨日的天涯
將軍啊將軍，我又看到劍氣自你額間升起」

戰馬的壯豪而悲涼的感觸，使人聯想起多少慘烈戰場的情景，洛夫能以悲天憫人的詩情，由一匹戰馬的蹤影，聯想到征戰的將軍，多少歷史的興衰，戰馬有時在疆場奔馳，並象徵著生命的諸種苦難。洛夫擅長這種手筆，寫來動人心腑，且詩句明朗易解。

〈美目盼兮〉詩，是洛夫寫詩陰柔的一面。

「初次的邂逅
我幾乎以全部的血
注入你們的對話中
唉，那種嫵媚
恐怕集天下的鏡子亦無能詮釋
你匯百川之水於目中
卻任我的玫瑰枯萎」

純眞而唯美的情懷，是洛夫一貫的詩風流露，這首詩晶瑩可愛，但也有企慕和感傷的成分在內，那最後的兩句詩就是註腳。

其他像〈水祭〉、〈家書〉、〈鷹架〉、〈夢的圓解〉、〈吃蠶〉等詩，都有充實的內涵，但也有的詩句確使人費解，然比起洛夫以前寫〈石室之死亡〉長詩的句子，又顯得鮮活而具有深度得多，惟須讀者憑靈覺而逐次去體味，自然會有新奇的發現。

《時間之傷》詩集，是有其藝術水準的，在目前眾多的詩集中，也有其獨特的風格。而洛夫多年的埋首創作，使他已全然了悟什麼是美的事物？更進而探求到時間的意義，就是不斷的自我蛻變與解脫。當然，一個想在詩藝術上有進取心的詩人，他必得接受時間的沉濾和考驗！至於有人指出其詩中傷痕纍纍，充滿生命中悲苦和挫敗的意象，充滿了悲劇性等評語，那祇是浮面的看法，而實質上，詩學家亞里斯多德的悲劇論點，早已論及悲劇的定義，是爲了解除驚懼和痛苦，更是唯美和向善的追求，同時也是服膺神靈創造萬物的必經迴輪過程。美學家王爾德（Oscar Wilde）也說過：「世間只有美不因年代久遠而湮滅」。唯盼洛夫能在悲苦而殘缺的生命旅程中，繼續的戰鬥下去！堅認詩就是一種創造，詩就是一種至高無上的生命歸依和解脫。正如同畫家席德進對藝術的認定，雖絕症纏身，依然泰然自若，充滿對有限生命和無限自然的喜悅。洛夫當早已有其完美詩的藝術觀，由《時間之傷》集中去證實，他的創作路向是極其遼闊而燦爛的，那就得全靠洛夫以持久的定力，去爲藝術奉獻和犧牲了。

評介《楊柳青青散文選集》

楊柳青青所寫的散文雖然不能說篇篇有極高的可讀性，但其深思熟慮所得，有許多篇極具人生哲理，且有很高的藝術文學內涵融於其間，名其爲「美」的結晶品，一點也不爲過，因爲楊柳青青不但透過心靈的感受寫出了自然與人生百態，同時更能以宗教家和哲學家的仁慈悲憫胸襟，指出人生應走的道路和境界。

當我讀完《楊柳青青散文選集》之後，那七十七篇雋永精緻高雅的文章，直如空際星辰閃閃發光，絲毫不感覺到是人工的雕琢，而是自然的安排和映照。

因爲其中有寓理釋義的小品，有警世惕勵的篇章，有倫理親情的愛心溶匯，有讚美上帝歌頌自然的心曲；且其遣詞用句，明朗貼切，優雅高逸而自然，所以說這本散文選集，是我讀到的最美最眞的純散文範本，實在有許多心中感受要寫出來。

一般平舖直敘的散文，既無見地更乏境界，祇能說其是生活日記和流水賬。再如一些尖酸刻薄的雜文，雖盡寓理言教熱諷冷嘲之能事，但畢竟不夠溫柔敦厚，缺少高深幽妙的思想見解，最多祇能使人感到世風日下，今不如古的失落和虛幻，起不了引導人生邁向完美精神化境的作用，尤其對於那些無病呻吟或懷悲感傷的作品，更使人不忍卒讀。

而楊柳青青的散文與眾不同，有充實的內涵，有曠遠的境界，有唯美的感情和至善的意旨，雖有時引經據典，或帶有諷刺現世的意味，但卻不慍不火，點到爲止，讓人於審思和回味之餘，發出深獲我心的讚同與微笑。

「在生活中，樹與樹是有生存競爭的，尤其是樹木密集的森林，大家爭取陽光，爭取空間，不免互相排斥，互相傾軋；在生長中，樹也顯得性惡自私，大樹遮住小樹的陽光，使小樹枯萎，大樹趁機吸取小樹的養料自肥；在生長中，樹也顯得善良，尤其生存的空間寬闊，養份充足，氣候適宜的時候，它任鳥來棲，任蟲來遊，任蝶來舞，它有隨風起舞，無風莊靜自處，顯得與世無爭，與物合群，頗善與天地萬物和諧共處」。《見選集．樹的一生》篇）對樹的聯想如此，道出人生的不同感受，但那是自然的法則和定律，誰也難以改變，唯有奮發進取，才能有適者生存的希望。

現在再讀下一段文字，便是作者的人生哲學心境。「樹長成了，樹葉鬱鬱，花朵簇簇，果實纍纍，樹幹頂天立地，早上樹頂著旭日，黃昏樹上的鳥巢裝著夕陽，晚上枝頭掛著明月，顯得頗有擔當和氣概。……綜看樹的一生，有安逸、有奮鬥、有快樂、有痛苦；有善、有惡、有競爭，也有出生、成長、衰老、死亡」。的這種對樹的描述，不就象徵著一種人生嗎？不就寫出人類心境的感受嗎？文字簡約而美，深沉而有力…至於那幅樹的彩色畫面，樹的風貌和發出的音響，惟有對文學藝術哲學有涵養者，才能寫出如此動人的篇章。

我最喜歡〈腳的返璞歸眞〉這篇作品，喻腳爲人體自然成長的一部份，應使其與自然界接近，不要永遠以襪鞋包裹，同時以美學的眼光審視腳的可愛可貴之處。如：「脫掉襪子，脫下鞋子，赤腳在軟軟的沙上行走，在柔柔的草上奔跑，在涼涼的水裏浸著，身體有說不出的舒服，內心有說不出的愉快，這是愉快的經歷，美好的經驗，相信一般人都有，不但當時給人愉快的感覺，事後還給人美好的回憶，這也是生活的情趣，生存的喜悅，值得追求」。文句清麗流暢，寓意深遠，乍讀起來，似乎沒有什麼值得驚人之處，但經仔細品味，卻使人感覺到一份生命的喜悅，如善於舒展四肢五官，與大自然融合一起，無處不充滿著詩情畫意，無時不享受著生活的樂趣。

楊柳青青在這本散文選集中，對文學、藝術、宗教、神祇、以及自然界的動物和植物，世間的神話與夢幻，科學的昌明與歷史承繼問題等等，都有極爲深刻的詮釋和論點，以其一枝彩筆和藝術心靈，作深入淺出的陳述，生趣盎然，情感自然，如讀童話，如讀寓言，如靜聽一闕交響樂曲的演奏，如凝視一泓清流的揚波，使你心靈澄澈而激盪，使你情愫波動意志力煥發而昂奮，絕不同一般散文作者，寫來寫去，始終圍繞著那個嚴肅而呆板的主題，描述既談不上精緻深入，又無眞知灼見，當然更缺乏藝術表達的情趣與技巧。

「宗教的眞實作用，是用「希望」安慰人、支持人，使人安安分分，平平靜靜走完人生的歷程，它並不能夠眞正使人成神、成仙、成佛」（見〈我看宗教〉篇）。對宗教的詮釋是否恰當，教義的瞭解是否深入，智者與識者當可參證與窺覺。

「偉大的建築都巧於運用光線來培養人的良好情緒；埃及人在尼羅河西岸鑿崖削岸建築廟宇，讓旭日把廟宇照得火紅，充滿了壯麗、莊嚴、興奮感；拜占庭式的建築，穹頂嵌滿亮片，如星辰閃爍，美麗、神秘而莊嚴，都是實例」（見〈光和建築〉篇）。如果沒有文學情愫和美學意念，這種文字是表達不出來的，同時證明楊柳青青對建築學亦有認識，因之，一位作家，要具備有多方面的常識和經驗，才能創作高水準的作品。

在記憶中，我早年讀過楊柳青青（即黎中天先生）的《思想、幻想、理想論文集》，以及其發表的小說散文等作品，已瞭解其創作的苦心與工力。他是位充滿中國人文思想和智慧的作家，並對西方學術思想亦有相當認識，尤其是位對文學藝術修養有素者。新中國出版社印行的「新文藝」月刊，每期都有他的文章發表，我都仔細的拜讀過，其精闢見解，並不遜於當代的名流學者，這本《楊柳青青散文選集》佳作頗多，如〈詞人春夢〉、〈窗光如幻、窗景如夢〉、〈思想的時間〉、〈孤獨的精神活動〉、〈學問的第四境界〉、〈廢墟上的廢墟〉、〈長於搖籃，老於搖椅〉等篇，都是值得一讀再讀的精品。

惟如〈好奇與好吃〉、〈蓮花落的新詩〉等篇，其內容與結構，以及表現的思想境界，就遜於前列的篇章，如果再版時，作者是否可考慮再補充更完美的作品？那這本散文選集就更純更可讀了。

《楊柳青青散文選集》曾獲中山文藝獎，乃爲實至名歸之作。這本選集想係自費出版？因沒有出版社和書店發行的字樣，（祇有上海印刷廠印刷字樣），但對好的作品來說，這並不重要，重要的是這本選集絕非泛泛之作，它已經將部份中國人心靈的感受，藉生花的妙筆，盡情的表達和美化起來。

評：《隔水觀音》

余光中的《隔水觀音》詩集，由台北洪範書店出版，這是余光中近幾年的新作集錦，有其一貫的詩風和藝術塑性，共得詩五十三首，讀這本詩集，要有很大的耐力，和對中國文化層面的掃描和透視力。一個現代的中國詩人，在其歷經五十餘年的不斷感受和創作中，由早期的十四行商籟體，到目前對詩意象和素材的普遍營造和探索，在在以貫串歷史漠野的藝術匠心銳意探求，而能開拓其視覺和靈界，使詩句如同滿空星斗，或如浩海浪珠，直逼您靜固的心靈，而觸及到生所未有的歷史清新氣息，進而激躍和震撼不已！這是我讀《隔水觀音》詩集的一種自然感受。

一個有高度藝術素養和智慧的詩人，必須心遊宇宙，性情接近歷史與自然，那一顆運轉於宇宙之間的詩心，隨時在吸引和波動著。在《隔水觀音》詩集中，有不少首詩，如〈夜讀東坡〉、〈第幾類接觸〉、〈尋李白〉、〈刺秦王〉、〈隔水觀音〉等篇，都是詩人發思古之幽情，而對大千世界和自然現象的探索和感慨，藉潮湧的詩思表現得淋漓盡致，珠鈿無遺。

余光中在《隔》集中，對唐代的詩人李白和杜甫的懷思，以及對其生平的遭遇，似有特別的重視和偏愛，可以說言必李杜。如「從開元到天寶／從洛陽到咸豐／冠蓋滿途車騎的囂鬧／不及千年後你的一首／水晶絕句輕叩我額頭／噹地一彈挑起的回音」（見〈尋李白〉詩）再如

〈湘逝——杜甫歿前舟中獨白〉詩中所寫的：

「十四年一覺惡夢，聽范陽的鼙鼓
遍地擂來，驚潰五陵的少年
李白去後，爐冷劍鏽
魚龍從上游寂寞到下游
辜負了匡山的雲霧空悠悠
飲者住杯　留下詩名和酒友
更傴了，嚴武和高適的麾旗
蜀中是傷心地，豈堪再回楫？
劫後這病骨，即使挺到了京兆
風裏的大雁塔與誰重登？
更無一字是舊遊的岑參
過盡多少雁陣，湘江上
盼不到一札南來的音訊」

以上對杜甫的生平遭境，詩人心態的描述，在舟中獨白的感懷情景，余光中眞是個有心人，以現代詩人的悲天憫人心胸，寫盡杜甫的滿目悽愴悲涼，非深入杜氏的靈思高風傲骨，莫能爲此！作者曾讀過余光中的早期詩集《舟子的悲歌》，以及《天狼星》和民國六十三年出版的《白玉苦瓜》等詩，發現他對中國文學作品有著精深的研究和涵養，同時對中國人文精神，亦有獨到的認識和創見，不像有的詩人，動輒以西方詩人的詩觀和詩情，作徹底橫的移植而作自我表現。余光中是有意想寫好中國的現代詩，他深諳西方文學思潮的流向，瞭解西方詩人的生活感觀和情懷，但他由浩瀚的中西文學作品中，由多種不同表現的藝術寫技中，斬開中國現代詩創作的茅塞和拓展視野不清的迷霧荒徑，以測定中國詩應走的路向。他由抒情詩而步入感象的寓言詩，由試探搖滾樂的說白和乾脆一度創導民歌，再回復有個性、有風貌、有感悟、有思想的現代有節奏、有音韻和律拍的現代自由詩，這其間詩路的歷程，是相當艱苦的自我營造和解脫！直到目前爲止，適如余光中有言：「目前我寫的詩大概不出兩類：一類是爲中國文化造像，即使所造是側影或背影，總是中國。憂國愁鄉之作大半是儒家的擔當，也許已成我的「基調」，但也不妨用道家的曠達稍加「變調」；其實中國的詩人多少都有這麼兩面的。另一類則是超文化超地域的，像〈驚蛙〉這樣的詩我也喜歡寫。除了和我的散文〈牛蛙記〉是一胎雙嬰之外，它一空依傍，沒有來歷，純然是現代的產物。有時候，詩人也不妨寫幾篇令學者手忙腳亂的作品」。（見《隔水觀音》後記）從余光中的自白中，可以看出，他對詩作的營造，是有著苦心和孤詣的。就以〈驚蛙〉詩來說，就有著高度藝術的層次安排，其中妙喻和哲理，或嘲或譏，或隱或現，對目前國際文化層面的衝擊震盪，人類心態的刻劃，學術流派的爭執，以及在人類潛意識中的不斷受到創擊和變化等等，在在說明一群群驚蛙的心理轉變和各種不同的嘴臉。讀這首詩，必得細心體會，深透觀審，始能悟得驚蛙的原本類型和心態，和其各自佔有的空間和扮演的角色。

「閣閣，鼓蛙聒，鼓蛙聒

鼓蛙聒，閣閣，鼓蛙聒
怪誕而憨頑，那集體的腹語
紋身蠻族拜雨神的頌歌
一整個兩棲部落　無數的下顎
在暗裏起起落落的白膜
低音的鼓盪裏，你聽
有清涼的水草，低空流竄著
花蚊群和昆蟲隊，千百億兆
那懵懂的生機你聽去
有一點可笑，和更多的可驚
萬蛙鬧靜，百無禁忌的爭鳴
這一片活著的寧靜
只喧給醒著的耳朵
滅燈，冥坐，入神的傾聽
——聒聒，鼓蛙鼓蛙蛙」

這段節錄的詩句中，不難發現鼓蛙的爭鳴，是世人各種心語的傾訴，患得患失，各有所憑，大智者，祇有滅燈，冥坐，入神地傾聽，乃有佛的靜寂，道的清虛，基督的緘默。余光中在靜中構思這首〈驚蛙〉時，當有所指，而詩人心遊萬象，目睹世間萬事的變幻無常，絕非一個道行淺薄者所可塵及！〈驚蛙〉詩，寓意深遠，在整體結構上，無懈可擊，是為上乘。

〈刺秦王〉一詩，是余光中設想荊軻生劫秦王不成，反為所創，倚柱待斃那一剎那的情況，並據以推測日後歷史的發展。依據史記的記載，在這首六十一行詩材的引述中，對當時悲壯場面，英雄義士的果敢行為，有椎骨瀝血的感人詩句，以秦王的暴虐無道，人人得而誅之，而壯士荊軻受創倚柱，血流五步，每使後世人感嘆不置！

「那獨夫在喘氣，斷袖的手中
還橫著長劍，一滴滴，刺客的恨血
照著那刺客倚柱而箕踞
斷了，左腿，敗了，壯舉
空流了太子的熱淚，一滴滴
隨森冷的易水，辜負了渡頭
風裏衣冠肅靜，一座似霜雪
鏗鏗慷慨叩筑的聲裏，幾人在垂涕？
幾人的鬢髮蝟怒成亂戟？
朝落日的方向幾人按劍
瞋目裂眶，睥睨著咸陽」？

風蕭蕭兮易水寒，壯士一去兮不復返！荊軻雖敗，留下秦王日後的心中驚悸，終成秦二世崩亡的命運。以簡潔的字句，寫盡詩人無盡的感慨。余光中是詩語言的精鑿細雕者，在〈刺秦王〉詩中表露無遺。如「恨血」、「森冷的易水」、「鬢髮蝟怒成亂戟」等用句，極具藝術匠心，由此想到，目前不少專攻現代詩者，由於駕御文字的功力不足，形成文字堆砌意象亂雜現象，又何能邀人激賞？而使全詩精華競呈畢現。

《隔水觀音》是余光中的第十三本詩集。較之以前的作品風貌更爲清新可喜，且每首詩題，俱經精心設計，可供讀者於心靈沉靜時細賞吟詠。惟有的詩作，用經據典似嫌過多，或意象過於虛玄，使人難於捉摸。也有的詩句寫來似無美感可言，故而詩人的審美判斷和經驗，乃成爲詩的重要因素之一。一位優秀的現代詩人，不但要有入世的生活痛苦感受和辨識眞理的美德，而且還要有出世的超脫心境和救世的精神，其對歷史和自然的發展定則，尤其要有高度的銳敏見解。余光中在詩的創造過程中，早已有其藝術和文學成就上的應得評價，從這本《隔水觀音》詩集中，已窺見全貌，作者敢說，此乃一本在現代詩壇有足夠影響力的詩集，識者在拜讀之餘，當可有不少新的發現和更進一步的獲益。

中國文學的創作方向

～探討《墨人散文集》的文學思想真義～

墨人將其歷年來發表的學術論文及文學創作篇章，經審愼整理後，交由台中學人文化事業有限公司出版，書名爲《墨人散文集》，這是一本探討中國文化源流及文學創作的好書，每篇文章各有其依據與重點，讀來意趣盎然，思味無窮。

六十餘年的文學創作生活，使墨人深刻瞭解到，一位有思想有定見的作家，他必須能深入固有文化深層，並認識時潮趨向不妄自菲薄，不泥古不化，以誠摯心情，篤實踐履，在爲文治學方面，始可開拓新境，獨創風格。

「作爲一個中國人，不能不了解中國文化；作爲一個中國作家，更不能不了解中國文化。一個在文化上無根的作家，絕對寫不出震爍古今中外的作品。曹雪芹、吳敬梓、沈三白……都是道道地地的中國作家，他們的作品所表現的，完全是中國文化形態，中國社會形態，乃至個人的思想意識形態。他們的作品之所以不朽，並不是因爲他們懂得佛洛依德，他們是連ＡＢＣ都不認識的中國作家」。（見〈文化‧社會形態與當代文學創作〉——一九七八年五月在亞洲文學會議宣讀之論文）。從以上的論點，便可發現墨人對作家國籍的認定與重視，正由於此種心情的宣洩，促使其對我國文化的探索興趣。當然，這本是一個極嚴肅的課題，能全然瞭解中國文化本質與精神的現代作家，不能說沒有，但多半衹是觀念上的認定，而缺乏實質上的研究和求證。

例如多年以前，在國內舉辦的漢學會議，就是從文學作品的觀點，進而對當時文化社會形態的探求，這是一個有意義的學術會議，值得大力提倡。再如早年來所流傳的「龍的傳人」歌曲，也是對我國文化溯本求源的表現。惟值得提出的，「龍」是一種至高至尊的精神象徵，是一種富於仁民愛物思想的巨大神靈，其美化神化的圖騰和形象，能深入瞭解的年輕人，恐怕衹是意識上的嚮往而已。所以對「龍」的文化根源，正有待學者爲文介紹和宣導，使年輕的一代，能正視其生活處境和文化遺產。

在墨人的散文集中，有幾篇有著學理依據和創見的作品，如〈宇宙爲心人爲本〉——中國文化的眞面目、〈中國文化的三條根〉、〈中國文化的宇宙觀〉、〈李約瑟與中國文化〉、〈易經的體用〉、〈人與宇宙自然法則〉、〈遊於三種走向之間〉、〈建立我們的思想意識形態〉、〈中國精神〉等各篇。誠然，屬於是類從理性認知的文章，如我國知名的學者方東美、唐君毅、牟宗三、陳立夫、徐復觀、錢穆等人，都有極豐碩的論見，但墨人係以從事文學創作的立場，剖析文化成長的過程，並以科學哲學的原理原則相互印證，尤其是由《易經》中的求證和推論，乃爲以上各篇文章的理論基礎與思想特色。

「《易經》是我國最早的典籍，是宇宙形成、發展的法則，不是天書，更非圖騰，而是中華民族的智慧結晶」（〈易經的體用〉文）。墨人研究《易經》，是三十多年前的事，正由於對易理的研究所得，推論到老莊哲學，儒家人文思想的一脈相承，此乃我國文化的傳統脈絡，爲立國處世的一貫精神所在。而儒釋道三家思想能兼容並包，即使基督教與回教亦能流行於中國，不受絲毫的抵制和排斥，亦得之於我國「天人合一」思想的寬廣博大所融合，儘管各教紛立，而中國人畢竟能遇其充實完美的倫理生活。篤信其「法天」和「道地」的自然主張，而始終不渝，這不能不追溯到《易經》的至極學理證見。「《易經》是宇宙形成，發展的最高原則，是天地間的大學問。要復興中華文化，必須探本求源，《易經》這一文化源頭，可以取之不盡，用之不竭，放諸四海而皆準」。墨人對《易經》的研究結論是如此，有心人當會同意這種看法的。

在〈中國文化的三條根〉一文中，墨人提出中國文化兼具希伯來的「冥觀走向」，西方的「實感走向」，和我國由來已有「人文走向」三者，且是三線平行，互爲體用，在《易經》中，這三種走向，是統合一體的，正如同《道德經》所論的天地人三者合一，故而中華文化是一種平衡、協調的高級文化，彈性很大，包容性也很大，此乃墨人研究東方文化所得的創見，值得學術界的參考和探討。

《墨人散文集》分爲上下兩輯，上輯的二十篇文章，係針對中國文化當前文學問題而發，其中對文化的根源及特性，人與宇宙自然的關係等，有極精闢的論點，如果總結的說，中國文化的根源是以宇宙爲中心，而統合天地人爲一的和諧協調可大可久的文化。誠然，西方人士對我國文化的認識有欠深刻，再加以自身過於重視人文，才有近代科學的落後，才有西方思想對儒家思想的反動，此乃値得猛省而檢討者。至於墨人對當前文學諸種現象的分析，且指出時症，發人之未發，見人之所未見，一針見血之論，處處為文學前途苦思焦慮，足證墨人對文學的執著，對中國文學前途寄望之殷，以及期盼作家們能由自身的充實與健全等善意，實為五十年來文學評論所少見。

尤其是中國作家應走中國文學創作的道路，墨人自始至終是肯定的，因為以中國的文學精神和題材創作，才有意想不到的收穫。否則，一味以西方文學理論和創作模式，企圖帶動中國文學起飛，那是捨本逐末，欺人之談！墨人是一位有血性有個性的作家，其筆鋒銳利，正氣凜然，對文學創作問題，挖掘並指出了許多可供作家借鑑的創作方向和題材，同時對一味走西洋文學路線的作家，給予忠懇的勸導，期為中國文學而共同貢獻心力。

《墨人散文集》的下輯各篇，均為創作技巧及作品析賞文字，憑其多年的創作經驗，對散文、詩、小說等創作，諸多現身說法，當然有的論點亦為老生常談者，惟墨人對「士先器識而後文藝」的見解，確為客觀中肯之言。綜閱《墨人散文集》各章，其豐厚學知足以奠定其文學創作基礎，而最難能可貴者，是堅持中國人的良知和道德，從大處遠處著眼而從平實處力行實踐，不愧是一位深受儒家思想薰陶的中國現代作家，因之，墨人所選列各篇的作品，無疑的是暮鼓晨鐘，有著一新耳目及振奮神志的功用和影響力，值得向讀者們推介。

評大荒的《春華秋葉》集

詩人大荒的散文集《春華秋葉》，是一本很有藝術深度的文集，在今日台灣散文作家中，大荒是一位獨步歷史廣原和生活化境的苦行僧，以其作品中的靈秀和狂狷之氣，高逸和華美之風，透過其深沉和浩瀚的思維而流露於筆端的，盡是發人深省和迴盪不已的純情表達，使人讀後久久不能自已，而有著深獲我心的震撼力量！

五十多年來的台灣散文作品，如果經過仔細的研讀和剖析，的確成就了不少個中的高手，如思果、洛夫、蕭白、張曉風、楊牧等人，他們的作品是純藝術屬性的精品，玲瓏而剔透，華光鑑人，璀燦奪心，絕非僅憑直覺而抒情感性的老牌散文作家所能望其項背，有心人當可盡窺其風貌，而大荒的《春華秋葉》集既已推出，無疑的是現代散文的最高結晶，也是大手筆的精心集錦，值得探討和求證的篇章甚多，不能以一般散文集的面貌，而等閒視之。

首先讓我們先讀一段〈往日情懷〉篇中的句子：「心正迅速的俗化，甚至能感覺到它在化，猶如站在溪裏，感覺到水的流動。我不甘心，我必須抽劍出鞘和它戰鬥，阻止它的侵凌，但我發現我的劍已經鏽蝕」。對心的鏽蝕感覺，而產生莫大的悔憾和悲憤，但爲了戰勝自己，解脫心靈的桎梏，不隨波俗化腐蝕，這是何等的心境投照和反射？這是何等的自覺而希冀獲得眞實的自我？「愛是光榮，美是色彩，領受愛和美的時候，最卑微的生命也高貴起來。人要做心靈的貴族，必須過平民的生活，做人世的園丁，不如此就培養不出燦爛的花朵」。似這種智慧的語言，沒有藝術情操和哲學境界者，是不會從心靈深處流露出來的。

在《春華秋葉》集中的三十篇作品，可以說大半是大荒的嘔血之作，作者深知大荒的半生處境和遭遇，一直都是顛沛流離和失意的，雖然他目前已有安定的生活，從事春風化雨的教育工作，但他的理想並非如此，他有更爲遠大的抱負，如專心創作和研究文學，如周遊世界觀賞有關文學藝術作品的陳列和作家故居，如充實自己的學業和獲得更完美的愛情。而事實上，大荒對這些希望，祇存有一個美麗和虛幻的遠景而已，如果他也有如白先勇和葉維廉、楊牧等人的先天優越條件，甚至他的婚姻生活不遭到變化，他的身體不受到病痛的襲擊，那毫無疑問的，大荒的文學創作生涯，作品的廣度和流傳性，將受到更多人的讚賞，再者，那漫長的軍旅生活，使他堅強了自己，約束了自己的驕傲和放任，使他更能深入人生，瞭解做人的眞正本質和內涵。當然，創作須憑知識經驗，須憑獨特的感受和才華，但更重要的，是在生命中掙扎而獲得的報償和創痛體驗，大荒大半生的遭際，足可發揮以上的諸多感受和痛苦回憶，所以他便發揮了這些，寫出別人無法體驗感受的篇章。

「花，可以當詩讀，可以當畫看，可以當雕塑玩，可以當酒飲，可味亦可嗅，綜合起來，成爲大地上無以復高的嫵媚，有時候，看都不敢看，怕被庸俗之目看死。在我的知識裏只有一種花我不喜歡，就是軟枝黃蟬，因爲它沒有蕊，沒蕊就沒有心，沒心則沒有情、沒有愛、沒有智慧。看到這種花，我總想到白癡」（見〈花〉篇）。大荒是現代詩人，有高度的審美判斷和經驗，對花的觀賞，是美的追求和創作，他的這種感受，不是一般作者所能體察出來的，花魂亦如人之靈性，沒有靈性和品格，何謂花魂？詩人創作散文，無異雲雀掠過水面，輕而易舉的徐徐飄落，波面便生動活潑而神采奪目了。

大荒對愛情的眞正感受，是那麼深邃而微妙，他曾受到愛情蜜汁的滋潤，但也嚐到愛情分裂時的苦澀，以其沉重的筆觸，描繪出一幅潤浴在愛情漩渦中的寫照圖。「有時眞嫉妒你，這麼纖小的身子，這麼年輕的心靈，怎麼如此闊大、樸素、莊嚴？有時懷疑我們不是愛人。我們在一起，幾乎不談到愛。我們有過爭執，不是爲愛，而是爲道德品格。你的介然自守，依我看簡直近乎不近人情，甚至怪癖了」。（〈春華秋葉〉篇）詩人對愛情的追求，往往要求過高，詩人的熾熱感情，唯美的意境，以及瑰麗的意象展示，原有著西方維納斯型的眞實獲得，然而，事實上，那祇是虛幻的構型，隱現於雲霧縹渺中，大荒在〈春華秋葉〉一文中，有過多的懷思和自我失落之感，瞭解大荒者，當然可以聯想到他的不幸遭遇，也正如此，他的創作境界更爲提昇，當我們讀到「我的火已經熄滅，我的銳氣已經遲鈍，不能再有所作爲了」的句子時，不禁爲之顫抖而感傷！但大荒絕非那麼脆弱，他的心境開朗，文思浩瀚，詩情曠逸，失去的便是眞正的自我獲得，古來中外文學作品，能流傳下來的，便是作者從靈魂中的呼號之聲，也是不屈於命運的生命火花。

使我心折而激賞的是〈童年〉篇，對兒童的讚美之聲不絕於耳，大荒是在尋求他的童年，因爲童年的鑽石歲月，無憂無愁的笑靨，的確是値得人生回味和珍視的，「兒童是花朵的綻放，粉紅色的，新鮮、粉嫩、甜蜜。他踏過的腳印彷彿步步都爆發噼噼啪啪的火花，快樂的笑聲，像百靈鳥般清脆，像畫眉鳥的圓潤，像銀鈴的琅琅然，所以睡足醒來的時候，總是先浮現微笑，然後才睜開眼睛。世界上如果說眞有能令人忘憂的東西，怕惟有這種纖塵不染的笑容了，沒有什麼比它更純潔，即使是母親注視懷中嬰兒的眸光」。到底是詩人筆下的描述，不同凡響，文句的鮮活而富創意，將兒童的舉止表情表露無遺。

《春華秋葉》散文集中還有很多的作品，值得一一推介，如〈訪葦〉、〈秋水〉、〈油燈〉、〈內湖野步〉、〈似花還似非花〉等篇，都有著很高的意境和內涵，因限於篇幅，祇有讓讀者品賞玩味了。即使是附錄的〈目送歸鴻〉和〈延頸八荒〉兩篇，對竹林七賢之一的嵇康和阮籍的作品，均有精闢的分析和評價，也許大荒對嵇、阮二人有所偏愛，才在無形中影響了他的創作境界，和對自然人生的認識。總之，《春華秋葉》集是一本可讀性極高的作品，中國現代文學作品能達到這樣的水準，乃爲現代詩人辛勤創作的收穫，並展現現代散文一幅宏闊美好的遠景。

論洛夫散文的境界

詩人寫散文，有其靈敏的觸覺與體察，且意境高邁，感受深入，因爲在詩的天地中，一句一行，如善於發揮，善於取材，都可以成爲一篇精美的散文，絕非一個僅憑直覺而感受平庸的散文作者所可爲力。

讀完詩人洛夫近著《一朵午荷》散文集，在反覆思味中，其中篇章確有可取之處，能對宇宙萬象，對人間百態，攝取其一個焦點而作剖析，將美好的一面呈現出來，即使是人們認爲是醜陋而殘缺的一面，也能取其醜陋殘缺的緣由而歸化於美點的一部，這是詩人的創見之處，事實上，在太陽之下，能有盡善盡美的事物嗎？祇要其本質善良，有向生的精神和意志，縱然其貌不揚，型體怪異，也並不見得都是卑劣不堪，毫無存在的價值。所以在美學論點上有所謂「醜的美學」，以及「一切都美，一切都不美了」。如洛夫〈一朵午荷〉文中，就以二人對話的方式寫出：「愛荷的人不但愛它花的嬌美，葉的清香，枝的挺秀，也愛它夏天的喧嘩，愛它秋季的寥落，甚至覺得連餵養它的那池污泥也污得有些道理」。洛夫以詩人的感觀，寫出詩的散文意境，讀來倍覺雋永而富於哲思寓理，故而，現代詩人寫出的散文作品，遠較時下一些散文作家要有境界。

《一朵午荷》文集，是由二十三篇散文所組合而成，其中有旅遊報導文字，有寫景感懷篇章，有對人生探討及生命詮釋的論理與見地，更有自我的解嘲和對世事的體認，惟經細讀玩味，情趣盎然，如〈蠱惑〉篇所云：「有時候我們必須照鏡子，以預防敗北感逐漸變成思想，以照鏡子來激勵我們的精神，我們拾取從自己靈魂上掉落的痂皮，我們不能不關懷自己，袒護自己」。似此種詩的語句，對人生的深入體察，而作自己個性的解剖。再如〈詮釋〉篇中的：「人性中最突出的悲劇因素，是相信人被殘酷的命運或定數所主宰。也就是說，相信自然的秩序是被一種法則所控制，這法則既不適應人，人也不適應它，如果人的願望恰巧與它一致，它就為他服役，否則，它就毀滅它」。洛夫在好幾篇文章中，以人格的尊嚴，以人性的本質與特點，企圖作自我的突破與掙扎，並詮釋人與自然與神靈的分野之處，本來這是哲學上探討的問題，但詩人與文學家有時也喜歡提出研究，如歌德的《浮士德》，梭羅的《湖濱散記》，曾不止一次的提示人在自然現象中扮演的角色，以及由於人性的層次界域所展現的各種不同面目與思想，證實眞正的自我存在價值。洛夫寫散文，往往擺脫不了詩的觀點與意象，非得再三品賞沉思，始可發現其文中原隱藏著另外一個洞天，此乃現代詩人所寫散文的唯一特色。

寫散文以主情抒性為要，散文雖無固定的形式，可以自由自在的發揮，但必須情能感人，理可服人，且讓人思味無窮，方為上乘之作。洛夫在〈雨中的慈湖〉一文中，對先總統 蔣公的崇敬懷思之情，躍然紙上。「 蔣公生前好靜，靜則無慾，無慾則剛，能剛才有力量撐起一把庇護萬民的大傘，這不僅是一種至性的修養，更是我國聖哲精神的實踐」。又如：「慈湖的雨卻如此親切柔和，給人安祥，讓人清醒，使我久居市塵中心的積塵得到一次洗滌。這時，我看到一個打黑傘的人從身邊走過，適時湖中一尾小魚突然躍出水面，潑剌一聲便隱失不見，我想；生命竟是如此的活潑而又深藏」。以精簡的文句，道出內心的眞切感受，同時更體悟到人生的要義，使人讀後，如同親身歷臨其境，並有著同樣的感觸，將詩景畫景及心境融合爲一，胸襟自然開朗，理念自然提昇，此乃優秀文學作品的可貴之處。

讓我們再談洛夫的〈時間的震撼〉一文，此篇係洛夫從事寫作的自白，敘述其寫詩及從事翻譯的過程，和對自己作品的檢審及認定。洛夫當然也對其作品的應予重視和應得的評價，作了一個較爲客觀的簡介。事實上，此乃人之常情，的確，洛夫曾寫了不少的好詩，尤其是最近在「中外文學」月刊發表的〈我在長城上〉一詩，經仔細閱讀和剖析，不論在意象上和創作技巧上，無可置議的，那是一首有份量的佳作，雖然已有不少詩人，寫過以長城爲體材的詩篇，但以詩的結構內涵與造境上，尚難與之相提並論。記得民國六十八年元月六日，全國新詩人爲抗議美國背信違約，與中共建交，有損國際信義，是日在台北新公園舉辦了一次「全國詩人愛國自強朗誦大會」，洛夫被推爲大會開幕致詞人，當時在場者不下千人，情緒至爲高漲熱烈，作者亦躬逢其盛，見到如此場面，心想：中華民國有了這麼多的愛國詩人，朗誦的作品，又是那麼動人心弦，感人落淚，且氣壯山河，聲震霄漢！象徵著國家民族的前途一定光明。洛夫以湖南口音致詞，表情莊肅，那篇演講詞是如此寫的：「在平時，詩人免不了吟風弄月，詩酒自娛，但在今天這危急的時刻，詩人要做大時代的歌手，唱出我們威武不出的國魂。在平時，詩人的血在作慢速度的流動，但在今天這要命的時刻，詩人的血已在怒火中燃燒，凝結成一股正義的力量。在平時，詩人可以斟字酌句，慢慢地去雕刻他的意象，安排他的節奏，但在今天這神聖的時刻，詩人迫不及待要表達的，是他們的愛國情操和雪恥的決心。今天，詩人——像所有愛國同胞一樣，追求的不應再是生前的私利和身後的虛名，而是一千七百萬同胞的共同安全和幸福，是千鈞一髮中的國家前途，更是後代億萬子孫不被奴役和迫害的命運」。詩人吐露的心聲，如雷霆如火石，驚日月而泣神鬼，當時在場者，感奮得淚盈滿面，一股股磅礴正氣直衝蒼穹，似這種眞情的流露，也唯有忠貞的愛國詩人，才有理直氣壯和義無反顧的情操。洛夫將此開幕詞收入〈時間的震撼〉文裏，顯然有其時代的意義。

《一朵午荷》文集，值得推介的篇章尚多，如〈獨飲小記〉、〈登樓〉、〈香港之霧〉等等，以海外遊子的心情，以現代詩人的靈覺，以壯士的豪邁氣魄，以哲人的沉思目光，去辨認故土的景物，去探索人性的眞實，去尋求義理的歸宿，對捕捉宇宙的奧秘，而歸根結底，在提昇人的精神境界和創作一個美的自我完成。

由洛夫的這本散文集，發覺現代新詩人兼營的散文，已對當前的散文作品，創造出新的風貌和內容，如詩人大荒、羊令野、胡品清、余光中等人，都是箇中能手，而我們再翻開前人的散文作品，固有不少力作，但以其時代內涵和對風格語言的創造，實不可與現代的散文同日而語了。

談女作家的作品

曾以《蓮漪表妹》小說獲得中華文藝獎金的作者潘人木女士，在中央日報副刊發表「我控訴，我寫《蓮漪表妹》」一文，敘述《蓮》著寫作心路歷程，可謂語重心長，其至情至性，眞摯感人！女作家潘人木說明《蓮》著構思與取材經過，純屬以赤子之心，作自然之純情創作流露，三十餘年以來，《蓮漪表妹》每爲廣大讀者提及，且獲文學批評界的重視，其文學藝術屬性，可與張愛玲的《秧歌》相提並論。潘女士有感於家人之不幸遭遇，目擊共產暴政的倒行逆施，重將《蓮》著修改充實，再行出版，較原作更爲精彩而完整，是一部刻劃人性與反共的力作，因而，作家完成一部創作，隨時代的變遷，親身遭遇與體驗，是爲文學創作的原始動力，三十餘年之後，《蓮》著再以新的結構面貌出現，當有其創作的意旨與辛酸，同時也足以證明，潘女士對文學的執著，和投注《蓮》著的無限心力。

文學批評家龍應台女士，以《龍應台評小說》一書，引起國內外小說作家的側目和騷動，龍女士自民國七十三年三月，以〈淘這盤金沙——細評白先勇《孽子》〉一文刊載於「新書月刊」起，便引起廣大讀者的注意；接著以評析馬森的《孤絕》（題名喻爲「孤絕的人」）、評張系國《昨日之怒》與《不朽者》（題名喻爲「最壞的與最好的」）、評陳映眞《山路》（題名喻爲「側寫的藝術」）、評陳雨航《策馬入林》（題名喻爲「眞與假」）、評施叔青《愫細怨》（題名喻爲「繭裏的女人」）、評王禎和《玫瑰玫瑰我愛你》（題名喻爲「王禎和走錯了路」）、評黃凡《反對者》（題名喻爲「很累的一本小說」）、評張愛玲《秧歌》（題名喻爲「一支淡淡的哀歌」）、評無名氏的三本愛情小說（即《北極風情畫》、《塔裏的女人》、《綠色的迴聲》）（題名喻爲「濃得化不開」）、評蕭颯《小鎮醫生的愛情》、評《杜鵑啼血》、（題名喻爲「劉大任的中國人」）評蕭麗紅《千江有水千江月》（題名喻爲「盲目的懷舊病」）等篇，從以上所評論的十一人作品中，龍應台女士以極銳利的筆鋒，精簡的結語，指出各家的優劣之點，而事實上龍女士對小說的創作歷程，自己雖然沒有小說作品出版，惟要求過嚴，沒有絲毫保留的餘地，一反中國人「溫柔敦厚」的寬容習風，原值得喝彩，但從事小說創作，純屬作者文學素養與藝術表現所得，亦無創作的體式可循，見仁見智，各有不同。其中龍女士對張愛玲的作品似有偏愛，時有讚美之詞，如：《秧歌》的題材是典型的宣傳資料，但是作者對人性的成熟的了解給了它深度，作者的技巧賦予它獨立自主的藝術生命。又如：「如果你只聽過《秧歌》卻從來沒讀過，或者你已經很久很久沒想過這本書，現在該對它再看一眼，深深看一眼。美國有《憤怒的葡萄》（斯坦貝克著），我們有張愛玲的《秧歌》——不能遺忘，不容忽視的一支淡淡的哀歌」。誠然，龍女士亦指出《秧歌》的缺點部份，此乃透過她對小說創作人物處理的觀察，倒也達情入理，惟對張著的精華部份，尚未能作深入的探討。

總之，龍女士所剖析以上諸家小說，幾乎沒有一家不是漏洞百出的，且有的被批評得體無完膚（張愛玲的《秧歌》除外），其所提出的見解和論點，似乎也頗多的依據和道理，但作者總認爲龍女士的批評理論陳義過高，動輒以快刀斬亂麻的手法論斷一切，以龍女士的所知所學，以及閱讀中外名著的心得，自然有其必具的理論基礎和認知的能力，然言及小說創作，祇有過來人才瞭解其創作之不易，如讓一流的小說作家批評一流的作品，其對創作品質的提升，較之一個眼高手低的文學批評家一定要來得深入而有價值。故而，近五十年來，文學批評工作作得很不理想，有深度的文學批評文字少之又少，原因是創作者不願多說，批評者亦不願作這些吃力而不討好的工作。而《龍應台評小說》這本評論專集，能在此時此地出現，難怪「文訊」雙月刊要在二十期特別提出專題企劃，並召開「龍應台評小說討論會」，以「文學批評的時代來臨了？」為標題，期能廣納眾議，認眞的討論「龍評」對當前小說作品所提論點的精確性與建設性，有否積極性的意義和文學價值？綜析其研討結論，咸認龍評雖有新見，然有時過於主觀論斷。

讀女作家艾雯的《不沉的小舟》散文集，每篇都充滿清新的意味，值得讓讀者咀嚼。集中的〈又再擁抱世界〉、〈有霧的日子〉、〈春遲〉、〈綠水三千〉、〈寧謐的風沙島——澎湖行〉等篇，都從作者心靈中流露出對自然對生命的讚美和寄望。艾雯的作品意境優美，文句細膩雋永，惟富空靈思想，有時如空中彩雲浮遊，使人產生高不可攀的感覺。「白衫飄曳，有時像一朵白雲，悠然出岫，舒卷從容。有時像一枝百合，聖潔自持，幽馨微吐。輕柔吹拂，塵穢自去。輕盈的腳步，輕柔的言語，從容的舉止，溫和的態度——女性中選擇出來的女性；所有軟弱無助，受苦受難病人們的守護天使。病院中散佈她們的蹤跡，如同在健康來往的路畔綻開著怡神悅性的花朵；在信心重建的道上閃耀著星星點點的燈火」（見〈又再擁抱世界〉篇）。在台灣女作家中，艾雯早期的作品，以〈青春篇〉馳名文壇，多年來創作不絕，對生活觀察入微，每有極爲精緻的刻劃，其文思出泥塵而不染，文筆又如行雲流水，有永遠禮讚不完的生命序曲。

五十多年來，台灣從事文學創作的作家如雨後春筍，而女作家爲數甚多，優秀的作品亦豐，然從事文學批評者卻如鳳毛麟角，因女作家對文學作品的觀察，當有其獨特的審閱能力和不同的藝術認定；如女作家蘇雪林、張秀亞、胡品清、崔文瑜、殷張蘭熙、齊邦媛等人，都是深研中西文學，對文學作品的傳譯和創作，也均有相當的成就，同時對中國文化和中國文學，有極深入的瞭解，故所撰寫的文學評論與考證篇章，具有啓發和參考價值，值得從事批評者的借鑑。希望有志趣鑽研文學批評的女作家們，多作客觀而深入的批評，並以其優越的外文能力，多翻譯國內的作品，多撰述精闢的批評見解，以開展中國文學作品的新境界，和進軍國際文學領域的新遠景。

評介《寫作是藝術》文集

我們爲什麼狂喊無根、迷失？我們古聖先賢及近代豪傑之士所留下的典籍著作，就是我們人生導遊手冊。

張秀亞女士的《寫作是藝術》一書，出版於民國六十七年八月，由台北東大圖書有限公司印行，因爲類似此種談論寫作藝術的著述，是不容易引起廣大讀者注意的，除非是對寫作有濃厚興趣的作家，或是專攻文藝理論的人，所以此書的銷路，和張秀亞女士的散文集比起來，簡直是十與一之比，甚至有不少讀者根本就不知道有這本書問世。

我之屢次評介張秀亞女士的作品，原因有二，一是其作品蘊藏有純眞的情感和生活的內涵，再就是她具有文學家的學養和氣質，就憑這兩點，五十多年來，我前後讀過她的作品有五十部之多，而《寫作是藝術》是張秀亞女士在創作上的藝術見解，她的中西文學素養和感受，也都在這本集子中表露無遺。

〈中國文學中表現的正氣〉一文，對中國文學有極多精闢的探索與詮釋，因爲中國文學的內涵，爲主情主性的民族道統所包容。所謂「主情」，即重視純樸而完美的情操，文學屬於情感的表現，沒有眞實的情感，便沒有眞正的純文學作品。所謂「主性」，即講求義理與風格，歷代文學大家，爲創建當代的文學典型風格，以人格與自然融合爲一，以胸中的理念和氣節，與日月大地相互輝映而同在。因之，可讀的偉大文學作品，便有著一股雄渾的民族情感與浩然正氣存在，所以能流傳永古。這篇〈中國文學中表現的正氣〉，一開始便揭示出正氣形成的源流和道理，並恭錄先總統　蔣公的嘉言：「養天地正氣，法古今完人」，充滿正氣的人，必有完美的理念和抱負。張秀亞女士曾列述我國大文學家大詩人，如陶淵明、屈原、李白、杜甫等，正由於其品德高尚，有崇高的文學理想，有卓越的才華，才能寫出不朽的篇章，再如愛國詩人蘇軾、辛棄疾、陸放翁等人，無不以懷鄉戀土之情，寫出氣貫長虹的詩詞。尤其舉出忠君愛民的諸葛亮、文天祥、岳飛、陸秀夫、史可法、鄭成功等民族英雄，其文治武功雖載史冊，但讀其詩文，亦覺氣勢震人心弦，才情洋溢，堪使後世人仰慕頌讚不已。

〈中國文學中表現的正氣〉文中，徵引剖析中外文學名家作品甚多，且均能環繞主題而善於發揮，足證張秀亞女士撰寫此文時的慧眼與苦心，是值得一讀再讀的佳構。

《寫作是藝術》文集共分爲四輯，第一輯的三篇作品，除〈寫作是藝術〉和〈中國文學中表現的正氣〉兩篇，是探討文學作品的內涵結構與表現藝術技巧外，另外一篇的〈千里姻緣〉，乃爲描寫現實遭遇的心靈感受文字，由於情節感人，抒情有致，是一篇非常出色的作品。第二輯爲寫景和抒情的純文藝散文，如〈思鄉的季節〉、〈北窗書簡〉等篇，意緒雅潔，寄思曠逸，非散文高手，莫能爲此！第三輯多爲短篇專輯性的篇章，所思所見，雅而不俗，且時有哲理嘉句沉浮其間，如碧空晨星，若隱若現。第四輯特別介紹其衷心敬佩的西方兩位文學大師，一位是法國諾貝爾獎金得主莫瑞亞珂，一位是英國感覺派小說的鼻祖吳爾芙夫人。張秀亞女士對兩位大師的文章技巧和其作品由衷的敬佩，並翻譯過他二人的作品，從介紹文中，可以看出張秀亞女士對西方文學作品的愼選和精譯態度，目前女作家能寫能譯者雖不乏其人，但眞正在譯筆方面，做到「信達雅」三字兼備者，恐怕還沒有幾位？

「我們追根溯源，我們何曾迷失，我們又如何會迷失？我們爲什麼要跟著別人狂喊亂呼說什麼無根、迷失？我們古聖先賢及近代豪傑之士所留下的典籍著作，就是我們人生旅行的導遊手冊，我們理想的蘭花，就開在我們的後園，我們爲什麼要捨近求遠？」（見〈中國文學中表現的正氣〉篇）這是張秀亞女士的肺腑之言，我們應該效法古聖先賢和豪傑之士的頂天立地氣節，以赤子之心待人接物、治學爲文，體認固有文化之精深博大，對西方文學思潮與創作技法，必須作澄清和深入的瞭解，取其長而去其短，埋首創作有深度有內容的中國文學作品，才能對不少有志寫作者開闢一個可供追尋的新境界。

《美學的散步》讀後

讀完宗白華先生的《美學的散步》大著，闔目沉思，似這種有文學內涵，有哲學境界，有美學論見的著述，佳章不斷呈現，且對藝術探研深刻，援例剖析精闢，在我所閱讀過的各種文藝論評集中，除了謝康博士的《文藝論集》可與之相提並論外，實難再讀到如此煌煌巨著！

《美》集共收納論文十六篇，由台北洪範書店出版，各篇俱為宗先生早年之作，其中如〈新詩略談〉一文，曾於民國九年一月十五日發表於上海少年中國月刊，雖然時間已久，然其內容見解，並不陳舊迂腐，而其間對新詩評論，每有眞知灼見。「『詩』有形質的兩面，『詩人』有人藝的兩方。新詩的創造，是用自然的形式，自然的音節，表寫天眞的詩意與天眞的詩境。新詩人的養成，是由『新詩人人格』的創造，新藝術的練習；造出健全的、活潑的，代表人性國民性的新詩」。以上的一段話，實乃深入中肯之言。一首完美的新詩，詩的形式與內容表現均應兼顧，以自然天眞的音節與詩境為主。談到新詩人的養成，確應以詩人的品格與藝術素養兩者融合，始能有優秀的作品出現。

我對〈中國藝術意境的誕生〉一文，閱讀三次，發現宗先生的超越見識，如：「什麼是意境？人，世界接觸，因關係層次的不同，可有六種界：一、為滿足生理的物質的需要，而有功利境界。二、因人群共存互愛的關係，而有倫理境界。三、因人群組合互利的關係，而有政治境界。四、因窮研物理，追求智慧，而有學術境界。五、因欲返本歸眞，冥合天人，而有宗教境界。功利境界主於利，倫理境界主於愛，政治境界主於權，學術境界主於眞，宗教境界主於神。但介乎後二者的中間，以宇宙人生底具體爲對象，賞玩它的色相，秩序，節奏，和諧，藉以窺見自我的最深心靈底反映；化實景而爲虛景，創形象以爲象徵，使人類最高的心靈具體化，肉身化，這就是『藝術境界』。藝術境界主於美」。就以六種境界的分析認定，足證宗先生的學知淵博，而對「藝術境界」的形成，美學的涵納，簡要的幾句話，當不是朱光潛的「文藝心理學」全部內容所能涵蓋的。

「詩人藝術家在這人間世，可有兩種態度：醉和醒。醉者張目人間，寄情世外，拿極客觀的胸襟，漱滌萬物，牢籠百態」。（柳宗元語）他的心像一面清瑩的鏡子，照射到街市溝渠裏面的污穢，卻同時也映著天光雲影，麗日和風！世間的光明與黑暗，人心裏的罪惡與聖潔，一體顯露，並無差等。所謂「賦家之心，包括宇宙，人情物理，體會無遺。……所以詩人善醒，他能透徹人情物理，把握世界人生的眞境實相，散佈著智慧，那由深心體驗所獲得的晶瑩的智慧。但詩人更要能醉，能夢。由夢而醉的詩人，方能暴脫世俗，超越凡近，深深地深深地墜入這世界人生的一層變化迷離，奧眇惝恍的境地。正因爲詩人藝術家能醉能夢才能淨眼觀察，才能清心體悟，進而創作超凡入聖的作品，哥德的《浮士德》，但丁的《神曲》，實際並非夢幻似的文學作品，而是接近宗教境界和神性的藝術不朽作，以悲天憫人的胸襟，去剖解人性，追求人道。

〈哲學與藝術〉與〈美學的散步〉兩篇，是宗先生作品最具藝術權威性的論文。分析希臘大哲學家蘇格拉底、柏拉圖和亞里斯多德等人的哲學文學藝術思想。因以上三者的哲學觀念，均涉及到文學藝術的界域。而事實上，亞里斯多德醉心文學藝術，追求美與眞理。因而亞氏有云：「詩是比歷史更哲學的」。希臘文化的影響所及，對西方文明的發皇關係至深。「亞里斯多德的悲劇論，從心理經驗的立場，研究藝術的影響，不能不說是美學理論上的一大進步，雖然他所根據的心理經驗是日常的。他能注意到藝術在人生上淨化人格的效用，將藝術的地位從柏拉圖的輕視中提高，使藝術從此成爲美學的主要對象」。宗先生的見解如此，所以他認定：希臘的雕刻繪畫，如中國古代的藝術，原本是寫實的作品，正如同亞里斯多德論及藝術是模倣自然一樣。

「若放棄了美，藝術可以供給知識，宣揚道德，服務於實際的某一目的，但不是藝術了。藝術能表現人生的有價值的內容，這是無疑的。但藝術作爲藝術而不是文化的其他部門，它就須同時表現美，把生活內容提高、集中、精粹化，這是它的任務。根據這個任務，各種藝術因物質條件不同，就具有了各種不同的內在規律」。對藝術作品所表現的美，是構成藝術價值的特具質素。所謂「美」，簡言之，就是均衡、和諧、秩序和自然。王爾德和克羅齊是西方兩大美學家，對美的定義和內涵，各有說詞，惟其共同之點，在乎每個人審美經驗的判斷和角度罷了！總以具備和諧與規律爲要。宗先生綜合兩家之長，再加上自己的創見（亦東方文化審美的意識和內涵），實別具一格，引人深思慕念不已！

在《美》集中的其他篇章，如：〈中國詩畫中所表現的空間意識〉、〈藝術與中國社會生活〉、〈論中西畫法的淵源與基礎〉、〈略談敦煌藝術的意義與價值〉，以及〈歌德之人生啓示〉等等，由於徵引繁博，列舉歷代詩人畫家重要作品，作其畫龍點睛的解說，情趣盎然，自成風貌，不難想見宗先生涉獵學知之廣，溶匯文學哲學藝術於一爐，而相互印證，鉤勒穿插，扣接緊密，且均見功力，非經一一陳述論列，不能見其堂奧！其中尤對哥德思想作品的介紹，最爲精到。

「宗白華論西方美學，功力深厚，因他涉獵既廣，思維更是認眞，他能以西方文學與中國文學互爲印證，貼切圓融，不即不離，富於啓發性。五十年來，以短文連綴西方美學與中國傳統文藝的，還有朱光潛和錢鍾書，甚至還有方東美。但朱光潛失之於淺，有時甚至流於俗；錢鍾書爲文不可不說是「傑格拮撥」（儀徵劉申叔評左思語），恃才使氣，難以相與；方東美玄奧，不易落實。宗白華論中西異同，意趣妙出，恰到好處。例如：他論文學的境界，引用蔡小石《拜石詞．序》，品評說明，以與西方文學思想相爲比較，其博大精深約略可見。蔡小石形容古典詞藝有「三境層」，「失意以曲而善托，調以杳而彌深」。……（見楊牧〈宗白華的美學與歌德〉文）是耶非耶？如果翻閱《美》集各章，當可窺知！而對方東美玄奧，不易落實一節，想楊牧先生過於論斷，似未廣讀其作品，在下未便苟同。

我平素最喜研讀有獨特見解的文藝論著，絕不受人云亦云所左右。縱覽宗白華先生大著，感受頗深！對其深入文學藝術評論管見，已有言人之未言，見人之未見之慨！而又不固守研幾定則，或以主觀論斷他人作品，誠不失爲詩人學者之風範，是故樂爲之介。

評介《沙田隨想》散文集

如果讀者留意近年來出版的文學類作品，散文集該是最多的一種，而是純文學散文，普受讀者的喜愛，其主因在乎閱讀的時間經濟，且言之有物有道有情的篇章，不但引人入勝，更能回味無窮。

思果先生的散文集《沙田隨想》，係由台北洪範書店出版，這本文集收納的作品，均為思果先生近年來的佳作，可讀性亦高。不說別的，僅〈沙田宿管窺——幾顆星的素描〉和〈文學的靈魂〉兩篇，已有見人未見言人未言之思想文字和人生境界了。思果先生的寫作範圍甚廣，對文學藝術的瞭解和感悟，是那麼精細而銳敏，每有新的評鑑和認定。因而，他的文筆所至，高雅而生動，有極豐富的藝術聯想力與生活的無盡情趣。

在〈沙田宿管窺〉篇中，曾將沙田中文大學的十六位教授專家和學者，作了一個精要的描述和簡介。如古箏聖手陳蕾士、英譯老子、孟子、論語的劉殿爵、哲學家勞思光（本名榮瑋）、詩人余光中、新聞學家朱立、名散文作家陳之藩、詞章家蘇文擢、精通法、德、英、西班牙、意大利五國語文的黃國彬、以及黃維樑、陳天機、梁錫華、劉述先、榮鴻曾、洪嫻、陳佐舜、宋淇等諸學有專長的教授，思果先生均作畫龍點睛的介紹，其中幽默風趣的句子不斷出現，非散文高手，難以為此，且使人讀後，各個人的形象風采隨即呈現，由於文字的清麗典雅通暢，交往的情誼便躍然紙上，進而產生神馳懷慕的心情。

「至於思想，有沒有無所謂。只有哲學家才要認眞。文學家不是哲學家，只要不違背仁義和事實，各人可以有各人的思想，不妨自由。高尚突出的見解固然極好，胡說一通，妙趣橫生，也是上乘的文學，這是西方人重視的諧文。眞是姑妄言之，姑妄聽之。爲了推銷商品而寫的廣告，無論多有效力也不是文學。文學不是光給人用來做達到什麼目的的工具的（教育是例外）。杜甫不替別人寫詩，他寫自己要寫的，所以他不朽」。率眞而樸實的論見，不亢不卑，不偏不倚，有崇潔的文學情操，就憑此點，足以證實思果先生對文學的執著和素養，難怪他的作品能使人激賞，並有著與眾不同的獨特品質！

思果先生對余光中的作品似有偏愛，也極力提出剖析。如在其〈標準中文〉文中，就有：「再看余光中的語體小品文，我們發現他還用駢文的對偶。〈沙田七友記〉裏寫的胡金銓，說他『拍起片來，更是博覽史籍，翻遍典章。』下面又寫：『交代故事總是一氣呵成，勢如破竹，幾番兔起鶻落，便已畫龍點睛，到了終點。』這那裏是語體？不過是很美的現代散文。他寫劉國松的『水墨山水，雲繚煙繞、峰迴嶺轉，或則球懸碧落，月浮青冥，造化之勝悉來腕底，卻顯然需要千竅的機心……』這裏就用了舊詩詞賦的詞藻」。誠然，思果先生以其對現代散文的創作匠心慧眼，博閱各家的作品風貌，總以純樸自然高雅的章法，潤飾一篇有醇厚風格，有思想內涵的精美語體文作品爲主，非不得已時，以對偶的駢文及舊詩詞賦的詞藻交互運用，照樣可寫出好的散文。對這種看法，見仁見智，作者不以爲然，既爲現代散文，當以純粹的白話文寫出較宜，其間可援引前人之詩詞，但如果整篇作品中，文言與白話交錯雜陳，似無美感可言？且有失一篇作品的精純性。因之，在梁實秋先生和潘琦君女士的作品中，就很少看到這種文白交雜的跡象，而陳之藩的作品更能達到一白到底的完美境界，所以能引起很多讀者的共鳴。

其他的篇章如〈甚麼是好文章？〉、〈散文的兩個世界〉、〈鑽石與石墨——詩爲甚麼不能翻譯〉，以及附錄〈英譯《紅樓夢》第三冊序〉（原作者爲英國牛津大學教授霍克思（David Hawkes）等，都有不少精闢的見地和學術參考價值。在目前台灣所出版的散文隨筆之類的文集中，思果的《沙田隨想》一書，不失爲精選的佳構，如能細讀深思，當有所獲，故值得向讀者推介。

評彭歌《書與讀書》

彭歌先生在其新著《書與讀書》前記中說：「《書與讀書》是我獻給青年朋友們的一本書，談的是人文學科、社會科學與圖書」。

綜觀彭著內容，共分三輯：第一輯〈時、空與人〉，包括歷史、傳記和地理。第二輯〈人文學科〉，闡述人文學科的範圍、內容和性質，並依次討論哲學、宗教學、文學、美術、音樂等內涵，簡介各類學知的特質與對人生的影響。第三輯〈社會科學〉，討論社會學、政治學、經濟學、法學、教育學、人類學和心理學。如果從以上分輯別類審視，可見其論列範疇之廣，絕非青年學子所知所學所能盡窺全豹，亦難全部領略各類學術之重要內容與思想精華。然彭著之立論主旨，在能使青年學子對求知興趣之提高，對各門各類知識有一概括之瞭解，（尤其是圖書館學系之同學）進而能探本索源，深入研討而臻專精，立意如是，善莫大焉。

彭歌先生係當前文學批評家，新聞事業中堅、大學教授，早年並以創作小說而馳名國內外，其各類著述繁多，見解精闢，尤對文學創作，屢有眞知灼見，甚獲文壇人士推崇，即使其於報章雜誌所寫專欄，對各種問題之剖析，亦鞭辟入裏，而成一家之言。

在《書與讀書》著中，如對歷史釋其精義爲「鑑往知來」，對傳記爲「花崗岩與彩虹」，對地理學爲「大地之母」，對哲學爲「學究天人」，對宗教學爲「靈魂深處」，對文學爲「親切的心聲」，對美術爲「賞心悅目」，對音樂爲「人間天籟」，對社會學爲「社會行動的體系」，對政治學爲「管理眾人之事」，對經濟學爲「樂利民生」，對法學爲「天下之大平」，對人類學爲「探爲本源」，對教育學爲「人的希望」，對心理學爲「知面知心」等等，從以上各門學知之釋義觀之，固有者早已爲人所言及，然言簡意賅，形體兼備，且有創新，合乎文采標準和審美原則。如「探我本源」句，該是何等的深入而親切？「人的希望」句，更是何等的中肯而對人類的遠景寄望無窮？

彭著在《人文學科之價值與綜合研究之需要》文中，有如此的看法：「人文學科提供給人從『過去』得來的最佳經驗，以此作爲背景，來判斷『現在』的各種行爲的價值。一般人局限在勞勞塵網之中，在極其有限的時間與空間結構中活動。由於人文學科的傳揚啓迪，使大量的文化遺產得以流存，並加以重新肯定，賦予新的意義，因而對現實人生乃至未來後世的思想言行，發生指導與律定的作用」。彭歌先生深切體認到人文學科的重要性，才有此精闢的見地。而事實上，人文學科係針對人的入世各種學問，諸如文學、哲學、藝術、宗教等等，而作人性的探討與乎人類成就的認定，實有助於歷史文化的延續與發揚。近世紀科學昌明，人類已有了高度物質的享受，但使人類能維持生活情趣的，有理想境界的，且維護精神道德規範的，仍須靠人文學科的研究與倡行。否則，人與物質與禽獸又有何分別？今日西方文化已日趨沒落，宗教生活亦隨之變質，人際關係重視彼此的功利與權術，致西方有識之士，無不憂心如焚，亟待人們痛覺猛省！故有者希望能回復昔日文藝復興時代的精神境界，過著極度虔誠寡慾的宗教生活，始能找到眞實的自我，消除功利主義的流害遺毒！

在〈哲學：學究天人〉文中，將哲學區分爲五大部門：「倫理學」（Ethics），對「善」的研究。「美學」（Aethetics），對「美」的研究。「邏輯學」或「理則學」（Logic），對理性、證據的語言學研究。「認識論」（Epistemology），與邏輯學相關，探討人是否能夠擁有知識？如屬可能，如何得到？「形而上學」（Metaphysics），探索最初創的原則，事物的最終性質，存在的學理。如此的歸類區分，使研究哲學者，有極明確的認識與界限。從事哲學的學理探討，往往失之偏頗或固執成見，須知哲學所研究與追求的目的，是生命的價值，是宇宙中生命的現象與定位，是精神意識的歸依境界。如西方的實用主義、新唯實論、科學批判論、演化哲學、行動哲學、精神哲學、人格主義、存在主義、歷史主義等等，派別分歧繁多，然其最終目標，卻依然歸結於人與自然的相互依存，以及如何使人類進入眞善美的完善界域，與宇宙歷史共爲不朽。彭歌先生於該文中僅提出實用主義（Pragmatism）、分析哲學（Analytical Philosophy）、存在主義（Existential Philosophy）三種較爲流行的西方哲學派別，作精簡分析，似頗能把握現代西方哲人的心理趨向，惟介紹多於批判，尚嫌美中不足，但卻具有學人風度。

作者對〈文學：親切的心聲〉一文，研讀再三，發現有突破性的句子；如「文學是不能教、不能學的」，「文學作品不必限於寫實和報導，但它更能剖解人性，直達人心」。「文學品味之不同，遠較作任何其他學問的派別更爲複雜，因而也會使文學評論出現許多不同的解釋」。「如何能集合中國學人之智慧，編成一部博大謹嚴、詳明公正的文學史，似應列爲今後努力的一個目標」。等均是，彭歌先生從事文學創作多年，所思所見所作，自成其作品架構之內容與體系，本文中立論嚴謹，可圈可點。

《書與讀書》所列各篇，列舉中西各家思想作品甚豐，非經過長期鑽研蒐集整理歸納，實難以作有條理之陳述。本書雖針對台灣大學圖書館學系同學上課和討論而編撰的教材，但層次分明，內容尚稱充實完備，如用於其他學系同學或社會讀者研閱，諒亦有所收穫？適如其〈前記〉所言：「求知識，作學問，不宜抱著過分功利的想法，但也不宜完全脫離現實。瞭解現實，掌握現實，都需要比較廣闊的視野和心胸，也更需要比較廣闊的知識基礎。在我想來，今日一位大學生雖不可能『上知天文，下知地理；諸子百家，無所不知；古今中外，無所不曉』，但至少要對各門類的知識，具有概要性的認識」。彭歌先生有此種胸襟與看法，確爲一個現代知識份子應具的素養和責任。反觀今日出版界，新書如雨後春筍，而眞正有思想有見解有學術價値者，固不乏其作，然多半均係舊書翻印或抄襲拼湊，使讀者興味索然！《書與讀書》面貌清新，援引精確，結構細密，見解深遠，不失爲一部可供研討參考的好書，故樂爲之介。

高行健與諾貝爾文學獎

華人作家高行健榮獲諾貝爾文學獎，應該是件值得慶賀的大事，因爲他出生於中國大陸，以中文寫作，深受傳統文化薰陶，對道家思想有相當的體認，寫出像《靈山》和《一個人的聖經》等名作而獲獎，使國際文壇而爲之矚目而震驚。

瑞典皇家學院盛讚高行健作品「見解犀利，用字精巧，放諸四海而皆準，爲中國的小說和戲劇開闢嶄新的康莊大道」；同時在讚詞表示：「高行健的寫作從個人在群衆歷史的生存奮鬥中另闢蹊徑。高行健是位眼光犀利的懷疑論者，從不自以爲可以詮釋世間萬物，只表示唯有在寫作中尋獲自主。」以上的讚詞，證明高行健的作品有其獨特之處，對一位華人文學獎得主而言，已是讚賞有加了。

瑞典學院自一九〇一年對各項獎項的頒贈，文學獎的得主與作品，有時受到各種爭議，因爲文學作品的內涵和風貌有異，極具影響力的作品甚多，眞正有深度的文學作品，在文字語言的表現上差異甚大，而眞正直接以英文、法文、德文、瑞典等原文爲主寫作的作家，固不乏其人，但多數作品都是經過迻譯而申請的，評審的院士們是否能夠完全接納，或以甚麼標準入選？曾經引起不少人士的懷疑和猜測，因諾貝爾文學獎的號召力過大，也是各國作家注目的焦點所在。

高行健的獲獎，的確顯示其作品受到瑞典學院的重視，他不但文學藝術造詣已有相當境界，同時更能融合東西文化的精髓，並精通法國語言，最重要的是將東方老莊的美學思想融於作品之中，以禪學和玄學的內涵精華作適當的表現，加以攝取西方藝術美學流派的創作原素和風格，所呈現出來的當然是引人耳目一新的文藝作品，這可以從其劇本和水墨畫中見出端倪。似這種空靈思想、超脫現實、表達自然、回歸自我的思路歷程，完全顯示其作品不同凡響的高妙境界。當然，高行健對儒家思想亦有深刻的體認。

諾貝爾文學獎是以小說及詩的頒贈為主，有時也是作者的全部作品，如散文及戲劇等。高行健此次獲獎的作品，是小說的代表作，諸如《靈山》和《一個人的聖經》等部份作品。長篇小說向來為諾貝爾文學獎的主體，如馬奎斯的《百年孤寂》和索忍尼辛的《古格拉群島》等。因長篇小說的文學價值可大可久，為作家畢生創作的最高指標。作者曾對長篇小說作如下的評論：「小說是最能表現人類生活、思想、感情、心態的文學創作，尤其是長篇小說，以歷史文化為經，以時代生活為緯，以人性為核心，以精神意志為生命依歸的藝術表現。因之，長篇小說向為世界偉大作家窮畢生之力創作的文藝作品主體，較之史詩與戲劇，更能發揮警世易俗，提昇人類情操靈性的文學創作精華。所以說，一部流傳不朽的大小說，要比一部民族史和哲學史，其產生的歷史影響和學術價值，不知要高出多少倍。如果說文學藝術的偉大綜藝品和結晶體是什麼，那我們就可毫無疑義的指出是一部完美無缺的長篇小說。」（見十五期文學思潮由台北漢欣文化公司印行。）高行健如果寫不出像《靈山》這種耐人尋味和精讀的文學作品，恐怕很難獲得諾貝爾文學獎的頒贈？誠然，其是否能傳世不朽和獲得高度的評價？那有待歷史和讀者去驗證了。

綜觀及剖析高行健的得獎之作，諸如《靈山》、《一個人的聖經》，以及《給我老爺買魚竿》等小說內容，發現其創作風貌使人覺得煥然一新，他能靈活的駕馭文字和傳達語言，人物（即我、你、他爲代表），其情節的結構有時非常簡單，無所謂對現實景物的描寫和故事的陳述，其得自心靈的感受和對外物的懷疑，能及時引發內心對自然現象和現實社會環境的驗證與批判。高行健曾於《給我老爺買魚竿》的〈跋〉文中云：「用小說編寫故事作爲小說發展史上的一個時代早已結束了。用小說來刻畫人物或塑造性格現今也已陳舊。就連對環境的描寫如果不代之以新鮮的敘述方式同樣令人乏味。如今這個時代，小說這門古老的文學樣式在觀念和技巧上都不得不革新。褒革與時髦並非是一回事。要將兩者區分開來得有信心。我求之於自己的則是這分耐心。」高行健的小說創作在去舊佈新，表現的形式和內容不斷在變化，事實上，近世紀的作品已有這種趨勢，國內的小說作家也早有同樣的感受。再如：「我這些小說都無意去講故事，也無所謂情節，沒有通常的小說那種引人入勝的趣味。倘也講點趣味的話，則不如說來自語言本身。我以爲小說這門語言的藝術歸根結底祇是語言的實現，而非對現實的模寫。小說之所以有趣，因爲用語言居然也能喚起讀者眞切的感受。」以上見解，足證其發現語言的藝術塑性，語言是心聲的自然表達，在《給我老爺買魚竿》短篇小說中，隨處掌握語言的相互交錯而自然流利，且不時發人深省或妙趣橫生。

談到高行健的《靈山》這部著作，可以發覺他對道家與佛家思想的領悟。當其進入大陸西南的名山峻嶺之時，他以朝聖的心情，並與自然萬物融合爲一，那種空靈超脫的精神境界，無時不在自然的展現出來。即以靈山地名爲例，便說出以下使人深思的來歷和掌故，顯示其學知淵博。「你也還應該知道，那浩瀚的史書典籍中，從遠古巫卜的《山海經》到古老的地理志《水經注》，這靈山並不是眞沒有出處，佛祖就在這靈山點悟過摩訶迦葉尊者。你並非愚鈍之輩，以你的敏慧，你得先找到那畫在香煙盒子上的鳥伊小鎮，進入這個靈山必經的通道。」從以上的話引證，當然知道什麼是心目中的眞正靈山？而靈山的嚮往者，必得看透人生才能滲透玄機！再如：老道長同我講述這兩個聯句時說：「道既是萬物的本源，也是萬物的規律，主客觀都相互尊重就成爲一。起源是無中生有和有中之無，兩者合一就成了先天性的，即天人合一，宇宙觀與人生觀都達到了統一。道家以清淨爲宗，無爲爲體，自然爲用，長生爲眞，而長生必須無我。簡要說來，這就是道家的宗旨。」高行健藉老道長的講述追溯萬物的本源就是道，充分說明《靈山》這部小說的創作思想精華，也是在審美觀念中構成文學作品成功的因素之一。是故，一部能經得起考驗的文學作品，作者一定要有深厚的學知，豐富的生活體驗，以及完備豐沛的美學基礎。

値得重視的是高行健的《一個人的聖經》這本著作，眞正寫出他面對現實的心聲，其筆鋒的犀利，用字的準確精巧，在在顯示他思維的高妙邏輯與用意的深遠。在二十世紀五十年代後的中國社會，遭遇到人類的政治浩劫，高行健深知那政治變動的陰暗面，多少人遭受到無理的迫害和摧殘！高行健以一場悲劇上演的藝術家的悲憫心境，點燃人性的火種，以「我」、「你」、「他」的不斷對話和不斷批判，希冀能尋找生命的出路，對所謂「反思文學」、「傷痕文學」和「尋根文學」的面貌和內涵，都一一檢視與咀嚼。最後他終於決定以極驚人悲壯的詩的筆觸，寫出那個陰暗的時代和療傷的自己！於是他寫出：「他所以還寫，得他自己有這需要，這才寫得充分自由，不把寫作當作謀生的職業，他也不把筆作爲武器，爲什麼而鬥爭，不負有所謂的使命感，所以撰寫，不如說是自我玩味，自言自語，用以來傾聽觀察他自己，藉以體味這所剩無多生命的感受。」（見《一個人的聖經》四一九頁）高行健就是這樣的自言自語，即使他的劇本被禁演，也毫不放在眼裡。所以劉再復在〈跋〉文中說得好：「高行健非常聰明，他知道他所經歷的現實時代布滿令人深省的故事，準確的展示便足以動人心魄。「極端」的另一意思即拒絕停留於表層，而全力地向人性深層發掘。《一個人的聖經》不僅把中國當代史上最大的災難寫得極爲眞實，而且也把人的脆弱寫得極其眞切。」

高行健在〈超人藝術家已死〉一文中，有其獨特而深遠的見解。「藝術家首先是個審美者，其個人意識的形成離不開審美與造美的活動，這又決定他同時是個創造者。他對社會的批評與挑戰，與其說出於一種意識形態，不如說是一種審美判斷。倘若以另一種價値觀來代替他個人的審美判斷，無論是社會的、政治的或論理的價値判斷，作爲藝術家的那個人便已經死了。」（見八十九年十月十五日聯合報副刊）文學藝術家必須有高度深厚的審美觀念，美學雖是一種藝術哲學，但對作家而言，其影響創作意識與思想，故對創作價値的認定，必須客觀而正確，作者從事美學研究有年，審閱不少曠世名作，凡能夠存之永久而使人感動者，必與作者美學的精確意識和審美判斷有關，所以說高行健瞭解及此，他走他自己藝術的道路，開闢其文學創作的旅程，尋求自主而可久的藝術理念。

《靈山》這部長篇小說共有八十一節，乍讀之下，使人難以適應，漸漸才發現其中有的如遊記的敘述，又有生動感人的情歌、對話或散文，全篇前後似乎有脈絡牽連著，有引人入勝的誘力和感覺。尤其值得注意的是在漫遊中途遇到神秘的人物，靈異而古怪，誘惑而傳奇，但卻不同於《西遊記》中唐僧師徒的遭遇，其對大陸西南地區民俗風情的引述，諸多落筆，如彝族民歌手的演唱，地方歌謠的傳誦，再如以美色誘惑男人的朱花婆，以及靈媒、獸頭面具等人物的出現。明眼人一看便知那是當地人信奉神教的自然表露。在長江上游一帶，有旅遊經驗的人，當然感受到那裡人文地理的奇特和怪異，民間對古老的傳說和神話頗爲重視，高行健深知當地受到道教和佛教的影響，以及巫卜術士的深入民心的神靈作用，因而證實老莊的自然哲學，玄學和禪學的教化啓示，絕不亞於儒家思想主流的影響力。所以說讀閱高行健的《靈山》這部小說，必須瞭解其思想心態的成長和衍生過程？其在逃避現實政治迫害的動機，在追求一種禪悟，一種牢不可破的宇宙眞理。因此他不斷在尋找「靈岩」，終於得到禪悟，是那麼的奇特而自然，「窗外的雪地裡我見到一隻很小很小的青鞋，眨巴一隻眼睛，另一隻眼圓睜睜，一動不動，直望著我。我知道這就是上帝。」（見八十一節）

《靈山》小說是高行健的心血之作，既擺脫一般小說創作的架構和技巧，在求新求變的過程中，摸索出這種獨特的表現體式，其才氣縱橫，文筆細膩，而對語言的藝術更爲精到。凡是有小說創作經驗的人，深知對話最難，情節的轉移變換要恰到好處，人物更是小說的表現主軸，高行健當然是箇中老手，以「我」字爲中心，引發似有又似無角色的不斷互動，而且程序不亂，想必受到劇本寫作的影響？總之，《靈山》這部長篇小說，是在宣揚老莊美學，對玄學和禪學思想的並行不悖，使其延續成長，影響世道人心。而其對儒教主流文化的延伸繼承有時並不熱中，同時在認知上雖有所差距，但依舊正視中國文化的傳統。

高行健能以《靈山》和《一個人的聖經》等作品獲獎，在「天時」、「地利」、「人合」等方面都佔有了很大的因素。如果不經過天然的運會生長於中國大陸，在政治變動而受到批判流浪異域，曾眼見那些殘酷荒誕的事實，且對各種事物的不斷懷疑，進而逃避和尋找自我，寫作的題材和動機無以形成。在「地利」方面，置身法都巴黎，文藝創作自由，同時接觸文化層面廣泛，文學作品傳銷容易，又精於戲劇與水墨畫的創作，自然引起國際間人士的重視。在「人合」方面，得到瑞典學院文學獎委員會委員的青睞，尤其是馬悅然院士的激賞，親爲翻譯作品，其影響力當爲可觀。誠然，高行健的作品優秀，且作品內涵富於民族文化色彩，並經迻譯成十餘國語文發行，而引起國際文壇的討論和稱讚等，都是促成獲獎的基因。高行健雖然以居法華人身分獲獎，是殊榮也是驕傲。

溯自一八九五年十一月，諾貝爾留下遺言，規定著對「具有理想主義傾向，而最引人注目的文學作品的文學作家，授予文學獎」。至一九〇一年始決定頒贈給法國詩人休利培利頓，然當時卻引起人們的抗議，因其無視大文豪托爾斯泰的傑出成就，並受到世人的譴責！所以後來歷屆諾貝爾文學獎的頒贈不得不慎重，惟仍有得獎人遭到異議者，但也莫可奈何！此次高行健能以華人身分榮獲文學獎，實得之不易，故有人說其幸運所致。而《靈山》和《一個人的聖經》等作品獲獎，深具東方民族文學色彩，且獨創寫作風格，應屬上乘作品，但並非文學傑構。

作者過去曾寫過十篇有關諾貝爾文學獎的文章發表，旨在鼓勵國內外作家創作，並請有關當局計劃培養作家創作與翻譯工作，使得優秀作品推向國際文壇，但畢竟作得不夠，而高行健還是靠自己的不斷奮鬥，終能在二十世紀末於世界文壇大放異彩。

藝術家的詮釋

他是個藝術家，所以最懂得如何去快樂的生，如何去完美的死！凡是有血肉之軀者，遲早都會等待著死亡的降臨，連大智大聖者都不例外。所以他既然瞭解了藝術的本質，便要將生和死設計得很有曲線，很有輪廓，也很有內涵和氣勢。

藝術家是一種靈和氣的組合，愛和光的形成，但他也有極度強烈的慾念和佔有感！他經常在不停的素描，不停的思索，面對曲線玲瓏，光澤透剔，而有著成熟美的模特兒作畫，畫她的生命和靈魂，畫她的神采和思想，久而久之，藝術家便會將她的神韻，將她的心靈感受用筆觸和色彩表現出來，於是，便成爲舉世傳頌的傑作，「蒙娜麗莎的微笑」，就是這樣完成的，她永恆的生之微笑，已超越所有大自然的微笑，獲得美的極致！而「最後晚餐」的形象和氣氛，更是死的陰影再度被永生的朝陽驅散而呈現在聖壇。藝術家就爲了這些異於常人的靈性和感受，向著熙攘而犯有過錯的人類，有所啓示和見證！

藝術家也往往會失落，爲了追求和求證他的生和死的兩個焦點的存在，他得將死的焦點先移在生的開端，或將生的開端用死的殮布罩住，然後去證實死並不恐怖，而生才值得憂慮！因之，藝術家便會在人海中失落，孤絕起來，在大自然中設法超脫和永存。但藝術家絕非宗教家可比，不呼聖名，不唱聖詩和誦經！藝術家能自我在人海中失落並非異端，不相信的話，莊肅而典雅的西敏寺，也多的是大藝術家的墓碑，連敦煌的壁畫，不都是藝術家在尋找一個眞實的自己嗎？

求知甚解——達人生

讀書是一種莫大的樂趣，一卷在手，萬愁俱消。而何書可讀？何書不可讀？那祇是隨各人的志趣和見解而有所選擇罷了。

開卷總是有益的，所謂：「書中自有黃金屋，書中自有顏如玉」這兩句話，並不見得是讀書人的眞正目的和本意。讀書的眞正目的；是爲了「求知」，是爲「開茅塞」，讀不正經的書，便會想入非非，流入偏激、頹廢和走向極端。

讀書如果能像荀卿所說的「厚德行」、「明知慮」、「修意志」那樣，便是眞正的受益了。讀書如果不能深入悟解，觸類旁通，優游涵泳，縱然能夠讀盡天下書，結果還是個一知半解，或是個格格不入的書外人！

凡能成大功立大業的人，無一不是眞正會讀書的人，尤其一舉手一投足間，便可窺其遠大抱負，高尚德行。所謂：「寬而不慢，廉而不劌，辯而不爭，察而不激；寡立而不勝，堅強而不暴，柔從而不流，恭敬謹愼而容」的溫柔敦厚境界，就是會讀書的人所表露無遺的待人接物態度了。

讀書多，心胸自然開朗；讀書多，見識自然宏廣。反之，心胸堵塞，孤見寡聞，當然成不了大事。難怪蘇老泉要發憤讀書，無非是想作個像樣的「知識分子」，並能「學優則仕」，而不被人譏其爲鄉夫野民。事實上，古人讀書，亦並非都是爲了求取功名，其主要目的，是要由書中了解做人做事的道理，且由不斷的求知，以開闢人生的理想境界。

讀書的用處前面已經說過，但讀書人最可貴者，是在困境中表現得最爲出色，値得後世人敬仰和喝采的，莫如文王拘而演周易；仲尼厄而作春秋；屈原放逐，乃賦離騷；左丘失明，厥有國語；孫子臏足，兵法修列；不韋遷蜀，世傳呂覽；韓非囚秦，說難孤憤。再如文信國公被俘不屈，乃作〈正氣歌〉，流傳至今，其忠誠報國志節，如果不是由於讀的書多，受的益處多，絕難有所作爲，而名列青史。

讀書能蔚爲風尚，此乃興國健民之象徵，惟讀書一定要有所選擇，並能持之以恒。一曝十寒，不足以言讀書。不求甚解，更不足以言求知。能畢生窮研一部好書，未嘗不能成大事立大業，就怕那些立論不正，內容不實的旁門左道邪書，其爲害之大，流毒之廣，實爲愛讀書而不會選擇者，所應戒愼恐懼與提高警覺的！

《傳統與現代之間》評介

首先應該對上官予在詩創作上的過程及詩涵（詩素）的表現風格上，要有一個客觀的認識，再論及其著述的思想觀感，才能得到一個較為完整的結評。因為當前各種論及各詩人創作的路向境界不一，很難獲得共同的觀點與定論，此為現代詩不易為眾多的讀者接受的主因，同時詩的創作，又全憑詩人的藝術素養和創作體驗，頗難遽作論衡，以分其優劣高下，否則，那是自欺欺人，為智者所不取。

上官予曾於抗戰時以舒林筆名寫詩，來台後以〈復仇者的歌〉、〈李長清的歌〉等詩獲中華文藝獎金。出版詩集有《祖國在呼喚》、《自由之歌》、《旗手》、《千葉花》等，並著有文學論及現代中國詩史，擅長撰寫長篇抒情及敘事的詩，詩情雄健豪放，想像絢麗，意境優美，語句凝練，是一位能繼承傳統明朗詩風的作者，對文化、對鄉土、對時代俱有深刻的體認和銳敏的感受，因而用鮮活的語言孕育譜製而成的詩句，是受到了不少讀者的讚賞，然在臺經過二十餘年的創作歷程，雖亦作各種形式的轉變與表現，但其詩質詩風仍保有以往的純度和明顯的局格。

「詩人要賦予他的作品以悅耳的聲音，其節奏如繁複而又顯明的管弦交響，其韻律如一闋多彩多姿的舞蹈，其線條其明暗其色彩如一幅畫，其凝定其沉思其個性如一雕像，其高聳其橫越其風格如建築，其所應用的技巧與表現方式乃是綜合的藝術……」。這是上官予在民國四十八年於〈表現與創作〉文中的見解，不難發現其對詩的創作內涵，認爲詩是綜合藝術的表現。事實上，詩的終極目的是征服語言而再造更美更活的語言。詩也是由主觀的經驗而表現客觀形式的一種高度藝術品，詩含有音樂、繪畫、舞蹈和建築的屬性，但更超越有形的藝術結晶而發爲意象的至眞至美表現。

詩人一方面從事創作，自然一方面也有其詩的藝術觀，上官予的作品始終是建基於傳統文化和民族意識的座標上，堅持詩人應具的情操，不爲西洋現代主義和超現實主義，以及所謂存在主義思潮的波及影響，這個固本守道而具有時代認識和精神的詩的創作意志，原是值得表揚的。所以在六十四年〈評介星的故事〉一文中曾提及：「有人問我對現代詩的看法，他們以爲我是反對現代主義及現代詩的人。其實，我反對的是現代主義「反傳統」、「反現實」、「反倫理」、「反人性」的昏瞶迷失，墮落狂誕的毒素；「我反對灰色的，有害的極端的個人主義。這是我們自由民主的世界裏，心理與精神上的癌症。它的可怕是在於有形無形中，做了赤色死亡細菌的溫床。這是我們今日研究文學理論者，應該警覺，必須瞭解的實況。」從上官予的這段話中，便足以證實其堅定的愛國思想和對文學藝術的本質瞭解；因之，在詩作中便充分顯示出其所云的：「寫生命強勁的力，充滿對春天、親人、土地、家園的熱戀，和對幸福遠景的渴求，讚揚人生的眞實，人性的眞善，以及生活的意義和其目的。」上官予的作品，也許爲不少深戀西方詩人表現技巧與意象者所不重視，認其詩素有欠精密，詩風不夠獨特而新穎，不能徹底將「心象」的內容和動向全部表現出來，以適應和滿足現代藝術的最高需求。換句話說，即應確切掌握詩的「靈界」和「靈象」的形式組合，以發掘詩的「未知的深層」（The Unknown Substratum）。因而，文學批評家愛德門．高斯（Edmtmud Gosse）曾對詩有一種認定：「詩是智力活動最高度組織的形式。」對西方詩人在詩的表現形式上，的確有不少出人意料的見解，但詩畢竟是詩，縱然詩論浩繁，惟作爲一個中國詩人，以本國的語言文字成詩，毫無疑問的，應具有中國詩人的心靈意識和生活境界的表現，即對讀詩者而言，一首好詩，不僅是詩人的藝術結晶品，也是能與讀者的心靈感受有著自然的契合。如果寫些連詩人自己都費解澀滯不通的詩章，遑論感動當世讀詩者而流傳後代？上官予想必早已有鑒及此，所以便義正詞嚴的說：「要說當前的某些自立門戶，自我吹捧，以幽玄怪異，艱澀沾滯，連自己也不懂的僞詩，大言不慚的借梅聖俞的話「狀難寫之景如在目前，含不盡之意見於言外。」而誤以爲自己確已創造了天下之所「無」，就爲天下所「尊」了。這和某些現代詩中之癡人說夢，一樣的可笑。但如眞是傳世之作，時間當會在詩史上，給他預留一個位置，那就是任何巧取豪奪也無法抹殺的。由此，我常以爲眞正的詩人，是必然超然於權勢名利之上的。但亦絕不自我棄絕，游離於現實之外的。」詩人可貴可敬處，在於見諸眞實性情，上官予由開始寫詩而立詩論，想歷時五十年以上的漫長時間，對於詩壇的滄桑，新舊詩人的更替，詩風的轉變等，他是位有自知之明的詩人，在默默中創作，在靜靜的觀察，走他自己創作的路線，表現他自己的詩風，不標新立異，不厚彼薄此，不寫自己不懂而使別人費解的詩，我想，上官予的這種開朗豁達的對詩的觀點和作詩的態度，的確是難能可貴的。

在〈談現代詩〉一文中，上官予將其較爲客觀的看法，作有層次的敘述，由象徵派詩人藍波（Jean Authur Rimbaud, 一八五四——一八九一）的：「我們必須徹底現代化」啓發了現代主義（Modernism），以迄演變到沙特（Jean Paul Sartre）的存在主義哲學，此其間現代詩在「它那激盪的彩色繽紛的面目中，仍有他們傳統輪廓，在現代的煙霧裏浮沉擺盪。」而「歸結到現代詩的特質，上官予曾以五點歸納與說明。即：「一、『純詩』的觀念，現代詩追求組織的精純，使詩的內容成爲一中心的結晶……二、由懷疑傳統而擺脫傳統，傳統的價值不是繼承，是以現代人的思想與精神，批判與揚棄傳統，而代之以創造及傳統的新現代。……三、詩是從經驗產生，是由各種情緒，和諸多感觸通過詩人自我的覺醒，而表現超越自我的人的永恆的價值。四、現代詩是屬之於「主知」的光銳的一面，通過詩人潛在的意識，悟性的心靈，不動情冷靜的觀察，予世相以全然新的創造。五、現代詩以其理知的實驗，和特異性的表現手法，而獨立存在……。」對現代詩的特質解剖，上官予是在愼思熟慮中的舉以上五項，其對目前詩人在處境與心靈感受上，或多或少是具有影響作用的。然而，做爲一個現代詩人，應首先認定詩是眞理的花朵，文學是思想智慧的金字塔，詩人不得脫離文化的根蒂而自然發展，詩人亦應面對現實而創造人性的美好眞實樂園。因之；文學批評家耶魯大學首席英國文學教授博德曾提到過：「詩人乃是明日投射於今日巨大黝影的鏡子，他們是戰場高鳴的喇叭，世上的無名立法人。」博氏此段引證，不外詩人不應沉醉與迷失自我，以信念和勇氣做一個世界的鬥士，同時更應透視人性的尊嚴，提升生命的價值。

《傳統與現代之間》共分上下兩篇，上篇以新詩的發展，中西詩潮的演變及創作體驗爲主，並評介幾位詩人的作品，或得或失，讀者當可從字裏行間深入瞭解。下篇以介紹西方著名作家的作品爲主；如亨利・詹姆斯、喬依斯、卡夫卡、福克納、海明威、菲滋澤洛德、雷馬克、卡繆、莫拉維亞、巴斯特納克等，均有所論列。縱觀上官予這本融文學理論批評，與作家作品介紹於一爐的專著是其多年來從事詩創作與作品評介的血汗結晶，以詩人的銳敏感受，攻研名著的所得，對喜愛新詩創作的朋友，對欲瞭解西方文學思潮動向的讀者，相信閱讀之後，必有心靈上的收穫和創作上的發現的。

五十春秋在寫作

時光荏苒，從事寫作屈指算來，已有五十餘年的漫長時間，從民國三十八年隨部隊來台，因日夜忙於戰備，先後駐防外島數次，歷經砲戰洗禮，感慨自多，詩和散文便成了抒發情感的篇章；而寫作除生活體驗之外，更須閱讀各類專著，始可充實作品內涵，進而展現作品風格，因心中有話要說，有情感要表露，故而所寫的體材，多與背井離鄉與實際生活感受有關。

自民國五十年之後，便作有計劃的閱讀與寫作，至六十五年這段期間，先後出版詩集《紫色的果》一冊，長篇小說《太陽之夜》一冊，以及《黃河魂》、《憤怒山谷》、《曠野之歌》短篇小說三集，另有《我的海》、《智慧之花》、《玫瑰書簡》、《金劍散文集》、《桃花渡》等散文集問世。而結集出版的文藝理論批評作品，迄至七十五年為止，有《作家與作品》、《現代文藝評論集》、《文藝理論精選集》等多種，同時對美學發生濃厚興趣，除涉獵各種美學與哲學書籍外，目前於各報刊發表之有關美學及文學理論文字，將近一百萬言，足可出書五冊。

經過不少時日的研讀與考證，已發覺眞正有價值的文藝思想論著實在不多，不是熔批評考據傳介文字於一爐，便是東抄西引不倫不類的文學雜著。換句話說：就是根據某一作家或一種文藝思潮，或一部作品的剖析考證，而作斷章取義的自說自話，鮮能作有體系有層次有思想淵源根據的分出章節陳述，而自成一部有深度有境界有學術價值的專著，即以甚受文藝理論家重視的《文藝心理學》而論（台灣開明書店印行），也不外是東補西湊，前後未能脈絡一貫，作有體系的撰著，祇可說是文藝理論的參考書而已。倒是趙雅博先生有所論見，故而在其〈文藝心理學的建立與意義〉（見新生報副刊）文中有云：「世界的學問日日在突飛猛晉的飛躍，而美學與文藝心理學，從第二次大戰以後，三十年間，出版了豈止千部，然而我們卻一直在抱殘守缺，沒有新東西出現；筆者自朱先生（按係指朱光潛）出版了《文藝心理學》之後，就對於這方面的東西，稍稍加過注意，四十年來，搜集了幾百部書，終於抽空寫成了另一部東西，使用的大都是近幾十年的材料（爲朱先生所未見過的材料），編寫的章節，也都是朱先生著作中所沒有的章節，筆者不能說，這些東西都是最好的東西，但最低限制，是一些更新的東西，更新的觀點，至少對文藝理論有些用途。……」趙先生所謂的「這些東西」，想係其大著中的全部內容，包括思想與觀念，學理依據等等，所以筆者很注意此書的出版，定仔細拜讀，以有所獲。而對趙先生治學之勤，理念之高，當有無限的敬佩之情。

筆者總以爲一部完整的文學藝術思想專論，是促使優秀作家誕生的引力，是構成作品精純的藝術原素。文學藝術家的醞釀作品時的「知」「情」「意」的啓發抒發和衝動，亦起自愛美求眞向善的天性與觀念，這種觀念的追求和表現，便是藝術思想的形成，人類無藝術的欣賞與熱愛，也會減少其原始性靈的發抒而趨於生活的孤寂。

從不斷的創作當中，發現文學理論與創作截然不同，以理論規範創作，絕難有完整美好的作品出現。創作就是創作，全憑心靈的發抒和創造，而艱深的理論依據，往往阻礙創作的素材和思路。因之，寫文藝理論者，應根據藝術作品的創作題材及其塑性，證明作家爲何要有此創作表現的意念，然後才能窺睹和寫出其內在心靈活動的歷程。

從事文學創作，要有優越的創作技巧，而創作技巧的鍛鍊和培養，又全賴自己不斷的摸索。筆者在長年的體悟和印證中，證實使用思想和文字的表現，一定要縝密而準確，如作心理的刻劃，情感的描述，意識的表達等，均須深入自然，面面兼顧。文學作品之產生，乃集幻想、思想和理想的大成，而對宇宙萬象的觀察入微，人性的剖析求眞，生活的感受求實，在在講求精純而逼眞，簡樸而適切。

在寫作的旅程上，不斷寫出篇篇清新精美的散文和詩，最有助於長篇創作，如果散文寫得不出色，詩作不能突破而多變化，又何能寫出大部頭的作品？所以不斷閱讀中西名著，不斷探求思路的開闢和突破，不斷深入現實生活的磨練，那有可讀的作品問世！

記得寫作的初期，與文友金刀（張作錦）、洛夫（莫洛夫）、阿坦（何坦）、一夫（趙玉明）、疾夫（俞允平）等人結交，互相交換讀書與寫作心得，切磋寫作技巧，最有助於寫作素材的蒐集。自後與作家公孫嬿、朱夜、墨人、童世璋，畫家陳其茂等人長期相處，也以作品相互研討與請教，獲益匪淺。而自我的鑽研與摸索，五十年如一日，深知文學創作永無止境，必須審愼將事，在漫長的創作旅程上能更進一步，那也是一種自我的喜悅和安慰。

諾貝爾文學獎公佈後

一九八八年諾貝爾文學獎，得主是埃及作家納桂布、馬夫茲（Naguib Mahfuz），消息傳出，世界各國文壇及作家為之震驚，因為馬氏的著作及影響力，並不足以使人留下深刻印象，尤其是美、非、亞、澳各洲的讀者，對馬氏極為陌生，即使是馬夫茲本人，也對諾貝爾文學獎從未幻想過。

據有關資料顯示，一九八八年諾貝爾文學獎預測，可能獲獎者為南非女作家葛蒂瑪（Nadine Gor dimer），再不然就是美國女作家歐慈（Joyce Carol oates），因為女作家很久未獲得該獎，同時以上兩位女性作家亦較有影響力，然而，事實證明，瑞典皇家學院卻另有人選，其究竟根據何種因素，而獲獎的標準如何？那衹有瑞典皇家文學院的十八位院士心中知道，其所遺留的不良評議和後遺症將越來越大。

自一九〇一年諾貝爾文學獎頒贈以來，其間不乏鼎鼎大名的作家與優秀的作品，從八十六位獲獎得主的創作歷程及背景分析，大部份是歐美頗負盛名的作家，且年齡均在六十歲以上，其中以奈及利亞的渥里、索因卡及哥倫比亞的馬奎斯年齡較輕，似乎諾貝爾文學獎有意要頒給七老八十的老頭子，因為唯有那樣，創作經驗才豐富，作品也才成熟，知名度才更高似的。但事實卻非如此，當年的托爾斯泰卻榜上無名，因之，諾貝爾文學獎得主，幾乎每年都要遭受抨擊和物議，而瑞典皇家學院，雖一再解釋說明，也難爲廣大人士心悅誠服，所以諾貝爾文學獎的評審過程，極其秘密繁複，當然也遭到不少的阻力和壓力，其神秘幕紗，很少能爲人揭穿，簡直是一塊西方文學魔鏡，誰能在其中出現，連做夢也不曾想到，以我國的大陸作家，如魯迅、巴金、沈從文、艾青、北島等人，都被人捕風作影的談論過，除已死的作家外，未來中國作家能否得獎，實在是畫餅充饑和望梅止渴的想法而已，誰也毫無把握。

說起來也眞耐人尋味，文學的作品本來是供人閱讀的，並不是商品，一定要經過產售而標出價格，作家寫作，是一種趣味，一種抱負和一種理想。因爲心中有話要說出來，一己的感受和情愫要表達出來，而表達出來的技巧和精神，便是藝術的造詣和方法了。所以各類文學獎的設置，旨在鼓勵作家創作，並作人類情感和文化的交流，以提升思想領域，提高生活品質和發揚人性光輝，諾貝爾文學獎的宗旨不外如此，但八十多年來，由於獎金不斷提增，影響力量不斷加強，再者爲作家追逐和獲得的國際榮譽標桿，是以愈演愈烈，說穿了，此乃名利二字的價值觀念在作祟，智者一笑置之，愚者全力奔競。而眞正的偉大作家，並非以獲得諾貝爾文學獎而沾沾自喜，文學作品的歷史時間考驗，能否使人類思想發皇，追求眞理的意志彌堅，人道精神的自然發揮，悲天憫人的花朵自然開放，才是文學作品的潛移默化功能。並不是僅憑諾貝爾文學獎的獲得，而能肯定文學作品的不朽價値。

「具有理想主義傾向，而最引人注目的文學作品的文學作家，授予文學獎。」以上是諾貝爾本人臨終前的遺言，什麼是理想主義傾向？可謂包羅萬象！簡言之，如宗教的皈依傾向，人文主義的追求傾向，自然主義的嚮往傾向等，誠然，作家創作是不受國度畛域文化和時間空間限制的，但從歷屆諾貝爾文學獎得獎作品中探索，有一點可資證明，地理環境和人種色彩的文學作品，的確使該獎的授予分出了界線，從而決定與珍視其各種民族文化傳統的特質，以及各類不同作品的表現風格，如川端康成的日本文化特色，泰戈爾的印度文化特色，索因卡的非洲文化特色，馬奎斯的美洲文化特色等等。由此觀之，諾貝爾文學獎誠然是立點於國際文學的定位，在乎不同種族文化背景的不斷創作，然後據優而評審決定頒贈。可是事實上，對以上的諾貝爾本人的理念，瑞典皇家學院的院士能否辦到？那是大有問題的。如賽珍珠的《大地》，以美國作家寫中國的文學題材。雖然住在中國十八年，但其所觀察和感受到的，是否都是眞確的，的確有否中華文化的精髓包容在內，相信讀過《大地》這本著作的，當可發現那是外國人的情感和筆觸，比中國作家寫中國文學作品，那種親切自然眞實的天性就差得很多。因此，不談文學作品便罷，要談文學作品，必定是土生土長的文學家，是本國語言文字的原始風貌，任何外來的情結和思潮都不可介入，否則，那是混淆不清的國際文學作品，是雜亂的世界文化浸沉，是不公平合理的文學思潮和理念獨佔，又何談有理想主義傾向的出現？

作家創作是一種興趣，一種意念和責任，同時更是追求眞理的象徵。而任何獎金和榮譽，祇是對作家創作的鼓勵和讚賞而已，並不能對文學作品肯定其永恆不朽，即使是諾貝爾文學獎亦屬如此。沙特曾拒絕一九六四年的頒贈諾貝爾文學獎，他振振有詞的說：「作家來接受這種榮譽的話，是對授獎機構訂下了公約，這是不應該的。」姑且不論沙特的作品如何了不起，但他有存在主義的理想傾向，以及獨特的看法，就憑這一點，即否定諾貝爾文學獎的尊嚴，無形中抬高他自己的身價，結果弄得瑞典皇家學院的院士灰頭土臉，較之有些而醉心諾貝爾文學獎的作家，實在要高明得多，難怪沙特連上帝也不放在眼內，何況一個曾受人批評的諾貝爾文學獎。

藝術作品本無價，文學作品亦復如此，文學作品的創作水準，連作家們自己也難以瞭解，因爲創作永無止境，當年大作家曹雪芹的傑作《紅樓夢》，在寫作時絕想不到它有多大的影響力，但曹氏的確是無所不通不精的作者，對人性瞭解之深，對「愛」與「情」瞭解之精密與淵博，同時對儒、釋、道精義瞭解之眞切，以及曹氏的聰明智慧，毅力恆心，都是一般作家所不及的。所以要談中國文學作品，必從古典文學作品中有所瞭解，便可發現西洋的文學思路與藝術表現技巧，在中國歷代的詩人作家群中，早已發揮無遺，其所不同的，祇是時代背景，和人生的理念有些差異罷了。

近幾年來，中國文學的發展，由點到線到面，由古典文學到現代文學，由大陸、台灣、海外到認本歸宗，此乃蓬勃發展的證明。今日的兩岸中國作家，由接觸到面談，由心靈的接觸到創作的意向，相信中國文學有其輝煌的遠景，如透過精緻而適切的翻譯工作廣爲發行，當對國際文壇有相當的衝擊力量，但絕不可妄尊自大而目空一切，也不必妄自菲薄，祇要有自由而良好的創作環境，中國文學作品被國際重視，是指日可待的事。至於能否得到諾貝爾文學獎，那還是次要的問題，因爲中國環境特殊，屢遭戰亂，作家創作的思路和題材早已安排妥當，問題是誰能耐得住寂寞，誰能本諸藝術良心創作，誰能作最後的堅忍與衝刺，誰就能寫出劃時代的作品。

評介《截斷眾流集》

《截斷眾流集》一書，是已逝詩人古丁的文藝評論力作，古丁兄生前曾贈寄該集，希望能寫點批評文字，詎料評論篇章尚未定稿，而古丁兄卻因車禍罹難作古，聞者不勝悲悼！

古丁在此集中，對文學、對詩、對文學思想及批評定義等，諸多置評與創見；同時，可以窺悉他是一位立論嚴謹，愼思好學，人格與文格兼具的現代詩人作家，有不少獨特和發人深省的篇章，呈現在讀者面前，值得引述和推介。

「我對當今文風，尤其是一些西化派的詩人和作家，日趨形下的作風，有相當的不滿。我對作家有兩點期待：第一，他必須走中國的路線，中國的風格、中國的思想、中國的精神。第二，他應有成爲一個作家必須具備的風骨與品格。我大部份評論的焦點，可說都集中在這上面。」很明顯的，古丁是一位熱愛中國文化而有民族自尊心的作家，他曾經寫了很多道道地地的中國詩，發表了不少文學評論文字，尤其對一位詩人作家成長的心態和創作精神，具有極深邃的洞察，因而構成此集的精闢思想和內涵。

《截斷眾流集》共收入四十四篇評論，首先對〈何謂文學〉有其極精要的探討，如文學的構成具有四個要素：一、優美的文學；二、豐富的情感；三、正直的思想；四、合法的形式。由於研究文學與從事創作，必先瞭解文學的本質與精神，不論古今中外，凡是完美而流傳不朽的文學作品，都有著當時人類思想情感的輻射和感應，更有生活中奮鬥的意念和留痕，所以文學作品之感人，在其生活反應的眞實，情感美的自然流露，以及對眞理的追求和獲得，使得人與人之間彼此能關注與同情，以培植最鮮麗最燦爛的人性花朵。古丁以純粹詩人的感觀，撰寫文學評論，當然較之一般學者專家要深入，因爲詩人本身就是一個情感最豐富，思想最廣博，生命最堅強的自然人，尤其更具有審美的觀念，來營造其不朽的詩篇。

古丁在詩的理論上，曾經下過不少的工夫，如在此集中所寫的〈何謂史詩〉，以及〈西洋的史詩〉、〈中國的傳統史詩〉和〈中國的現代史詩〉等，都是以極其客觀的治史精神，來作深入的分析和鑑賞。「其實，史詩名稱雖異，實質上並不影響其仍爲史詩，我們稱它爲敘事詩、英雄詩、神話詩或傳記時，不過是就其題材偏於某一方面，特別加以強調而已。而史詩的基本特性並沒有改變，就是它具有偉大的規模和包含歷史的詩；無論是那個民族的歷史或個人的歷史，眞實的或想像的歷史，只要是用史詩的形式表現出來，都可稱爲史詩。」以上係古丁對何謂史詩而作的詮釋，對史詩的創作，古丁更舉出保羅、麥強（Paul Merchant）在〈論史詩〉的一段話，作爲寫史詩的全部內容。他說：「史詩是一部編年史，一本部落之書，一部有關風俗與傳統的重要記錄，同時也是一本提供大眾娛樂的書。」

古丁寫詩論或寫文學評論，所徵引的名家篇章或文字，以其精義，作其開門見山的闡述，絕不拐彎抹角，敘述或解釋過於冗長，尚不能有一較爲完整的結論。因而，所寫的評論性文章，頗爲紮實，徵援恰到好處，可以說每篇理論性的作品，都是一篇極具學術價値的創作。

〈中國的傳統史詩〉一文，曾發表於中央日報的文史專刊，那是一篇頗有見地的文章，對我國史詩不發達的原因已作評述，如：中國很早就有史官及書寫的歷史，《漢書．藝文志》說：「古之王者，世有史官，君舉必書，所以愼言行，昭法式也。左史記言，右史記事；事爲春秋，言爲尙書，帝王靡不同之。」記事記言的史書，在中國早就有了，詩便不必負起記載和歌頌史事的任務。古丁以研究史詩發展有心人的態度，從我國已有的詩史中探詩，結果發現《詩經》中的生民、公劉、綿綿瓜瓞、皇矣、大明諸詩，都是記載民族英雄的傳說和歷史，同時也都是很好的敘事詩；其他如漢代樂府的〈陌上桑〉，以及膾炙人口的〈孔雀東南飛〉和〈木蘭辭〉等篇，都是很有文學價值的不朽詩作。

古丁在《截斷眾流集》中選列的作品，都是他認爲較爲客觀而又有見地的文字。因之，他論詩、評文、或研討一部作品，或推介一位作家，都是那麼認眞而作深入的剖析，是就是，非就非，絕不含糊籠統，此乃形成他治學和爲人的寫實風格。他尊崇民族固有的學術文化，他不走別人抄襲和模仿西洋文學思想形式的舊路，他要探討出中國文學創作的眞實寶藏和源流，朝向既定的方向邁進！所以，他在此集中有可資研討和鑑賞的篇章很多，雖然有的見解未必全然成熟，或對文學史料的蒐集，尙有疏漏之處，但其建屋立牆，已然顯示出他那穩固的文學思想偉構，和一位中國詩人的眞正骨架和風貌了。

《國學入門基礎書目》評介

近讀蔡豐安先生編著的《國學入門基礎書目》，所收梁啓超、章炳麟、范禕、胡適、周予同等諸先生的論著等八篇，由台北市大漢出版社刊行，對國學範疇的羅致與介紹，分述詳盡，對今人鑽研國故有極精闢的論衡，可以說是部頗有學術參考價值的好書，深值高中以上學校教師與從事文學創作者研閱的範本，而且這部書的援徵素材極爲翔實，對稍有國學素養者一看就懂，作者發現如果能人手一冊，不斷審覽細嚼，定有意想不到的收穫。

國學書目，浩瀚繁多，而如何著手研讀，梁任公曾擬訂一個最低的書目，即四書、易經、書經、禮記、左傳、老子、墨子、莊子、荀子、韓非子、戰國策、史記、漢書、後漢書、三國志、資治通鑑（或通鑑紀事本末）、宋元明史紀事本末、楚辭、李太白集、杜工部集、韓昌黎集、柳河東集、白香山集等。並認爲能夠讀通以上這些書籍者，始可成爲中國的學人。任公是治學大師，且秉資聰穎，學貫中西，當然早有瀏覽，惟對一個剛步入研究國學者，乃有望洋興嘆之感！即如國學大師章炳麟，恐怕也不敢說對上項所開的書目有深入的研究和心得吧？

現在再看看胡適先生所審定的國學研究書目，也是他一生苦心鑽研專攻的國故要本與對象；如詩經、左傳、戰國策、老子、論語、墨子、莊子、孟子、荀子、韓非子、楚辭、史記、淮南子、漢書、論衡、陶潛、杜甫、李白、白居易、韓愈、柳宗元、歐陽修、王安石、朱熹、陸游、楊萬里、辛棄疾、馬致遠、關漢卿、元曲選、明曲選等，從以上書目及歷代作者見之，便顯而易見的，任公審定國學書目，偏重於史重於文學，而胡適之則偏重於文重於史學，同時在胡適的理想中，能如此編選書目，便成為一套豐富的「中學國故叢書」著既便於教師講解，更便於學生研讀與自修，如此說來，現今存於書坊的各種《古今觀止》，不就印證了梁胡二氏的見解嗎？事實上，有人認為深研國故，乃為學者專家的事，決非一般國學愛好者所可辦到，放眼當今的新文學作家，又有幾人能涉獵到上項的各種書籍和文學作品呢？

章炳麟學有淵源為近代最負盛名的國學大師，從他的言論中，可以獲知治國學的要領和方法，章氏以為不研究國學則已，如研究國學，應從以下五項要點著手。一、辨書籍的眞僞。（如眞僞不分，很容易誤入迷途）二、通小學。（韓昌黎云：「凡作文章，宜略識字」，所謂「識字」，就是通小學之意。如通音韻、明訓詁、辨形體者是。）三、明地理。（即瞭解地質、地文、地誌。）四、知古今人情變遷。（如人情風俗之變遷，即可影響人類的思想意識和行為。）五、辨文學應用。（如文學派別甚多，梁代劉勰所著《文心雕龍》已有論列。且文學分為二項：有韻的謂之詩，無韻的謂之文。文又有駢體和散體之分。）章氏所見，大體上不差，但如經深入研究，研究國學除以上五者外，尚有研究者的學養和理解創見等問題，如泥古而不化，或抱殘守缺，又如學究冬烘何異？

研究國學並非僅指的專家學者，任何人都可以從事研究，我國的經史子集汗牛充棟，縱使窮畢生之力，恐怕也研究不完，如其博覽，倒不如約讀，選其有興趣和具研究潛力者為之。如錢穆先生之研究歷史，作長期有計劃的研究勘校和注釋，便有大成。其實，一部偉大的中國歷史，也是一部文化學術發展史，其間有政治、經濟、社會、文學等思想變遷和興革。因之，每個朝代的典章制度，都是國學的淵源和結晶。所以說，研究國學，必先從研究歷史開始，自可發現國學的精華和內涵所在。再如陳立夫先生之研究易經、李辰冬和糜文開先生之研究詩經，蘇雪林女士之研究楚辭等，無不卓然有成。其他如研究歷代文學家和詩人詞家的作品，有特殊見地者更是不勝枚舉。

在一般人的觀念中，認爲研究國學是復古，是老學究的事，何必要用盡心思去考慮和徵引呢？半部論語既然可以治天下，何必要再讀全部的大學和中庸呢？既然有數千首唐詩吟哦遺興，又何必再藉宋詞元曲作陶情怡性呢？因此，有此種觀點者，便阻塞了深研國學的前路，斷送中國古典文學的發展，識者當一笑置之！研究國學，就是研究一部民族文化史，就是發揚中國固有的倫理和道德，並確定中國既存的人文思想，以及振興民族精神，當然要繼續不斷的深入研究和發揚光大。再者，國學乃中國固有之學，不僅有崇高博大的儒家仁愛思想，還有道家、法家、墨家等各種思想包容在內。僅憑老莊哲學，就是採採不完的礦藏寶山，連西方人士早已窺覺其高深的學理，被列爲專攻的一門偉大的學術思想，較之蘇格拉底、柏拉圖、亞里斯多德等人的學術創見，則有過之而無不及。更何況三墳五典、八索九丘、河圖洛書的玄奧學理和曠古偉構？因之，提倡以科學方法整理古籍，攻研國學，發揚文化和國粹，實爲當務之急。

梁啓超在〈治國的兩條大路〉文中，有其獨創的見解：「我以爲研究國學有兩條應走的大路：一、文獻的學問，應該用客觀的科學方法去研究。二、德性的學問，應該用內省的和躬行的方法去研究。」而胡適的〈研究國故的方法〉，則提出四種方法：一、歷史的觀念。二、擬古的態度。三、系統的研究。四、整理國故。關於「歷史的觀念」，曾以章學誠所著《文史通義》爲例，敘及「六經皆史也」。既然認爲國學是史的發韌和成長結果，當然要格外的去求證其來龍去脈，並採摘其智慧之花，吸吮其理想之蜜。

作者再三研讀《國學入門基礎書目》書中各篇。感慨良多，我們祖先所遺留的如許豐富知識寶藏，和源遠流長的智慧之泉，時至今日，除少數學者專家埋首鑽研和著述外，大多數的人都束之高閣，根本不聞不問，即使是每日寫稿的作者，又有幾人肯用心去研讀它呢？能在床頭案邊經常翻閱《古文筆法百篇》、《古文析義》、《秋水軒》、《雪鴻軒尺牘》、《唐詩三百首》，以及《隨園詩話》、《諸子菁華》的人，恐怕愈來愈少了！更何況是《尚書》和《周禮》，《左傳》與《通鑑輯覽》那些厚本線裝書啊！

生爲詩人，死爲詩魂的覃子豪

詩壇三老，即覃子豪、紀弦、鍾鼎文三位是也。終生以新詩創作爲樂爲榮，且各有相當成就。詩人覃子豪不幸於民國五十二年以膽道癌病逝台大醫院，聞者不勝感嘆與悲痛！尤其是從事文學寫作的人士，咸認這位詩壇先進的辭世，實乃中國文學界無可彌補的重大損失。

詩人覃子豪說起來應該是我的老師（以下稱覃師），民國四十六年在北投政工幹校受訓期間，學校安排有覃子豪的新詩主講課程，在每個週六下午舉行。另外還有王藍主講的小說創作班，我當時毫不猶豫的參加了新詩和小說的創作班，因爲那覃王二位是我心中慕儀已久的詩人作家。

在校求學兩年多的時間，每次聽覃師講解新詩創作，有條理有重點，並親自舉出中外名詩的創作過程與表現技巧。有人對覃師的創作理論特別指出：「詩人必須要有深厚的哲學修養。從對人生的和現實體認中去發掘新的思想和新的主題，在創作上，他一直保持著沉穩的作風，明澈中見含蓄，含蓄中見美感。」因之，詩人洛夫也有言：認爲其作品，稱得上「穩實而圓熟，明澈而含蓄。」覃師有一首「瓶之存在」名詩（七十行），便充分證明他的哲學藝術創作理念，迄今尚未發現能有另外一首詩，與「瓶」詩相提並論者。另如「秋之管弦樂」、「吹簫者」等詩，都是擲地有聲的作品。

覃師素有「海洋詩人」之稱，他的著名《海洋詩抄》詩集（一九五三），對浩瀚無際、深遠莫測、變化萬端的海洋，有著極透徹獨到的探索，因而取材於海洋的詩作甚多，在對研討者作過極詳細的講解，並且要大家提出一首海洋詩的習作。另如有名的《向日葵》（一九五五）、《畫廊》（一九六二）等詩集，其中都有覃師的重要作品。記得在他主講新詩課堂上，他希望學生筆記，下課後可以發問，或到他的宿舍去談時，他的認眞和深入的教學精神，大家在心裡都非常的感佩。更值得稱讚的是覃師的謙恭誠懇態度，對詩的熱中和寵愛，以及不厭其煩的批改作業等工作，好像詩就是他的生命和宗教一樣，其高貴的詩的素養和情操，實非筆墨所能形容。

談到覃師對詩創作的基本主張，他認爲「詩歌要反應現實人生，在繼承中國古典詩和民歌的傳統基礎上，可以向外吸收和借鑑。他並認爲內容和形式必須相結合，重視詩的眞實和表達藝術技巧。所謂個人的風格，最好能在民族的氣質性格和精神上融爲一體。」以上是他遵循的創作要點，每次在剖析一首詩的結構和表現手法上，要同學們列爲重要參據。事隔多年，我每次在思考一首詩時，覃師的話語，都在我腦海中波動翻騰，寫詩可以自己的見解與智慧自由發揮，對選擇題材時，務必預留思想的空間，惟覃師所講的：「所謂個人的風格，最好能在民族的氣質性格和精神上融爲一體。」我是十分的認同的。準此，足可證明覃師的詩觀是淵源於中華文化的最深層，絕非所謂應作西方「橫的移植」詩觀所可包容和論斷的。

從事詩的創作，有很多人認爲只要寫出內心的話，以散文分行就可以了，至多再加上意象或情感上的組合，不就是一首詩嗎？如此說來，眞是膚淺得很！難怪社會上到處都是詩人？須知一首詩的完成，除設定主題外，其表現的藝術技巧，詩語言的靈活運用，造景與聯想的前後脈絡一貫等等，都是構成詩的外在形象和內在生命。覃師曾多次舉例說明他對詩的實際體驗和外界感應，尤其對詩語言的選擇與運用，眞是費盡苦心。覃師曾有精闢的見解：「詩的語言，應力求注意的是：新鮮、精確、簡練、生動、優美，這幾個原則看起來很簡單，實際上頗難達到。因爲，語言有其時間性，某一時代有某一時代的語言，過了時的語言，就成爲與生活缺了關聯的死的語言，詩追求活的語言。」所謂「活的語言」，記得覃師曾舉例天才詩人楊喚的〈我是忙碌的〉詩，其中有「我忙於搖醒火把」……「我忙於把生命的樹移植於戰鬥的叢林」、「我忙於把發酵的血釀成愛的汁液」等句，試問這種活生生而富於強烈意志的動人詩句，不就是活的新創造的詩的語言嗎？當時覃師講到興味精彩時，並不斷的在黑板上詩句旁加以圓圈，兩眼炯炯發光，聽者幾乎要喝采叫好！

我經常在思索，像覃師這一輩的詩人，對詩創作的執著和理念，是什麼力量在支持他？而且樂於和後輩接近，極力培植鼓勵，那可能是一種崇高的理念寄託，是一種詩道的繼承和傳授。同時詩在文學的重要地位，古今中外的詩人，其作品之所以能影響人類的理念與生活，提升精神意志的崇高境界，與各種宗教的信奉同等重要，甚至宗教有時還藉詩歌的力量感化人類，共登極樂聖域。因之，詩又與音樂是始終結合在一起的，古詩詞的所謂格律、腔調、絕句等，無不蘊藏著優美的韻味和音律，故而吟哦之聲，節奏之美，均能撼人心弦。在鍾嶸《詩品》的序文中，便開宗明義的說出詩的重要功能。「氣之動物，物之感人，故搖蕩性情，形諸舞詠。照燭三才，暉麗萬有，靈祇待之以致饗，幽微藉之以昭告。動天地，感鬼神，莫近於詩。」覃師有時也在講詩時，引用唐宋詩詞的名作，剖析其境界與韻律的工整獨絕之處。如柳宗元的〈江雪〉：「千山鳥飛絕，萬徑人蹤滅；孤舟簑笠翁，獨釣寒江雪。」覃師的一口四川腔調，偶爾吟唱起來，倒也別具一番風味。

「藍星詩社」的創立，是由覃師及其他幾位名詩人，如鍾鼎文、余光中、夏菁、吳望堯、鄧禹平、羅門、蓉子、向明、周夢蝶、張健、阮囊、吳宏一、王憲陽、方莘、葉珊（後改名楊牧）、商略等人共同創立並成為社員，他們都是名震一時的詩人。如今也各有極高的成就，有的早已名揚國際。覃師並主編過「新詩週刊」、公論報「藍星週刊」、「藍星詩頁」、「藍星季刊」、「藍星詩選」等刊物，可說一藍到底、一顆顆藍星閃爍。對推動新詩運動及新詩教育，貢獻至鉅。覃師在青年戰士報副刊發表不少詩論篇章。對軍中詩友影響很大，據悉有一段時間主編「詩葉」園地、軍中詩友投稿者至為踴躍。

覃師在世的日子，雖然僅有五十二載，但已經寫了很多作品，如《自由的旗》（一九三九）、《東方回憶散記》（一九四五）、《永安劫後》（一九四五、六）、《詩的表現方法》（一九六七）、《沒有消逝的號聲》（周良沛編、一九六八）等等，以後在台灣出版的《海洋詩抄》、《向日葵》、《畫廊》、《詩的解剖》、《論現代詩》，並於逝世後出版的《覃子豪全集》等，都是覃師的詩論精華與重要作品，算得上是著述等身。

新詩在台灣由於各詩社林立，詩人輩出，各種報刊都有新詩的登載，有關單位並適時舉辦各種詩歌競賽獎項，使優秀的作品脫穎而出，以致各種詩選、詩刊、詩集，紛紛出籠，可謂百花爭艷，詩情到處有，詩意傳街巷。再加以各個詩社經常舉辦座談及朗誦會，眞是新人耳目，眾所嚮往。尤其是對名詩人的尊稱封號，更是使人讚賞不止！如對已逝的楊喚，稱爲「天才詩人」，而詩人紀弦，在〈自祭文〉（見其著《終南山下》文集）中，自稱「一代謫仙」。另外如「詩禪」（周夢蝶）、「詩魔」（洛夫）、「詩儒」（瘂弦）、「詩癡」（張默）、「詩雅」（向明）等等，眞是花樣百出，引人聽聞，台灣實在是一個得天獨厚的詩的國度，人人有詩讀，處處遇詩仙。至於還有尊稱詩人爲「某」「公」者，更是讓人大笑噴飯不止！

覃師一生的詩作，爲讀者傳誦者甚多，有些已譯成外文，在世界詩壇流傳而受到重視。其作品當然能禁得起時間的考驗。適如紀弦在〈祭詩人覃子豪〉文中所云：「你永遠活在我們的心中，活在萬萬千千讀者們的心中。五十二歲，不算長壽，但你沒有虛度，你已有所成就。你的名字，將在文學史上發出恆星般的光輝，千古不滅，永垂不朽。」詩人洛夫也說：「生爲詩人，死爲詩魂。」覃師最後在〈遺囑〉中有言：我離開人世後……請將我作爲一個詩人來處理。……倘我剩有錢財，請朋友們以此作基金設置『覃子豪詩創作基金』，用以獎勵我國新進詩人，推進新詩運動。」覃師有崇高的詩藝情操，完美的生命理想，開闢輝煌的詩門走進歷史而成爲不朽。

紀弦與現代詩

詩人紀弦自從到美國定居之後，也常有詩作發表，但懷念他的友人，都對紀弦豪爽率直的性情，詩人的氣質，以及一個具有中國人飲者風格的多采多姿往事，每於聚敘時，無不津津樂道，慕念不已！

因此，將紀弦最新發表於現代詩復刊號的〈銅像篇〉一詩抄錄如下，其詩中乃有一種新的境界和感觀上的不斷自我提昇，同時也說明紀弦依舊是當年的紀弦，清標絕俗的風儀，悲天憫人的胸懷，尤其難得的，是紀弦能擺脫一切世間名利的羈絆困頓，還其返璞歸眞的一顆純潔童心，故其詩風與人品自然合而爲一，值得目前仍在詩壇上舉步或自認前導的詩人們借鑑和惕厲。

「我已不再高興雕塑我自己了；
想當然不會成爲一座銅像。

從三十年代到七十年代，
始終立於一圓錐體之發光的頂點，
高歌，痛哭與狂笑。
睥睨一切，不可一世，歷半個世紀之久

把少年和青年和中年的歲月揮霍殆盡。
而還打算扮演些什麼呢，今天？
去照照鏡子吧！多麼的老而且醜！

不過，我確實地知道的是：
除了這身子的清清白白，
一顆童心猶在。
所以我是屬於有靈魂的族類，
上帝之所喜愛的。然則，然則，
你們這些企圖引誘我的魔鬼呀，
還不給我滾開？給我滾開！」

紀弦的詩，有其一貫風貌和個性，藝術塑性極高，詩句富彈性而奔躍有力，這首〈銅像篇〉詩，對稍具現代詩認識的人，都能體會到紀弦的心境，是那麼自然而明澈，不容有一塵污染，而理念更是高不可攀。也許，有人以為紀弦自視過高，實際上，一個有理想有境界者，其對萬事萬物的觀察，往往有超乎常人的體認和見解，更何況是位詩人呢？紀弦始終堅持其詩的藝術觀，數十年如一日，從民國四十二年二月創刊「現代詩」，四十五年一月二十日成立「現代派」，紀弦一直扮演著現代詩的主角，他的詩與濃烈，意氣昂揚，立論既深且宏，徵引泰西詩說，兼論中國詩脈詩源之探索，這在其《紀弦詩論》、《新詩論集》、《紀弦論現代詩》等作品中俱見端倪。他的創作如《摘星的少年》、《飲者詩鈔》、《檳榔樹》、甲、乙、丙、丁集，以及《五八詩草》、《在飛揚的時代》等著作中，對歷史精神和時代意識，均有深刻的理解和嶄新的陳義，且詩境意象的鮮活，詩語言的妥貼表達，亦煞費苦心而銳意營造。他對詩雖有在形式或精神上應作「橫的移植」定見，致引起各方評議，認爲有失中國詩傳統脈續的敦厚之道，但紀弦依然有我行我素之風，不予理會，從這些往事證之，紀弦是位獨步詩源的狂吟者，正如同自喻爲一匹荒原野狼，或標示爲臨風高歌的檳榔樹，以其自己心愛的煙斗爲「6」和手杖爲「7」造型具象，顯現一個不祥的「13」數字，但這個不祥的數字，紀弦自稱是構成一個曠古的天才和文學巨人。誠然，紀弦是有心創作中國現代詩於藝術巔峰的前導，因之，他有著「在飛揚的時代」的昂揚而跳躍句子。

「你邁著步子，
一步一飛揚；
我誦著詩篇，
如醉、如狂。……」

紀弦深具表現才氣，很能掌握時代的動向，醞釀詩緒，藉澆胸中塊壘，不願承襲前人詩路而自闢新境，所以在〈阿富羅底之死〉詩中，十足的實踐現代主義的創作意願。

「把希臘女神 Aphrodite 塞進一具殺牛機器裏去
切成
塊狀

把那些「美」的要素
抽出來
製成標本；然後
　一小瓶
　一小瓶
分門別類地陳列在古物博覽會裏以供民眾觀賞
並且受一種教育
這就是二十世紀；我們的。」

以審美的觀點，揭櫫二十世紀的新的歷史面貌和生活內涵，紀弦有恨鐵不成鋼的詩觀，企圖以詩的藝術精神，創造人類「唯美」的生命理念，這是他四十多年從事詩創作的主要思想，因爲紀弦曾受過美術專科教育（蘇州美專卒業），瞭解美的表現和極致，故對詩素中原存有美的質素，和音樂的律動性，有著極爲深刻的理解和駕御能力，所以他的詩作，多半是一幅精美的圖畫和一闋悠揚的樂曲組合。

紀弦對中國現代詩的倡導不遺餘力，而且獨創「現代詩」詩刊，當時唯一能與「現代詩」平分秋色的，祇有覃子豪等人主編的「藍星詩頁」，以後洛夫與瘂弦、張默三人主編的「創世紀」詩刊，亦爲當時三大詩壇重鎮，各詩刊所羅致寫詩者，均爲一時熱中新詩的青年朋友，其間以軍中詩人佔過大半數。記得紀弦於四十四年曾函邀作者與公孫嬿兄參加他主持的「現代派」，因當時我與公孫嬿兄駐防金門，且又係現役軍人，未便參與他的詩派，祇有婉言謝絕，但對「現代詩」刊仍不斷投稿，紀弦選稿頗嚴，凡遇有不當詩句時，即函商修改，總之，能發表在其「現代詩」上的作品，心中至感快慰。紀弦對方思、金刀、林泠等人的詩，有時倍加讚許，在記憶中，方思的〈時間〉，金刀的〈聖殿前〉，林泠的〈不繫之舟〉等詩，都以顯著的篇幅位置刊出，可惜金刀以後不再寫詩，否則其成就當更爲可觀了。

紀弦待人熱忱，凡與他相處的人，無不被其熱情溶化，詩人丰姿令人欣賞與讚嘆不止，幾杯高粱下肚，天南地北無所不談，記得他那時住在台北濟南路的成功中學宿舍，房舍雖然簡陋，但院中仍種花栽樹，一片青枝綠葉，清幽入目，每天均有詩友登門拜訪求教，紀弦則也樂得以禮相迎，雖然沒有什麼好的招待，但清茶一盅，燒酒半瓶，花生米數包，就詩興大發，吟哦之聲，此起彼落，滿室詩香生風，使人難以忘懷。

台灣新詩壇，由於幾位前輩詩人的大力倡導，且以詩作示範而帶動全面，眞如大詩園似的欣欣向榮，其間的確培植出了不少奇花異株，彩輝奪目。以後雖有的詩家立論有異，派別林立，甚至有局外人爲文指責現代詩的晦澀難解，意向模糊不清，也有的詩人自動反駁，致發表賞析批評的詩論，有時多於創作，紀弦當然不能坐視觀望，即宣稱以「大植物園主義」號召，使各類詩論詩作，共存共榮，各呈奇葩異朵，一片絢爛，令人目不暇接，嘆爲觀止！

直至紀弦解散現代派，他的「現代詩」也隨之停刊，加以詩人有的輟筆，有的改行，有的棄世，有的出國，有一段時間顯得異常空寂，而紀弦也遠去美國，當年的現代派詩人，幾乎有「不堪回首話當年」之慨嘆！而唯一挺身而出的「創世紀」與「笠」詩刊等詩社同仁詩友，依舊振其當年雄風，作承先啓後的拓荒工作，曾幾何時，又欣見各種詩刊如雨後春筍，新秀詩人多如過江之鯽，直至目前爲止，台灣的新詩壇又展現出一片新興氣象。

由於紀弦的〈銅像篇〉發表，便可窺覺其詩路歷程的多種意態風貌，他以達觀自守的詩人胸襟，回首前塵，能不有離人去國和歲不我予的感觸？但詩人畢竟是詩人，始終保有一顆聖潔無斑的詩心，也許他看不慣有些國內詩人的作風，甚至有失敬老尊賢的意表，惟寫詩乃個人抒懷寄思之藝術表現，祇要寫出感人心弦的詩篇，詩品與人品表裡如一，便足以告慰詩靈，永存於詩國的殿堂。紀弦是位有個性有智慧有宗教信仰的中國詩人，他已建立了現代詩的指標和園圃，許多有才華的詩壇幼苗新秀，還得靠一些有信心的老園丁灌概和培植，使中國詩人的新生代，能踏上輝煌而遼闊的詩國旅程。

美學與文學新論 ／ 金劍著. -- 初版. -- 臺北
市：臺灣商務，2003[民 92]
面：　公分

ISBN 957-05-1816-2（平裝）

1. 美學－論文，講詞等 2. 文藝心理學－論文，講詞等 3. 中國文學－論文，講詞等

180.7　　92015296

美學與文學新論

定價新臺幣 380 元

著作者　金　劍
責任編輯　葉幗英
校對者　吳祖萊　許素華
美術設計　江美芳
發行人　王學哲
出版者
印刷所　臺灣商務印書館股份有限公司
臺北市 10036 重慶南路 1 段 37 號
電話：(02)23116118 · 23115538
傳眞：(02)23710274 · 23701091
讀者服務專線：0800056196
E-mail：cptw@ms12.hinet.net
網址：www.commercialpress.com.tw
郵政劃撥：0000165 － 1 號
出版事業登記證：局版北市業字第 993 號

· 2003 年 10 月初版第一次印刷

ISBN 957-05-1816-2（平裝）　　87707000